舒立观察

中国十年之真问题

胡舒立/著

中山大学出版社
·广州·

版权所有　翻印必究

图书在版编目（CIP）数据

舒立观察：中国十年之真问题/胡舒立著. —广州：中山大学出版社，2010.1
（财新丛书/胡舒立主编）

ISBN 978-7-306-03602-5

Ⅰ. 舒… Ⅱ. 胡… Ⅲ. 经济学—文集 Ⅳ. F0-53

中国版本图书馆CIP数据核字（2010）第006381号

出 版 人：祁　军
选题策划：徐　晓　徐诗荣
责任编辑：徐诗荣
特约编辑：孙　勇
装帧设计：和合工作室
责任校对：陈　霞
责任技编：何雅涛
出版发行：中山大学出版社
电　　话：编辑部 020-84111996，84111997，84113349，84110779
　　　　　发行部 020-84111998，84111981，84111160
地　　址：广州市新港西路135号
邮　　编：510275　　传　真：020-84036565
网　　址：http://www.zsup.com.cn　E-mail: zdcbs@mail.sysu.edu.cn
印 刷 者：北京天竺颖华印刷厂
规　　格：787mm×1092mm　1/16　22 印张　359 千字
版　　次：2010年1月第1版
印　　次：2010年4月第1版第2次印刷
定　　价：39.80元

如发现本书因印装质量影响阅读，请与出版社发行部联系调换

【序言】

一以贯之
——关于"财经观察"的问答

-Q: 杨哲宇(本书选编者)
-A: 胡舒立(《新世纪》周刊总编辑)

-Q:《财经》是1998年4月创刊的,但"财经观察"出现得好像晚一些?
-A: 我记得是从1998年8月开始的。为了谈那年增长率"保八"的事,王烁让我写一篇评论。写好后,他希望我每期都写,后来就按他的要求坚持下来了。当时,《财经》全职人员只有四五个,我是主编,王烁是执行编辑,其实就是第一"大编"了。从那以后,他也一直是"财经观察"的编辑。

-Q: 你是记者出身,对写评论有特别的偏好吗?
-A: 说实话,我很喜欢写评论。上大学时,我评论课的成绩就比较好,后来也很希望有机会写社论。不过,机会并不很多。我一直认为,写评论,特别是写社论性质的评论,是非常严肃的事情。"社论是报纸的旗帜。"在传统"党报"体系中,发表社论是相当重大的事情,对此观点我也是深以为然。所以,《财经》创办之初,并没有搞社论或是有社论意味的评论。8月那次尝试之后,我受到鼓励,就以个人署名文章的形式来写每期的准社评了，叫"财经观察"。这篇东西放到杂志的最后一页，也是想低调一些。

–Q： 这就是一种特殊形式的社评了，有点类似香港《信报》早期社评的形式，由本人署名，对吧?

–A： 这是我们的一种探索，与传统社评的区别还是很明显的。最初，《财经》是月刊，"财经观察"每月一篇，主要都由我自己来写。后来，杂志变半月刊，再办双周刊，节奏越来越快，所涉问题也越来越广泛，我就不可能从头到尾都独自操作了。最初，绝大部分还是我自己干，最近一两年，许多都是请记者或我们的经济学家起草后，我再来修改，你的编辑工作也值得肯定。最重要的当然还是王烁，他始终负责题材的选定和最后的编辑把关，十几年如一日。在《财经》内部，大家都明白，"财经观察"虽然由个人署名，但不是纯个人栏目。"财经观察"从确定选题到最后的发稿，有一套严格的程序。"财经观察"作为署名文章，一方面，具有个性化色彩，我有义务和责任将其做好；另一方面，缺点由我负责，成绩应该归功于大家。

–Q： 今天再读这些文章，特别是处在当前这一你职业生涯的特殊时期，你有什么别样的感触吗?

–A： 它们应该是我担任《财经》主编11年职业生涯的一个侧面记录，很有意思。其实，每一篇文章都可以唤起当时的一段故事，可惜现在没有时间把它们全部写出来、串起来。在《财经》成立五周年的时候，就曾想过出一本书，叫《我与"财经"》，当时想把所有的"财经观察"背后的故事串起来。很遗憾，一直没有时间去做这件事情。十周年的时候，就更没时间去干了。但是，这件事情总有一天是可以做的。把每年的文章精选出几篇，再配上当时的故事。

·序言·

－Q：我们常说新闻作品是"易碎品",现在让读者回过头去,重读这些文章,你认为价值何在?是否可以说,它提供了一种思想史,更具体地说是中国改革思想史意义上的史料?

－A：说是"思想史"之史料,可能过誉了,但对读者或多或少还有些参考价值吧?我觉得,可以从两个角度来思考这个问题：其一,新闻的易碎性,这确实是我们常讲的话题,也是客观存在。其二,正是知道了新闻易碎,我们才希望自己的作品不碎,至少不易碎。我在1994年出版的那本《改革没有浪漫曲》后记中写到,新闻本身是易碎的,但新闻记者对于永恒性的追求是始终不渝的。我是从日报的新闻记者做起的,这么多年,想的就是能写一点有生命力、以后看了不遗憾或少些遗憾的东西。后来,有机会做《财经》杂志,更是怀着这种心愿来做编辑、做记者的。

－Q：《财经》希望其作品"不碎",其标准是什么呢?

－A："不碎"当然也是相对的。我觉得,如果说有个标准,就应当这样衡量：作为时代的记录员,在每个时期写的作品,固然有那个时期的历史局限,但要寻求超越,从而能够经得起更长时期的历史考验。

－Q：这也许正是《财经》之所以为《财经》的原因,写"财经观察"时这种意识是不是更强烈?

－A：我确实希望,这约1700字所表述的东西,能在比较长的时间站得住脚,回过头来看不感到脸红。1700字的容量非常有限,很难把每件事情都说得很周到,这就是为什么包括我在内的多位编辑不断地对其修改完善,甚至在大样上仍要看和推敲多遍的原因。现在回过头来看,虽然不能说每一篇都完美,但是,可以说,"硬伤"不是很多,这一点是令我欣慰的。

－Q：本书选入的140多篇文章,贯穿其中的思想就是为改革鼓与呼。我们

·003·

不断地说"改革进入深水区",改革时而加快,时而滞缓。这些文章也记录了这一过程。你如何评价改革的历程?是否偶尔也会感觉到有些无奈?

–A:新闻评论这种体裁,与学术文章及一般的理论文章的写法是不同的,它追求快节奏的出版、语言和文章结构所带来的冲击力,因此,不应把新闻评论看做完整的学术阐述。以此为前提,"财经观察"确实倾注了对改革的急迫之情。尽管文章表达的向往,并不能都变为现实,只是折射了我们自己以及与我们心心相印的改革者们真切的心声,客观上对改革起到了"鼓与呼"的作用。回过头来看,有些文章不但是急切的,甚至是过于急切,这既是可以理解的,也还是有意义的。我们常说,"取法乎上,得乎其中"。

–Q:《财经》的宗旨是人们耳熟能详的"三独"(独立、独家、独到),还有一种表述是"复杂的自由主义"。无疑,在《财经》的各类稿件中,"财经观察"是最直接地体现主张的。现在回过头来讲,你是否对实现的程度比较满意?

–A:我只能说还算欣慰吧。第一,"财经观察"总是能保持独立的气质,也许与有些人的想法一致,也有可能与之不同,但是,无论如何,是我真实的看法,是"我们"的立场。第二,所有的评论虽然重心各有不同,但能够体现某种一致性。"一致性"是很难的。在《财经》创刊十周年的时候,王烁定了一个题目,叫"财经十年———以贯之"。汪丁丁以及很多人都讲过,《财经》的特点是 consistency。我觉得,写几篇好文章、做几篇好报道,这些并不难,难的是这么多年的一致性。汪丁丁在《财经》创刊十周年时说过,要完整地揭示真相,并且用一种正确的方法去表达真相,这是很难的。《财经》的十年就是这样一点点走过来的。回过头来看,坚持 consistency 是一个非常艰难的过程。这并不是说我们就比别人强,而是说,要不断地学习,去提高自己。consistency 并不是说,有一个简单的教条,可以处处搬来套用;也不是一种单纯的信念,只要"信"就万事顺遂,它是在找到了正确的认识框架和方法之后，不断学习和改进的过程，是一个不断完善自身的过程。

–Q：“财经观察”基本做到了这一点。另外，读者可能会好奇，"财经观察"的选题是怎么定的？

–A：选题与每期《财经》杂志都有相辅相成的作用，有时候会以《财经》的主体报道作为评论的对象，但更多时候与重点报道无关，有时甚至有意与其错开。总的来讲，在两周之内发生的事情很多，我们的选择无一不是紧扣经济社会热点问题，但与杂志报道有补充、呼应的作用，很难具体地讲每篇"观察"选题确定时的情形。

–Q：每篇"观察"都有鲜明的主题思想，这自然是你的阅历、观察、思考的结晶。但是，我想知道，每篇的主题思想是如何突破那些大而化之的信念，直达事实和思想的深处的？

–A：谢谢你的肯定。正如我刚才所说，选题经过了非常细致的筛选和深入的讨论。我自己在写作之前，会把所有能找到的相关资料都看一遍，所幸我们有互联网这一工具，使得熟悉背景的工作做起来相对容易了。我争取自己写作的时候能够"站在巨人的肩膀上"。另外，我还要真诚地感谢很多同事的帮助，特别是遇到专业性非常强的问题的时候。很容易理解，在信息爆炸、知识分科越来越细的时代，所谓的"万事通"是不存在的。我得到了《财经》当时的首席经济学家沈明高、学术顾问汪丁丁、首席研究员陆磊等多位专家的智力支持；《财经》当时的助理主编、研究部主管编辑叶伟强等同事都给予了我很多专业上的帮助。法律、财税、农业等问题，也不全是我日常知识积累的重点，我之所以能迅速进入某一领域，也得益于相关的专业记者或主管编辑。所以，尽管是我署名，但是，"财经观察"是许多人智慧的结晶，这样说并非客套。

-Q：你一再强调写作中分寸的重要性，特别是立论的分寸把握。可以具体谈谈吗？

-A：这是个很有意思的问题。俗话说"文如其人"。我这个人性子比较急，有的时候非常急；但是，我写文章又非常审慎。每一个提法都要想很长时间，加很多的限定。有时候，我自己也会想：人，是多么矛盾！不过，我自己觉得，"财经观察"所体现的风格，可能倒是更接近于我作为一名文人或者说记者的本来面目。我是一个写东西比较慢的人，写封信都要想很长时间。这一方面是我不够有才华的表现，"下笔万言，倚马可待"，我是绝对做不到的；另一方面，在这个快节奏，甚至不无浮躁的时代，能够沉下心来写东西，能够反复推敲，我觉得还是很有必要的。记得鲁迅说过，写一篇作品，初稿写完要放在抽屉里，两三天以后拿出来再看一遍。我即使做不到这么沉着周详，最紧张的时候也会隔几小时再看一看，这样改写过的文章才能更少遗憾。

-Q：这本书分为七个专辑。我发现，你写得最得心应手的，是被命名为"政经风云"的这一辑，介乎政治与经济之间。你写得可谓"凌云健笔意纵横"，这是因为有话要说，因而情感充沛、思如泉涌，还是别的什么？

-A：这还是因为一方面，我是新闻记者，而不是经济学家。另一方面，虽然经济学的造诣远远谈不上，但是，经济学的方法论对我影响很深。也可能恰恰是因为经济学修养不够，所以，写东西的时候，遇到比较贴近现实生活题材的时候，写起来更容易一些。我不认为这表明我在这些领域有过人之处，只是因为这些问题分析起来相对容易一些。其实，我发现，当初在做SARS报道的时候，《财经》记者写起来就比较自如。把一个经济专业问题，用通俗的语言同时又富有激情地表述出来，是有一定难度的。因为经济学本身是一门科学，表述的时候，为了追求严谨性，评论这种体裁所

· 序言 ·

要求的晓畅和生动，就会遇到困难。相反，既涉及经济又不囿于经济的题材，处理起来就会容易一些。我想，仅此而已。

–Q: 如何看待过去有些文章，如《何必讳言"不救市"》等，造成的社会轰动？

–A: "财经观察"有不少篇章影响很大，大部分时候得到了读者的肯定。我们的观点，在1700字内经过了反复推敲，我自认没有什么问题。可以坦诚地说，我们就是这样看问题的！有争论是正常的，真理只有在不同观点的自由碰撞之中才能璀璨。不能不说，宽容对待异见，理性分辨是非，是我们传统文化中比较稀缺的元素。那种动辄追究动机和背景、惯于深文周纳的做法，应该说是历史上不健康因素的残留，是严重阻碍中国社会现代化进程的。

《何必讳言"不救市"》这篇文章是一篇非常有争议的社评。受到的批评，包括在互联网上受到的批评也比较多。首先，我很感谢大家的关注；其次，即使是有所批评，也很正常，也是我们应该承受和面对的。不过，我至今认为这篇文章的观点和表述都是立得住的。

–Q: 你是新闻科班出身，当然知道中国新闻史上有"文人论政"的传统，最为后人崇敬的就是《大公报》的张季鸾、《观察》的储安平。我冒昧问一句，你有没有一种使命感，或者说，一种自我期许、自我定位，来延续这一传统？

–A: 我当然很敬佩这些先贤，但自认并没有前辈们那样伟大的抱负和才气。我更多地把写评论看成一项工作，一种责任。或者说，《财经》有这样一个舞台，需要这样的一个角色，既然需要我去做，我就会尽力把它做好。在与很多的读者交谈后，我发现，他们很注意"财经观察"，这样，原本被放在杂志的末页，后来放在了卷首。有些人甚至对我说，看《财经》杂志，

· 007 ·

首先就读"财经观察";如果没有时间看别的,就只看"财经观察"。我听了以后,觉得责任非常重大。另外,也可能因为这个栏目篇幅比较短,比较易读,大家都能看懂。

-Q: 你已经出过好几本书了,影响也都比较大,比如《改革没有浪漫曲》、《新金融时代》等。你怎么看待即将出版的这本书在你职业生涯中的地位?
-A: 这也是一个很有意思的问题。刚才说过,作为一名新闻人,我其实比较喜欢写评论,这是我职业偏好中的一个侧面,这是很多人不知道的。我最喜欢的就是当记者,可以采访很多人,也可以写东西。不过,我对写评论也情有独钟。当年在《工人日报》工作的时候,我就希望去评论部工作。1992年到了《中华工商时报》,9月赶上纪念创刊三周年,准备出一期24版的报纸,这在当时的中国是仅见的篇幅。我就自告奋勇地说:"让我写社评行不行?"大家就让我写。我写了篇社论,题目叫"不同寻常的时刻"。当时就觉得很过瘾。现在回想起来,那篇文章还明显带有党报社论味儿,不过,我确实是喜欢写。这是我的内心偏好。我把社论看得十分神圣,又认为自己少有机会去接触,心里痒痒的。以后写"财经观察",自身对社会、对改革的认识水平较当年有很大提升,我对评论的爱好也有机会去释放。当然,我也发现了自己很多的不足,我从不认为自己是个多么了不起的评论家。写得越多,更知道自己能力有限,做事情只是职责所在,尽力而为。这样写了十多年以后,有读者欢迎,有同行认可,我当然很高兴,但也觉得可能有些过誉了。

其实,写好评论还是要具备更深厚的理论功底,而且是经济学、政治学、法学、哲学、管理学、社会学、历史学,甚至人类学等尽可能全面的理论功底,尽管"术业有专攻",但单打一肯定不行,靠"聪明劲儿"和玩弄文字技巧来支撑更不行。毕竟,"绳短不可以汲长",我自己欠缺的实在是太多了。

·序言·

-Q: 接下来,你要"二次创业"。你对自己的"笔政"作何展望?

-A: 我还是这样想:有责任、有义务,就要写,此其一。其二,我希望未来能把自己所要表述的东西,从比较凝重的感觉中适当地释放出来,变得轻快一些,只是不知道我是否能够做到。

当下的社会五光十色,我们经历的东西多姿多彩。稍微释放一些凝重感,可以在多样化的尝试上有一些进展。就像我刚才讲的,我不认为自己是一个有大才华的人,只是一名普通的新闻人,被各种机缘推到了某个位置上。当要做的事其实超过自己能力的时候,一方面要有担当、不退却;另一方面,我也希望活得更加本色。

目 录
CONTENTS

第一章　政经风云

改革大潮

告别"红色资本家"/002

市场中的阳光/004

行政体制、机构设置和政治体制改革/006

金融改革不容迟疑/008

选择"好的市场经济"/010

事业单位改革的"破"与"立"/012

改革的成本和不改革的成本/014

全方位改革的意味/016

"两会之春"与改革之路/018

理解"解放思想"/020

中共十七大之公众期待/023

中国在历史性临界期/025

勿忘改革之由/028

借鉴印度改革/030

"大部门制"的政改意蕴/033

"举国体制"淡出正其时/036

民营经济	实事求是地对待民营企业/038
	民间金融、政府信用和道德风险/040
	政府信用、企业信用和银行信用/042
	宏观调控与民营经济/044
	"官商勾结"和民营经济/046

反 腐 败	对腐败现象要有经济学思考/048
	从马招德到马德："卖官链"经济分析/050
	胡锦涛"七一"讲话之重心/052
	反腐全球化/054
	"情妇"进入司法解释的意味/056

公共事件	抗击SARS以防为主,不搞"内紧外松"/058
	疫情消息不宜"出口转内销"/060
	环保事件是全局性大事件/062
	特大雪灾呼唤"气候觉醒"/064
	奥运火炬、家乐福与汉藏团结/067
	多难兴邦与制度建设/069
	把握好"警而不惊"的分寸/072
	群体性事件求解/075
	怎样与工人对话/078

第二章　法治天平

修宪重在正名/082
反垄断也是行百里者半九十/084
报道权、批评权与公司名誉权/086
"周正毅案"应有透明度/088
"大姚审计"发出改革预警/090
政府信息公开法治化势在必然/092
采访权、知情权和人身权/094
"毒奶粉事件"：政府该做的和不该做的/096
从"扁案"看法治/099
预算透明："阳光财政"一束光/102
绿坝与滤霸，公权力与社会权利/104

第三章　民生情怀

焦点
现有户籍改革只是有限的进步/108
改革权衡与弱势群体利益/110
改革：市场化与就业机会/112
"祝均一案"警示社保转轨风险/114
社保改革的真正难点/116
"三农"首重民生/119

| 医改 | 谨防医保改革刮"共产风"/121
医改需要"人和"/123
务实看医改/125

| 房改 | 勿忘"住的呼唤"/128
也看"房地产新政"/130
房价猛涨与政府缺位、错位及越位/132
"房地产新政"方略需调整/135

第四章 经济大势

要什么样的8%/138
检讨增值税/140
行政性调控须淡出 市场化调控当跟进/142
统计数据误差的制度反思/144
调控应治本/146
税收再创纪录之后/148
过热、价格与改革/151
莫让"回暖"遮望眼/153
绸缪刺激政策的退出机制/156

第五章　产业观潮

新浪们为什么搭不上NASDAQ快车/160
3G选择：技术最优还是制度最优/162
棉花放开、粮食放开与农业自由化/164
问责中石油/166
中航油：重组还是破产/169
阜新矿难再逼煤矿改革/171
电力改革的推进、渐进及其引申义/173
成品油价格接轨不可迟疑/175
自主创新的土壤是什么/177
医治"石油瘾"的选择/179
"国标大考"考什么/182
面向4G的3G反思/184

第六章　金融激流

制度求解　勿忘君安教训/188
对二板市场的期待与担忧/190
正视机构投资者缺陷/192
金融资产管理、银监会与深层次改革/194
辨识"全流通"新说法/196

"中小企业板块"遗憾的背后/198

透明度是重振证券业之本/200

以对内开放回应外资撤离/202

创业板的错位与复位/205

金融监管

批评权、知情权，还有"新基金"使命/207

事实胜于雄辩　是非终有分明/209

"亿安科技案"还没有完/211

银广夏停牌的下一步当是彻底查处/213

安然、银广夏和证券市场监管/215

"格拉索薪酬事件"之关联/217

王小石、证监会和监管腐败/219

金融监管框架改革应首去"官本位"/221

管理流动性过剩之道/223

次贷风暴之鉴/225

热钱之忧/228

此救"房"不是彼救"房"/231

股市冷暖

缘木岂能求鱼/234

全球科技股灾之于中国的三个警示/236

吕梁的贡献/239

反思银广夏"造假工程"/242

吕梁究竟在哪里/244

市场理性拒绝人为"平准"/246
真有千亿资金该干什么/248
如何平息市场的非理性亢奋/250
何必讳言"不救市"/252
"流动性亢奋"之忧/255

公司金融
"套钱"之心不可太切/257
不以上市迟早论英雄/259
勿忘"窗口"教训/262
承认资本的权力/264
大型国企应当先做"私募手术"再上市集资/266
银行贷款问责不"为IPO讳"/268
银行改革与上市，哪个该有时间表/270
中国银行IPO凯旋之后/272

汇率检讨
如何看待人民币汇率问题/275
外汇储备注资银行的两刃/278
"人民币解冻"的意义/280
国家外汇投资公司以何为先/282
人民币汇率该不该贬/284

第七章　纵目全球

开放·入世
"WTO冲刺"的含义/288
开放须双向/290
"雪拥蓝关"之时/292
诉诸"激进改革"/294
恐怖袭击、WTO与经济全球化/297
理解"入世"承诺不可刻舟求剑/299
证券业开放与WTO承诺底线/301
WTO五年/303
金融开放可再进一步/306

中西之间
对中美关系不必太过悲观/308
日本货、全球化和中国对外开放/310
胡布峰会的意义/312
中国想要什么样的世界/314
走出国际关系的"资源陷阱"/317

全球化
中国如何应对国际油价飙升/320
测温"中国热"/322
反思优尼科收购案/324
国际定价权不可争而得/327
警惕"隐性贸易保护主义"/329

第一章

政经风云

Hu Shuli: Critical Horizon

PP.001~080

　　此组文章，既是对十余年来政治经济改革的真挚呐喊和助威，也表达了对进一步推进改革的热切企盼。在改革进入胶着期，经年无重大突破之时，希望这些文章有助于唤醒决策者的改革激情，不忘改革之由，总结既有经验教训，开启未来之路。

　　当前，冲突性事件不断，危机事件此起彼伏，主要原因不是改革"过头"之过，恰恰是旧体制的残留作祟，自然也应反思改革中出现的某些失误，及时加以纠正。我们最为担忧的是，这些不稳定因素令改革者束手束脚，或将注意力过度耗费在具体的危机处理事务之中。须知，如果不能从根本上铲除这些危机的深层次原因，"危机－应对"的循环或将成为一种常态。

　　作为传媒人士，作者自不必提出详尽具体的改革方案。这些文章始终不渝地呼吁改革不停步，提示全方位改革的紧迫，揭示经济体制与政治体制、社会体制改革的不配套造成的严重后果，为"好的市场经济"鼓与呼，告诉人们不改革的成本远大于改革的成本，呼吁建立可问责的政府，推进政府信息公开透明。另一方面，如果不加快改革，金钱与权力勾结形成的"坏的市场经济"将会成为中国经济、社会的"败血症"。指明这些利害得失，就是这些文章的价值所在，也是一名不敢懈怠亦自有追求的当代中国传媒人的职责所在。

　　2008年年初的冰雪灾害给国人带来了"气候觉醒"。我们呼吁"气候觉醒"，其实是在呼吁人类切不可陶醉于对自然的征服、掠夺式开发，应当意识到人与自然和谐之可贵，这事关人类社会的可持续发展。中国提出转变经济发展方式已有经年，其实，对于整个世界来说，又何尝不面临这一严峻任务？正如当前的金融危机所警示的那样，消费主义走到尽头了。人类应该思考一个问题，以目前的生活方式，将为子孙后代留下怎样的世界？

　　相对于一本定位于财经报道的刊物，有些文章似乎"越位"了。其实，原因是显而易见的，我们越来越意识到，当下，哪怕一个看似十分技术化的专业问题，也不再可能在其固有领域内求得解决，而必须放到中国改革的大格局下来考量，方能得到准确的辨析和有效的解决。

告别"红色资本家"

> 广信关了,直接内涵是承认"窗口模式"的惨败,深层含义则是结束由地方政府透过"窗口"到海外融资的历史。不管我们愿与不愿,在海外融资意义上的"红色资本家"时代结束了。

1998年10月6日,广东国际信托投资公司(下称"广信")被央行关闭,海内外金融业界大哗。圈外人可能不明就里,觉得中国早有了关信托公司、关银行的历史,再关家稍大些的广信也属正常。

笔者相熟的一位资深业内专家一语中的:"主要在于广信是'窗口',关什么都不比关'窗口'。"

这是个很值得讨论的话题。中国改革20年来,所利用的外资主要是外商直接投资,而国际金融资本只是很小一部分,在总额的10%以下。这小部分钱的大头,就是国外资本市场的中长期商业贷款(包括银团贷款)和债券市场资金。为了更好地利用国际债券市场,中国在20世纪80年代后期确定了一种"窗口"模式,即由政府支持的金融机构作为"窗口",直接到海外发行债券,拿回钱再放到企业或基建项目进行建设,公司自己负责还债。

广信就是当时确定的"窗口"之一。在最红火的时候,广信曾经从国际评级机构拿到过与国家主权同样的评级,后来虽然被调低一级,但仍算金字招牌。在国际债券市场建起一家发行体的信誉非常不容易,广信从1986年起就在日本"武士"债市场"热身",到1993年又成功进入欧洲和美国债市。至1998年,广信在海外发债共计17笔;就一家融资机构而言,可谓成就斐然,在国内的诸家"窗口"中也是佼佼者。

要紧的是拿回钱以后怎么用,能不能还得上。中国早期确定的那种"窗口"融资模式,本质上就是以国家信誉去拿回外汇,政府自然拥有这部分资源的调度权。不过在事实上,其一,政府调度从来都无法保证资金使用的效率;其二,对于集投、融资大权于一身的信托投资公司,政府严格计划、科学调度也难以做到。看似计划方式支持指导,市场方式管理操作,实际上是"两不靠",根本无法保证资金合理有效地使用。如今广信因为还不上巨额债务而关张已经是事实,其他"窗口"日子也不会过得轻松。

近年来,中国的业界应能够意识到"窗口模式"的弊端。有识者早已指出,90年代以来,国际上资本市场证券化步伐很快,债券融资已经成为国际资本流动的主要部分,每年都有相当高的增长。中国理应弄潮于国际债市,从那里获得成本比较低的资金来发展经济。但除了国家出面发行的主权债之外,正确的途径应是由用钱的企业自己获得债信评级,然后自己到海外发债。这样才能使给钱的和用钱的互相见面,增加透明度,资金使用也就有了比较大的约束力。投资者和发债者共同承担风险,不需要由国家拿出外汇储备来承当,这就是公司债(corporate bond)道路。

中国从1982年就开始在国际债市试水,历来发债除了财政部的主权债,主要由政府背景的金融机构出面,发行的其实是不同形式的"准主权债"或称"政府债"。这种"窗口模式"虽然早年间也是一种理性选择,但回过头来看显然并不是恰当选择。关键是路一旦走偏了,调整过来并不容易,按经济学的说法就是形成了制度变迁的"路径依赖"。而且国际融资牵涉到国际投资者的体认,路径依赖性更强。所以,我们只是在1995年特别明确,中央政府不再为地方金融机构提供担保,但"窗口"模式还是一如既往地保持着,公司债也就成长不起来。直到1997年,才听知宝钢获得了理想债信评级的消息。这是中国唯一一家有了评级、能够发债的企业,可惜亚洲金融风暴袭来,宝钢的债也发不出去。所以,中国的真正意义的公司债至今还站在始发点上,比起其他新兴经济国家差出许多。

这回广信关了,直接内涵是承认"窗口模式"的微观意义的惨败,深层含义当然就是结束由地方政府透过"窗口"到海外融资的历史。西方舆论曾将这种政府支持加国有公司经营特权又加资本主义工具的模式称为"红色资本家"。不管我们愿与不愿,在海外融资意义上的"红色资本家"时代现在算是结束了。眼前全局意义上的直接挑战有两个,一是如何度过可能的连锁性支付危机,一是如何有效地过渡到公司债的正确道路上。以现在的实力和认知水平,我们期望两个挑战是能够应对的。

-1998年第8期-

市场中的阳光

> 舆论和业界一直期待着信息公开。而说真话需要勇气，更需要付出相应的代价。广信和粤企的选择就说明了这一点。须知，世上本没有免费的午餐。唯有今天一次次付出较小的代价，才能避免未来一次性地付出无法承受的巨额代价。

本月以来财经界有两件大事非常引人瞩目：一是中国信托业"老二"广东国际信托投资公司（下称"广信"）因严重资不抵债，正式宣布破产清盘，债权人注定将遭受重大损失；二是广东省政府驻港"窗口"粤海企业集团（下称"粤企"）因面临债务危机，召开债权人会议，要求暂缓还款、继续借贷，以求重组成功。

广信的外债加上或然债务总计375亿元人民币，占到该公司所有债务的8成以上；粤企涉债总计29.4亿美元，要求在1至4月延期的债务高达11.7亿美元。两家公司的相关消息前后在1月10日和12日公之于世，在香港引发了一场红筹国企股的小股灾，近期内，新一轮中资企业信贷紧缩已成定局。

没有人认为这种情形是绝对的好事。不过仔细想来，中国能按市场原则走出今天这一步，实在也是很大的进步。这里不谈破产抑或重组的其他经济理性含义（利弊），仅广东两家金融财团在此过程中能够打开财务"黑箱"，表现出某种公开性与透明度，就是最可贵的事情。因为公开正是市场中的阳光。

至迟从1996年中农信关闭算起，中国就已经开始了对问题金融机构严加整肃的步伐，相继关张的金融机构有四家以上。但除广信外，人们从来都无从知晓那些机构究竟问题何在，负债几何，更不知由什么人来承担责任。由于国家代为偿债、始终封闭作业，整肃中确实保持了市场暂时的平静，但不利于同类机构接受经验教训，更无助于推动中国金融业一些根本性问题的解决。金融市场上以往严重的信息不对称还是无法得到改善，以盲目性为前提信用缺乏理性支持，极易出现动摇。

舆论与业界一直期待信息公开，而说真话需要勇气，更需要付出相应代价。广信和粤企的实践就是证明。须知，金融市场同样没有免费的午餐。唯有今天一次次付出较小的代价，才能避免未来一次性地付出无法承受的巨额代价。其实，信息公开不仅有助于市场消除盲目性，准确地获悉企业的财务状况，而且可以揭开黑幕，暴露出企业管理不善乃至腐败横行的种种劣迹。此次粤企重组由美国高盛公司担任财务顾问，香港毕马威会计师事务所进驻查账，整个集团多头投资、负债累累的混乱状况很快昭然于世。香港一些红筹经理们就在议论：如果都让这样的公司进来看账，咱们哪家看不出问题？可见许多问题机构或潜在问题机构有意黑箱作业，不愿信息透明，除了维护公司虚假信用，很可能掩盖着既得利益者不可示人的私心。

此次广信与粤企事件的处理也有令人遗憾之处，主要是由此暴露出中国金融法制的严重不完善。近年来，国内业界一直在呼吁通过处理问题金融机构的法规条例；1998年10月广信关闭后，海内外金融界不少人都估计很快会有关闭金融机构的条例或临时信托法紧急出台。不想三个月后广信被迫选择破产时，相关法律法规无一问世，广信申请破产只有依据《企业破产法（试行）》（1986）和《国有企业试行破产有关财务问题的暂行规定》（1996）。后两者不仅远非完备，而且主要针对国有工业企业，显然无法切合实际需要，也影响了中国金融市场的公信力。

至于粤企重组，全部在香港操作，自有当地较为完备的游戏规则做支持，但又因此映衬出内地法规不全的现实困境。重组较之破产，是市场提供的更为积极的解决问题机构的手段，未来必将较多地用于不良资产重压下的中国金融机构。正因此，目前在金融机构债务重组及金融债权方面的法律缺位也就更加令人担忧。

细细把握今年来中国经济生活的脉搏，可以察知其中最突出的信号就是金融整顿的加速度。回过头来看，去年关闭三家金融机构等动作只不过是轻松的序篇，唯今年来广信破产、粤企重组、建设银行组建资产管理公司、信托业行业重整等一系列大举措酝酿出台，才真正拉开了中国金融业整顿与重建的大幕。在这里，广信和粤企所作的选择既是对于昨天的回答，也是为明天进行的实验。未来中国金融业重整的道路还会很长很难走，唯愿这路上能够阳光充足，法成令修。

-1999年第2期-

行政体制、机构设置和政治体制改革

> 新一轮中央政府机构改革体现出政治体制改革问题上业已形成三个共识。

几乎从中共十六大结束之后,媒体就在议论和揣度将在 2003 年 3 月 5 日召开的十届人代会正式拿出方案并于会后全面付诸实施的中央政府机构改革。尽管话题一直已很开放,但新近召开的中共十六届二中全会提出"行政管理体制和机构改革是推进政治体制改革的重要内容",仍给人以耳目一新的振奋之感。

在中国过往 20 余年的改革进程中,中央政府机构改革并不是新概念。但在不同的历史时段,改革有不同的目标和任务,也有不同的成效。20 世纪 90 年代以来的前两次机构改革,亦即 1993 年和 1998 年的改革,主要目标还是为了让政府脱离传统计划经济体制框架以适应建设社会主义市场经济体制的需要,用学者们专业的说法叫"脱计"。及至中共十六大提出建立"政治文明"并明确政治体制改革的任务,新一轮中央政府机构改革在方案设计之时就有了更高远的定位和更富于全局性的思考。因此,未来的变动虽然主要体现在政府主要经济部门中,却不仅有助于市场经济体制建立,而且直接推动政治体制改革。当然,改革也因之有了更大的难度,甚至并非一套深思熟虑的方案和一轮干净利落的"手术"可以完成。

由于此次国务院"政府机构改革方案"尚未全盘正式亮相,全面理解其对于政治体制改革的推动作用仍有难度。但目前日渐清晰的方案框架已经昭显出深层次含义,有识之士们在涉及政治体制的若干问题上有了共识。

共识之一是"党政分开"、"政资分开"。从理论上说,党政及政资分开,都是党的代表大会早已确定、不再具有争议的改革目标。但有关机构设置依然故我,即成为实现"两个分开"的具体障碍。党的组织部门直接掌握国有企业和国有金融机构的人事权,以部分所有者的资格确定人事任免,又以传统的政治标准和"部级、局级、处级"的机关体制管理置身于市场活动中的企业经理人。这种被专家学者们诟病多年的扭曲的制度安排终能得到矫正,在此次机构改革中体现为将中共中央企业工委和金融工委分别并入政府属下的国资委和银监会。虽然未竟的路还要继续走，特别是银监会，既是监管机构却又掌握部分人事权的局面显然还须调整，而且未来的国资委能否实现由企业董事会来选择总裁尚待观察，但迈出关键的第一步已殊为可贵。

共识之二是建设"行为规范、运转协调、公正透明、廉洁高效的政府"。中国建立市场经济体制、扩大对外开放，最大的障碍之一就是条块交叉、各自为政的政府机制。新的机构改革方案大刀阔斧地将现有八家部委予以整合，所有者、监管者、经济运行协调者各司其职，一个可见结果就是将来有望大规模减少行政审批和部门扯皮，有助于划清政府机构事权和规范政府行为。其直接结果，正是走向专家们早有建言的行政民主化和公开化，最终成为政治民主化的一种助力。

共识之三是"权力制衡与有效监督"。深谙目前腐败丛生与制度相关，中共十五届六中全会决议就已经提出要"通过制度创新逐步铲除腐败现象产生的土壤和条件"。这一设想在中共十六大得到确认和落实，新一轮中央政府机构改革的设计者们对于权力制衡格外关注，从方案架构到细节安排都包含了对"分权"与"制约"的考虑。特别是人事体制环节容易产生腐败行为，领导干部直接插手微观经济活动可能带来权钱交易，而金融体制弊端丛生更易成为大规模腐败的温床。此次机构改革在上述诸方面进行了有心调整，虽然仍有待于在实践中检验有效性，终究是治本入手的"制度性关注"，其积极意义当予肯定。

在2003年3月5日召开的第十届全国人代会上，与中央政府机构改革同时出台并具有政治体制改革含义的举措，还包括专职人大常委的产生，以及其他。有关政治体制的动作毕竟是牵涉面更广，因而引起媒体更热烈的关注。不过，这场改革其实是一场长征，我们不应忽视始于足下的每一步努力，又该看到可能的前进定会包含巨大艰辛，甚至难遂初衷。在昭明既有目标之后，重要的不是说多少，而是把事情尽快做起来。

-2003年第5期-

金融改革不容迟疑

> 直面中国金融业的严峻现实,刚出台的房地产信贷规范办法显然只是着眼于降低风险的外部措施。决策层须痛下决心,加快着眼于治本的重大改革。

对于坏账成堆的中国银行界来说,国家审计总署 2003 年 6 月 25 日公布的建设银行所涉 10 亿元的虚假按揭贷款,或许只是个小事件。然而,由于此事曝光的特别时机,更因为此事仅为审计部门对"建行广州地区八家支行抽查"的结果,人们不可能不举一反三,想得更深更广,再次感受到中国金融改革路途中沉重的阴霾。

在近期以来对中国银行业的关注中,一个焦点就是商业银行房地产信贷资产的质量。2003 年 2 月 20 日央行公布的《2002 年货币政策执行报告》曾经披露,在该行 2002 年房贷检查所抽查的 20901 笔共计 1468 亿元房地产贷款中,违规金额达到总数的近 1/4,总额约 366 亿元。央行发现房地产信贷的违规贷款,主要集中于开发贷款和个人信贷,而审计总署新近公布的对建行广州地区八家支行的调查又表明,违规房贷极易形成不良资产。例如,汕尾市一位公安局要员从建行广州一家支行骗取按揭贷款 3793 万元,其中 3270 万元已无法追回,转入个人账户的 2576 万元全部被提取现金,去向不明。可见问题房贷之堪忧。

不仅如此,中国房地产投资以商业银行贷款为主的现状,本身也包含着巨大风险。日本在经济形势火暴的 20 世纪 80 年代曾经发放了大量房地产信贷,其对中小企业的贷款也大量以土地资源为抵押。土地的升值和银行贷款发放形成了一种正反馈,贷款占 GDP 的比例从 80 年代初的 50% 左右升至 80 年代末的近 100%。90 年代以后,日本经济泡沫破裂,土地价格跌去半数,日经 225 指数跌至历史高点的 1/3 以下。以土地为抵押的贷款或是房地产贷款,迅即变为银行的巨额不良资产。历史的教训近在眼前,中国没有理由不承认经济规律的现实。面对当前中国出现局部房地产过热的苗头,央行今年 6 月 13 日发出《关于进一步加强房地产信贷业务管理的通知》(银发 121 号),正是出于对房地产贷款风险判断作出的理性决定。

当然,银行业的隐忧不止于房地产贷款。6月下旬,著名评级机构标准普尔公司发布报告,认为中国银行业贷款中的不良资产已达到50%,总数在4万亿元以上,占了中国GDP的近半数。这一分析可能过于悲观,但纵使按照目前官方所说不良资产率为25%的口径分析,也和5%左右的国际安全标准相差甚远。特别是中国银行业普遍盈利水平偏低,如果资本充足率远不足8%,贷款损失达到一定的量,必然使银行净资产成为负值。一旦经济发展放缓,坏账造成的压力会逐渐显现,进而形成难以化解的金融危机。有鉴于中国金融业的严峻现实,刚出台的房地产信贷规范办法显然只是着眼于降低风险的外部措施。决策层须痛下决心,加快着眼于治本的重大改革。

在过去五年中,中国曾出台了诸多金融改革举措,其中值得称道者,包括<u>为四大国有商业银行补充资本金,剥离大批呆坏账,关闭数以千计的无效率的商业银行分支机构,以及投入巨资为商业银行建立新的计算机系统,等等</u>。但金融机构——主要是国有商业银行本身的改革,却一直裹足不前。长时间徘徊之后,金融业高层人士中还出现一种误解,似乎商业银行的改革就是上市,改革时间表即为上市时间表;没有上市预期,就无法拿起银行重组的手术刀。事实上,上市虽然对银行改革有推进作用,但两者不能画等号。作为在资本市场进行股本融资的举措,上市不可避免地具有权宜性目标,未必能够比较彻底地同步解决国有商业银行的根本制度性问题。在今年5月底发生中银香港CEO刘金宝突然去职事件后,国内外业界对此已有共识。现在已经到了调整改革方略的关键时刻。

观察家在目睹中国金融业当前的疾患时,很容易想到日本。至2003年,日本已经进入经济衰退的第12个年头,其金融危机在继续深化。在日本,政府长期插手金融市场,一方面让整个银行业"救助"濒临破产的企业和行业,一方面让资不抵债的"鬼魂银行"继续在市场上与健康银行竞争,各种短视的举措避免了眼前的震荡,金融改革却一再缓行,终使治理危机的成本越来越高。其结果是使纳税人承担了巨大损失,而经济复苏遥遥无期。

中国和日本很不相同,但日本教训中清晰地映现出中国的影子。如果不愿走上覆辙,应当从今天开始加速金融改革,无论改革的过程多么令人痛苦。

-2003年第13期-

选择"好的市场经济"

> 滑向诸如"裙带资本主义"之类"坏的市场经济"并不难,但走向"好的市场经济"则需要积极创造条件,需要付出艰苦努力。

终于,盼了很久也议了很久的中共十六届三中全会在 2003 年 10 月 14 日落下了帷幕。

我们很快将有机会看到此次全会最重要的文件,亦即《中共中央关于完善社会主义市场经济体制若干问题的决定》(下称《决定》)和《中共中央关于修改宪法部分内容的建议》(下称《建议》)。而从全会公报透露的种种信息,从会议前后中央的一系列行动部署,已可嗅出这次全会将深刻影响历史的不同寻常之处。

从本世纪始,国内经济学界的有识之士总在说,中国在选择了市场经济的改革方向之后,还应当懂得市场经济本身亦有好坏之分。中国应当努力探索如何走向"好的市场经济"。这话虽然通俗,其中道理却很深。世界上有那么多国家都在搞市场经济,毕竟只有少数国家建立起了"好的市场经济"。毫无疑问,已经走上了改革不归路的中国会继续在市场经济道路上走下去。这个时候应当清醒的是,如要滑向诸如"裙带资本主义"之类"坏的市场经济"并不难,但走向"好的市场经济"则需要积极创造条件,需要付出艰苦努力。

我们有理由期待,此次中共十六届三中全会的《决定》和《建议》,将成为中国选择"好的市场经济"的关键性步骤。

要做的事情很多,而首先应当关注的是如何突破种种障碍,加速而且深化改革,包括许多早已经确定、却因为各种利益阻碍无法大步推进的改革。例如经济体的所有制形式,在明确公有制为主体的前提下,大力发展非公经济应当成为眼前的必需;而且在公有制的范畴之内也应承认,股份制,特别是混合所有制,应当是比国有独资更有效率也更值得在当前提倡的所有制形式。唯如此,方可"完善公有制为主体、多种所有制经济共同发展的基本经济制度"(三中全会公报语)。再例如私有产权保障,直接关乎经济的发展和私人投资意愿,学界业界呼吁期盼已有经年,理应建议写入国家根本大法。如此还有许多,包括金融改革，包括土地制度改革，包括让行政之手退出市场的种种改革，这些都是目标明确的基本改革，改革的步伐要坚决地迈出去。这是因为建立"好的市场经济"，基于市场的原则和理念不能退让或动摇。

"好的市场经济"还有更高层次的价值诉求，此次三中全会提出的"统筹城乡发展、统筹区域发展、统筹经济社会发展、统筹人与自然和谐发展、统筹国内发展和对外开放"，正体现了这种诉求，即所谓统筹兼顾，以人为本，"全面、协调、可持续的发展观"。中国这些年来经济发展很快，而在赞叹发展成果的同时，也应当考虑发展的代价。就社会角度而言，这意味着对弱势群体的关心，意味着兼顾发展与公平，意味着付诸实质性努力改变不合理的城乡二元结构，意味着教育、卫生、社会保险诸项事业发展等，也意味着整体经济体制改革的相应步骤，其目标是让改革使大多数人受益，防止整个社会两极分化。因为好的市场经济应当以强大的中产阶级为基石，形成稳定和均衡的发展。就自然角度而言，则意味着对环境的保护和对生态平衡的看重。但愿经历了春季的SARS、夏季的洪水之后，人们痛定思痛，已经感受深切，再不踌躇。

如何确立政府角色，明确政府和经济人的关系，是建立"好的市场经济"必然应对的根本性挑战。中国传统的计划体制赋予政府无限权力，渗透到国民经济的方方面面，在改革转型中政府退出很难，却又常走向甩手不管的另一极端。此次三中全会提出"建设统一、开放、竞争、有序的现代市场体系"，正给政府角色作出清晰规定，"竞争"意味着政府之手不能笼罩经济活动，而"有序"意味着政府应当成为维护市场秩序的"守夜人"。当好这个"守夜人"并不容易，因为如果对政府不进行约束，从"守夜"到"寻租"其实只有一步之遥。所以，寻求"好的市场经济"，应当呼唤的是有效却也有限的政府，这就需要制约权力，由是需要法治、民主建设和公民社会成长。

从1979年算起，中国改革已经走了25年，经历了五届关键性的中共三中全会。诸家媒体的有关回顾很多，可知改革并不顺畅，大方向确定后仍然会有曲折有弯路，路径的明晰是渐次逐步的。如今，中国改革又走在新的岔口上。此次三中全会正确地选择了走向"好的市场经济"，所需要的是真正理解这种选择，然后在这条光明却异常艰辛的道路上走到底。

-2003年第20期-

事业单位改革的"破"与"立"

> 下一步事业单位改革所面临的任务一为分类剥离转制，一为重建公共服务体制，后者更具挑战性。

千呼万唤，在2004年3月下旬国家发改委和世界银行等机构主办的一次国际研讨会上，我们终于听到了深化事业单位改革的权威性说法。新华社一则"改革要牵动三千万人"的消息颇具震动性，虽然消息表明是项改革仍在"研究建议"阶段，最多只能算是"着手展开"，仍然引起业界的诸多关注和议论。

据统计，中国的事业单位多达130万家，人员2900万，资产近3000亿元。改革牵涉面如此之广，人们在议及改革之初，便很容易将视线集中于解决事业单位之冗员，或是通过撤并和转制来减少事业单位本身。但只要认真分析事业单位的性质和构成就会发现，大步推进这项相对滞后的改革，其实是相当庞大的系统工程，复杂程度甚至超过向来称为难题的国有企业改革。

何谓"事业单位"？对于这个颇具中国特色的概念，过去曾有不同的解释和翻译。目前经过专业掂酌的准确译法是"Public Service Unit"(PSU)，意即公共服务机构，正给出了事业单位的应有释义。当然，在过去20多年的改革中，中国的经济结构发生了重大变化，一些过去生存于计划经济体制中的"事业单位"已经演变为企业，或是从来就属于企业性质。还有些"事业单位"本来就是"站错了队"，实际上是政府的附属机构。不过，中国事业单位的主体，仍然是最基本的教育、卫生、科技、文化和农业技术服务领域的公共服务机构。目前，单教育和卫生两个行业的职工，就占了事业单位全部职工人数的70%；而中国70%以上的科研人员、95%以上的教师和医生都集中在由政府出资举办的各类事业单位。这些数字都足证事业单位的公共服务性质。

由是，我们基本可以把下一步事业单位改革所面临的任务归纳成两部分，一为分类剥离转制，一为重建公共服务体制。就事业单位本身来说，两部分任务或可分别称为"破"与"立"，抑或"减法"与"加法"。后者较前者更具挑战性。

根据研究和试点改革经验，专家们一般将中国跨行业、跨部门的庞大的事业单位群体分为三类，亦即行政类、公益类及生产经营类。在改革中，将行政类与生产经营类进行清理和规范至为重要。一些行政执法部门以"事业单位"出现，兼具政策、监督、执行、处罚职能，且以财务自收自支的方式运行，因为"政事不分"而利益冲突显著；一些生产竞争性产品的实体以"事业单位"身份自重，无法建立合理的公司化治理结构，由于"事企不分"而严重影响经济效率。

对这些名实相悖的"事业单位"，当然应当进行清理规范，剥离转制。特别是对那些明显从事经营性活动的"事业单位"，在确认其所提供产品或服务并不具备类似基础教育、医疗等公共服务产品的公益性特征之后，应当坚决改为产权明晰的企业，使其可以按市场化原则准入、发展和退出，其员工的医疗、退休等福利也可更好地纳入正在完善中的社会保障体系。这些领域若有行业严格监管需要，亦应以市场化方式通过法治渠道落实。这是符合改革方向和尊重市场经济原则的正确做法，最终将更加有利于相关领域事业的繁荣发达。

除了上述可被称之为"破"的举动，改革迟早要触及真正意义的提供公共服务的事业领域。这很可能是事业单位改革的主战场，难度更大，风险也更大。我们觉得，对于这部分核心领域的改革，政府决策层必须有明确战略、谨慎方针和扎实操作方案，其目标是建立起公平而有效率地提供公共服务的新体制，使基础的医疗、教育、科技、文化等公共服务能够福泽最广大民众，包括偏远地区和经济上处于底层的贫苦民众。在这部分可被称为"立"的任务中，公平性的考虑至关重要，意味着政府应当明确自身的首要责任，重新调整公共支出的重点，尽快建立起公平合理、有效运作的财政转移支付体系，建立起合理的监管框架；而效率是实现公平性的重要保证，因此公共服务的提供者不应简单以"所有制"类型划界，更应实施自由进入和公平竞争的市场原则。

中国的事业单位改革，其实是继国有企业改革、政府机构改革后的中国公共部门改革第三阶段。某些领域和部分地区的探索事实上早已开始，但全局性改革何时自上而下全面推进，目前仍然没有看到明确的时间表。我们理解，当前由发改委牵头的跨部门课题研究、研讨会和地方性试点都是改革探讨也是预热。而随着中共中央最新提出的"以人为本"的科学发展观一步步落到实处，预热过程必将加速，预热面必将不断扩大和深化。在不久的将来，一场"重建中国公共服务体制"的全方位事业单位改革必然会全面铺开。

-2004 年第 7 期 -

改革的成本和不改革的成本

日本经济"失去的十年"之原因,及其近来的成功治疗,足以为鉴。

随着 2005 年下半年日本经济复苏,至少有两个问题引起海内外业界高度关注:其一,日本经济重振对世界及亚洲经济的影响;其二,日本经济过去十余年沉浮的经验教训。第一个问题相对简明。作为世界第二大经济体,日本复苏对全球经济的正面意味是显著的。至于日本"失去的十年"有哪些经验教训,对中国最有启迪之处,我们以为应当集中于对制度转轨的理解。

经济学家们说得很清楚,日本的经济衰退不是周期性,而是结构性的;结构性改革的艰难,造成了日本经济复苏的迟滞。日本总务兼邮政改革大臣竹中平藏在接受《财经》采访时也承认,日本 20 世纪 90 年代的潜在经济增长率应该达到 2%~3%,实际经济增长率仅为 1%。日本没有遭遇东南亚或者韩国那样暴烈的经济危机,因而没有迫在眉睫的压力,也就没有改革的动力,于是在停滞中一待就是 15 年。

日本的产业—金融—政府政策一体化,造就了强大的社会利益集团,其原有的终身雇用制也导致国民对传统体制的依赖。因此,纵使"小政府"和进一步市场化对国家的长远经济发展更为有利,这种转轨却因为无法分摊成本而无法启动。

拖延则意味着时机的丧失,日本为此付出的代价是自 20 世纪 80 年代末以来的泡沫滋长及其崩溃。企业过度依赖银行信贷,在泡沫破裂时期导致银行—企业的资产负债表全面失衡,经济增长水平持续滑坡。这种"不改革的成本"是可以量化的。根据芝加哥大学教授 Kashyap 的测算,自 1992 年起至改革前的 2001 年,日本银行业累积不良资产达 83 万亿日元,占当时 GDP 的 16.5%,经历年核销仍有 42 万亿日元损失余额,占 GDP 的 8%。如果结合政府金融机构损失约 78 万亿日元,金融体系损失余额大约为 120 万亿日元,相当于日本纳税人直接及或有承担的损失占到了日本年度 GDP 的 24%。

与中国的情况类似,日本银行业也为国家的经济增长起到了资源配置作用,并在不完善的银企借贷关系中承担了巨额成本。高负债、低利率导致日本诸多企业成为没有自有资金的企业，同样，银行也因不良资产过高出现资本金的明显不足。因此，把银行转变为自负盈亏的经营主体，也成为我们的亚洲邻国改革的目标之一。

解决问题的答案是明确的：削减不良资产存量以改善经济主体本身，进而革除银行运行中的体制缺陷，实现市场配置金融资源的基础性目标。在经历了"失去的十年"之后，日本所理解和执行的是两种改革——被动改革和主动改革：前者系处置不良资产，而后者的突破口是邮政改革。

邮政改革既意味着走向"小政府"的结构性改革，也意味着一家占据着国民储蓄25%的"政策性银行"脱离政府控制而回归民间。日本所经历的改革在外部观察家看来十分渐进，颇有些"不知不觉"；而事实上，改革对于日本社会、企业和政府所产生的震荡，无论现在还是将来，都是可知可觉、强烈而且持久的。无论如何拖延，社会最终仍然需要付出改革的成本。

推进改革需要把握时机。日本经验还表明，推进改革的关键，在于使市场形成一个正确的预期。在竹中平藏看来，这种预期形成其实是非常困难的，而日本政府能够在2003年春对问题银行注入资本金，恰是一个机会，由此形成了政策与市场之间的良性循环。一方面，预期的形成涉及改革当局的"声誉"问题，具有良好财政和货币规则的政府往往容易获得公众对转型的认同；另一方面，即使政府具有良好声誉，改革方案必须向包括被改革者在内的全部利益相关体提供明确的利益预期和改革成本补偿措施，由此降低社会利益冲突导致的转型交易成本。

无疑，在稳定预期的基础上，高增长及高储蓄是转型的最佳时机。中国和日本都有民间储蓄传统，高增长期间的高储蓄，正可为金融机构利用负债资源解决即期财务困难提供充分手段，而事后通过重组可以逐步摊销改革成本。然而，升平盛世之时，高增长的繁荣极易掩盖因不良资产带来的经济病症，诸多结构性问题不易引起关注；而一旦经济增长下降，坏账压力速显，各类问题积累，已经积重难返。日本就曾因此一再延误改革。

前车之鉴，教训深重。中国远不如日本之发达，为避免"日本病"之灾，更应珍惜今天的时机，推进改革绝不可贻误。

-2006年第2期-

全方位改革的意味

> "四位一体"的改革方略将使中国改革以更全面、更深入、更均衡、更有效的方式推进,进而为和谐社会的构建创造条件。

2006年9月22日,国务院总理温家宝会见到访的美国财政部部长保尔森时表示:"中国将继续推进经济体制、政治体制、文化体制和社会体制改革,始终坚持对外开放的基本国策。"这是第一次,经济、政治、文化、社会体制四项改革以平行并重的方式被提至前台;虽是仅在高层外事活动中一带而过,已足以使人眼前一亮。稍后,9月25日,中央政治局召开会议,议及《中共中央关于构建社会主义和谐社会若干重大问题的决定》时,"推进经济体制、政治体制、文化体制、社会体制改革和创新,进一步扩大对外开放",正是会议共识之一,被视为构建和谐社会之必需。至此,决策层在未来全方位推进改革的意向已经十分清晰。

在中国改革史上,2006年会具有风向标的意义。从春季人代会上中央领导人重申"改革不动摇"的决心,到中央政治局在十六届六中全会前夕提出经济、政治、文化、社会体制改革并行的方略,我们可以断定,未来中国改革不仅不会停步抑或倒退,而且将以全方位推进之势步入新的阶段。这一切无疑使人振奋。自1978年中共十一届三中全会起,中国改革已经进行了27年。1984年,中共中央正式作出《关于经济体制改革的决定》;1992年,进而明确了建立社会主义市场经济体制的目标,经济改革至今已取得不菲的成就。而政治体制改革尽管早在改革初期就曾提出,但多年来实质性推进有限,整体滞后相当明显。这本身对继续深入推进经济体制改革,特别是打好经济改革中涉及既得利益集团的攻坚战役,显然是不利因素,也影响了文化体制与社会体制改革的启动和推进。

我们可以理解,从年来中央有关决议开始强调"积极稳妥地推进政治体制改革",到今番中央政治局高度共识地主张"推进经济体制、政治体制、文化体制、社会体制改革和创新",显示改革全局中,政治体制改革已被提至更重要、更明确的位置;而"四位一体"的改革方略将使中国改革以更全面、更深入、更均衡、更有效的方式推进,进而为和谐社会的构建创造条件。

政治体制改革是个大题目。颇有些分析一提起此便小心翼翼，有意绕开所谓敏感的"民主"话题，甚或有意以政府体制改革、行政管理体制改革或是其他概念取而代之。其实，政府改革自然是政治体制改革的内涵之一，但政治体制改革的核心任务，是要推进民主化进程，建立民主法治的现代国家。这本来是非常明确的。中共十五大报告即提出"通过改革和探索，建立和完善比较成熟的充满活力的社会主义市场经济体制、社会主义民主政治体制和其他方面体制"之方向，十六大报告更是对政治体制改革辟有专门章节，确定了"健全民主制度，丰富民主形式，扩大公民有序的政治参与，保证人民依法实行民主选举、民主决策、民主管理和民主监督，享有广泛的权利和自由，尊重和保障人权"为改革首要任务。以此为目标，则政治体制改革的指向已相当清晰。

当然，政治体制改革是长过程，改革的任务也相当广泛。其中难度最大者，当属如何建立起对于权力的有效监督与制衡体系，真正做到依法治国；而新闻人念兹在兹的舆论监督、公众最为关心的反腐防腐，当然正是重要的题中应有之义。相较于政治体制改革，社会体制改革的领域更为宽泛，而文化体制改革的内容相对具体。随着经济体制改革的深化，政治、文化和社会体制改革已形成不可阻挡之势。草根层的变革一直在无声地进行。随着中共十六大之后新一届领导人提出建设和谐社会的主张，社会体制改革成为公开讨论的话题；而在十六大对文化体制改革专项阐述的基础上，2006年年初中央正式出台了《关于深入文化体制改革的若干意见》。日后可以期待的是，从建设和谐社会的总目标出发，中国的政治体制改革和社会体制改革，也将出台此类决定，以自上而下的方式继续推进。

《财经》读者多为业界人士，往昔更多地关心经济体制改革的走向。随着去年以来中国改革大讨论的深入，诸多识者已经强烈地意识到，深化改革，建立"好的市场经济"，不仅依靠经济体制改革的推进，更有赖于政治体制及文化、社会体制改革的大步跟进。当前因发展不平衡引致的社会矛盾，因官商勾结和寻租腐败引致的社会不公，不仅在经济体制改革的框架内仍无法解决，而且已经成为建立和完善市场经济体制的障碍。从这个意义上说，即将全面推开的"四位一体"改革，于业界人士既是机会亦是责任，既孕育着希望也包含着压力。我们的眼界需要更宽阔才行。

—2006年第20期—

"两会之春"与改革之路

> 中国构建和谐社会的历史起点仍然是社会主义的初级阶段，改革与发展仍然是构建和谐社会所需。

2007年3月上中旬的全国人大和政协"两会"，是国内一年一度的春季舆论聚焦点。开会前两周来，从报刊电视到网络民间社会，已经是"两会寄语"、"两会民声"纷至沓来。从这些讨论中可以观察到，就对"两会"的期待而言，社会上已经具备了以"构建和谐社会"为主基调的共识，但对通往和谐社会之路则有不同想法，概而言之可称：我们正在什么起点上走向和谐社会？该采用什么办法建立和谐社会？

有种认识的声音并不很大，却很引人关注。这种认识把"和谐"同"改革"有意无意对立起来，似乎推进改革触动既得利益集团的利益，会造成冲突震动，导致社会失和，因此，要想构建和谐社会必须放慢改革步伐。更有极端的观点认为，当前社会收入差距扩大、地区发展失衡、社会矛盾加剧、官员腐败成风等经济社会问题，正是25年来改革所带来的后果，要解决这些问题，改革就要走回头路。持有这种想法的人，对当年计划经济体制下国家包办一切造成的贫穷和孱弱，竟然如此健忘，让人难以理解。无怪乎他们往往无视国情，倾向于高估现有发展水平和经济实力，主张以高福利一步到位地解决现有的社会矛盾。

应当看到，尽管经过20多年的快速增长，中国已成为世界主要经济体之一，而且有望在可预见的将来成为最大的经济体，但今天的中国仍然是一个不发达国家。就真正体现经济发展水平的人均国民收入而言，中国至2005年仅达1740美元，比通常意义上的人均收入千元以下的"穷国"情况略好，但至多也不过是偏低"小康"水平，尚逊色于拉丁美洲和东南亚一些同属"小康之列"的国家。而世界上的发达国家，人均收入最低亦在5000美元以上，高至4万至5万美元。这远非中国今天之发展可望其项背。如温家宝总理日前发表专文所指出："我国人口多、底子薄，城乡发展和地区发展很不平衡，生产力不发达的状况并没有根本改变。""所以，我国今天远没有走出社会主义初级阶段，仍然是一个发展中国家。"

发展的经验表明，一国经济从穷国低点起步，越过人均1000美元的界线并不困难，但由"小康"进入发达，迈过5000美元界线者，其实相当罕见。长期徘徊于"小康"或偏低"小康"，不时经受波动、徘徊和倒退，倒是常见的经济现象。因此，今天的中国还是需要坚持"发展是硬道理"。面对现实，我们完全认同温总理提出的主张：当前的任务仍然是继续解放和发展生产力，从而极大地增加全社会的物质财富；同时，随着生产力的发展相应地逐步推进社会公平与正义，极大地调动全社会的积极性和创造力。这就需要把已经确定的市场导向的改革深入地进行下去。

当然，改革需要阶段性强力推进，难免有震荡、有摩擦；特别是中国改革以渐进模式走到今天，那些在过渡早期得到好处的"中间利益集团"已经相当强大，很可能与反对改革的保守者结合起来，成为改革阻力，使改革继续深化变得非常困难。但改革的决心绝不能动摇，而且必要的改革成本正是建立未来和谐社会之必需。

市场化导向的改革是一个全方位的改革过程。2006年秋天，中共十六届六中全会提出要"推进经济体制、政治体制、文化体制、社会体制改革和创新，进一步扩大对外开放"，这可以理解为对现在改革特点和改革任务的基本概括，也揭示了不同领域的改革会相互影响，相互渗透，互为条件。因此，深化改革必须综合考虑，全方位推进。当前，经济体制改革的深化遇到了重重挑战，"积极稳妥地推进政治体制改革"已经时不我待。政治体制改革的核心任务，就是要推进民主化进程，建立民主法治的社会主义现代化国家。

同时，政治体制的改革也需要与其他领域的改革相同步。其中，经济体制的改革不仅容不得倒退，而且应当继续深化，打攻坚战。当前的一系列既定改革方案——从建立健全社会保障机制、金融体制改革、国有企业改革，到打破行政垄断，实现稀缺资源公正、公平的市场化配置等，均应坚持推进。而作为构建和谐社会的重要组成部分，文化体制和社会体制改革方面亦要加大市场化的改革力度，更可借2008年北京奥运会召开的重要契机，进行重大制度性推进。

一年前的"两会"之春，中央和政府领导人重申了"改革不动摇"的决心，得到了与会者和社会舆论的高度认同。今年的"两会"之春重来，很可能会听到推进改革的动员部署，我们有此期待。

-2007年第5期-

理解"解放思想"

> "解放思想"并不是一般口号,而有其具体的指向,主要是指冲破"左"的思想禁锢。如邓小平南方谈话时所说,"要警惕右,但主要是防止'左'"。胡锦涛此番"6·25"讲话,以"解放思想"为"四个坚定不移"之首,正是邓小平主张的继续和弘扬。

近两周来,业界人士议论关注最多的事项之一,即为中共中央总书记胡锦涛的"6·25"讲话。通过新华社的报道,可知此次讲话涵盖甚广,内容相当丰富。全文提纲挈领之处系"四个坚定不移",依次为坚定不移地解放思想、改革开放、科学发展、全面建设小康社会。

我们认为,此次胡锦涛总书记完整提出"四个坚定不移"颇具新意,而将"解放思想"列于四项之首,并称之为"党的思想路线的本质要求,是我们应对前进道路上各种新情况新问题、不断开创事业新局面的一大法宝",意义格外重大。

"一个党,一个国家,一个民族,如果一切从本本出发,思想僵化,迷信盛行,那它就不能前进,它的生机就停止了,就要亡党亡国。"邓小平曾这样说。正是邓小平在1978年亲自引导和大力支持了"关于真理标准的大讨论",使之成为一场波澜壮阔的思想解放运动,为当年启动改革作了充分的思想准备。十一届三中全会前夕,邓小平曾发表重要讲话,题为"解放思想,实事求是,团结一致向前看"。

在此后29年的中国改革历程中,解放思想的基本方针并没有变。但改革也有过反复,有过徘徊和犹疑。改革的每一步大的腾跃都需要新的巨大思想动力。当此之时,再度高扬解放思想的旗帜,往往成为寻求改革突破的重要手段。最典型的是1992年,邓小平发表南方谈话,改革春风重临华夏大地。这一年,"解放思想"再度成为舆论主基调,为秋季中共十四大确定"社会主义市场经济体制"的改革方略奠定了思想基础。

"解放思想"并不是一般口号,而有其具体的指向,主要是指冲破"左"的思想禁锢,坚持改革开放,建设中国特色的社会主义。"'左'的东西在我们党的历史上可怕呀!一个好好的东西,一下子被他搞掉了。"邓小平南方谈话有此感言,所以他强调,"有右的东西影响我们,也有'左'的东西影响我们,但根深蒂固的还是'左'的东西。要警惕右,但主要是防止'左'"。胡锦涛此番"6·25"讲话,以"解放思想"为"四个坚定不移"之首,并将这一精神贯穿全篇,正是邓小平上述主张的继续和弘扬。

解放思想必须实事求是,当前最大的实际就是中国仍然处于社会主义初级阶段的现实。近年来,一方面,中国经济发展繁荣成就巨大,越来越得到国际认可;另一方面,中国自身处在工业化、城镇化、市场化、国际化深入推进过程中,面临大量挑战。在复杂的形势下,一些人的认识出现了混乱,甚至陷入某种"民粹"情结,以不切实际的分析吊高"胃口",很容易引致偏差。

胡锦涛在"6·25"讲话中要求"必须牢记社会主义初级阶段基本国情",主张"增强聚精会神搞建设、一心一意谋发展的坚定性",呼唤"提高想问题、办事情决不可脱离实际的自觉性";在谈及科学发展观时,他提出"第一要义是发展,核心是以人为本,基本要求是全面协调可持续,根本方法是统筹兼顾",其原则主张十分清晰,可谓坚持了实事求是之本。

解放思想就要进一步改革开放。在这里,改革开放既包括转变经济增长方式、完善社会主义市场经济体制,也包括推进政治体制改革。随着中国改革进入"深水区",经济体制改革遭遇困难,"中间利益集团"的阻碍作用日益加大,政治体制改革相对滞后的负面影响亦愈加显著。当前,传统的"左"的思想出现局部回潮,对坚持市场导向改革提出挑战、表示怀疑、主张后退。而广大公众则对即将召开的中共十七大能够深化改革,特别是推动政治体制改革大步向前充满期望。

胡锦涛的"6·25"讲话重申"改革开放是发展中国特色社会主义、实现中华民族伟大复兴的必由之路",表示将坚定不移地推进改革开放。讲话中还以相当篇幅专门论述政治体制改革,提出"要继续扩大公民有序政治参与,健全民主制度,丰富民主形式,拓宽民主渠道;推进决策科学化、民主化,完善决策信息和智力支持系统;发展基层民主,保证人民依法直接行使民主权利;全面落实依法治国基本方略,弘扬法治精神,维护社会公平正义;加快行政管理体制改革,强化政府社会管理和公共服务职能"等具体主张,可视为近期政治体制改革部署的重要设想。而只要四个"坚定不移"落到实处,未来政治体制、经济体制、文化体制、社会体制改革全方位联动的壮观局面就是可以期待的。这需要我们每一个人的自觉行动。

  2007 年是回首之年，也是期待之年。30 年前，邓小平重返政治舞台，着手实施改革兴国大略；10 年前，邓小平辞世，中国改革列车隆隆向前，已成不可阻挡之势；今年，中共中央总书记胡锦涛再度提出"坚定不移地解放思想"，以此引领改革开放、科学发展之全局。2007 年的整幅画卷还远未展开，但历史会记下这一章。

—2007 年第 14 期—

中共十七大之公众期待

> 公众最关注的十七大议题中前四位依次为：加强对权力的监督和制约、深入反腐败斗争、扩大就业并健全社会保障体系、建立公正公平的收入分配体系——首列之两项均系政改核心内容，另两项与政改直接相关。

本期《财经》杂志2007年10月15日面世之日，恰逢中国共产党第十七次全国代表大会召开。如本刊今年春节前夕对新一年中国各领域的走势预测时所概括，"2007：等待之年"——所等待者，正是这一天。毋庸讳言，海内外广泛关注此次大会，焦点之一就是新一轮人事安排，亦即新一届中共中央委员会、政治局和政治局常委会的选举结果。这关乎中国未来的执政格局。不过，中国广大业界人士、普通公众以及真诚希望中国更好的海外人士，对十七大还有一层更殷切的期望，就是期望大会能够提出富于变革意义的新方针，特别是在政治体制改革方面能有所突破。官方新华网正在进行的民意调查显示，公众最关注的十七大议题中前四位依次为：加强对权力的监督和制约、深入反腐败斗争、扩大就业并健全社会保障体系、建立公正公平的收入分配体系——首列之两项均系政改核心内容，另两项与政改直接相关。民意昭昭，是为明证。

当然，自1978年年底算起，中国改革近30年，政治体制改革也在推进中。从实行领导干部职务的任期制和退休制到部分实现党政职能分工，从基层的民主选举试点到依法治国的主张，中国政治体制已经有很大进步。然而，相对于经济体制改革中整体渐进与局部推进相结合的劈波斩浪之势，政治体制改革力度不足、整体滞后，确为不争的事实。由于改革滞后，政治体制中旧疾未除，新患再生，后果也相当严重：当前民间积怨最大者莫过于官场腐败蔓延，权力缺乏制衡；而识者所忧之处，还包括涉及垄断利益的经济改革难以推进，公共权力部门化、垄断化势头明显等，不一而足。

改革开放总设计师邓小平早在20个世纪80年代即提出："政治体制改革同经济体制改革应该相互依赖，相互配合。只搞经济体制改革，不搞政治体制改革，经济体制改革也搞不通，因为首先遇到人的障碍。"他还得出结论说："我们所有的改革最终能不能成功，还是决定于政治体制的改革。"邓小平的这些话至今被反复征引，但政治改革与经济改革"相互依赖，相互配合"的局面尚未出现。中国改革走到今天，经济成就举世瞩目，转轨经验众所公认，然而，政治体制改革仍长路漫漫，关隘未过，不能不令人感到遗憾和忧虑。

政治体制改革相对滞后，固然与是项改革本身的复杂性和敏感性密不可分，但一些利益集团刻意阻挠也不应轻视。此外，某些不应有的误解和顾虑也是政改不畅的重要原因。例如，有些论者总是担心推进政治体制改革将导致社会不稳定，殊不知政改裹足不前才会成为动荡的温床；有些论者仍习惯于将"民主"、"宪政"看做资本主义特有的属性，殊不知这本是人类文明的共有成果，亦为中国履行联合国人权公约应尽职责；还有些论者认为，推行政治体制改革宜"只做不说"，殊不知此种封闭方式，潜意识中仍是"替民做主"，与民主"保护少数人正当利益的多数人治理"的属性背道而驰。在种种自设障碍面前，政治体制改革一时间甚至成了敏感词汇；一些本属政改范畴的改革举措，也被冠以其他概念以"避重就轻"，直接影响了公众参与改革，更难形成政改的整体统筹观。当前推进政治体制改革，消除误区、更新观念、申明目标，实属必然。

政治体制改革百端待举，中心还是推进民主。恰如经济体制改革绕不开市场，政治体制改革也绕不开民主。中共中央总书记胡锦涛近年来对民主有大量阐述，他明确指出，"没有民主就没有现代化"，强调"保证人民依法实行民主选举、民主决策、民主管理、民主监督"，并提出"为人民执政、靠人民执政，发展中国特色社会主义民主政治，推进社会主义民主政治的制度化、规范化、程序化，以民主的制度、民主的形式、民主的手段支持和保证人民当家作主"。在今年的"6·25讲话"中，他再次申明"发展社会主义民主政治"的奋斗目标。事实上，中共新一代领导人提出的"科学发展观"、"以人为本"、"和谐社会"等施政纲领之所以深得人心，正是因为这些理念得以聚合民主政治的内涵。

当然，政治体制改革可称"知难行更难"；在中国推进民主离不开"文化合理性"的中国特色，又是"难上加难"。虽然繁荣的经济提供了相对宽松的外部环境，政改作为空前复杂的浩大工程，仍然要求政治家有高度智慧，要求成本最小化的周密设计，要求经历不断试错的渐进式经验过程。以民心论，现在可谓既求改亦企稳，有愿望也能面对现实。不过，民间的期待之火确实在熠然跃动，这对领导者会是挑战、机遇和考验。

-2007 年第 21 期-

中国在历史性临界期

在新一届领导层及中国近中期发展方略已定之后，接下来要的是行动。

2007年10月22日上午11时30分，中共十七届一中全会闭幕后，胡锦涛率新当选政治局常委与众记者见面；紧接着，新一届政治局委员名单公布。随着"十七大新领导班子组成"这一最后的、最大的悬念获解，历史也翻开新的一页。

应当承认，中共历次代表大会均意义重大，但就海内外广泛关注而言，五年前的十六大、今年的十七大，肯定还包括五年后的十八大，当为重中之重。原因很多，但根本原因还在于，中国在多年经济高速成长后已经处于历史性的"临界期"：对世界经济乃至整个国际社会的影响力不断加大；内部体制转型和社会发展面临多重机遇和复杂挑战；执政党领导层也处于代际转换之时。十七大承前启后，具有特殊的分量。

十七大之焦点有二，其一是大会提出的中国近中期发展方略，其二为大会选举产生的新一届领导层。

如今，大会落幕，方略已明。十七大报告在回顾往昔五年之后，将改革置于各项论述之首，强调"改革开放是决定当代中国命运的关键抉择，是发展中国特色社会主义、实现中华民族伟大复兴的必由之路"；明确"改革开放符合党心民心、顺应时代潮流，方向和道路是完全正确的，成效和功绩不容否定，停顿和倒退没有出路"，用语掷地有声，消弭杂音。

2008年即将迎来改革开放30周年。业内人士最为关心的是经济体制改革将如何深化。报告明确提出，未来国民经济须当"又好又快发展"，而且明确了"加快转变经济发展方式、完善社会主义市场经济体制"的基本原则，需要悉心领会。

在相关的八项部署中，市场化取向相当清晰。例如"提高自主创新能力"列于首位，阐述时则申明既要"加快建设国家创新体系"，亦须"加快建立以企业为主体、市场为导向、产学研相结合的技术创新体系"，更要"深化科技管理体制改革,实施知识产权战略,充分利用国际科技资源"。

处于攻坚阶段的财税和金融体制改革,在八项部署中单独列项,重视程度超过以往。在财政领域,"推进基本公共服务均等化"被确定为改革基本目标,"提高转移支付规模比例"和"建立资源补偿机制",列为通往目标的必要手段;在金融领域,"体制改革"、"市场发展"、"结构优化"和"多种所有制形式"成为关键词,"完善人民币汇率形成机制,逐步实现资本项目可兑换",正是有意着墨之处。

当然,政治体制改革如何推进,才是十七大最令人瞩目之处。胡锦涛在报告中坦承,"民主法制建设与扩大人民民主和经济社会发展的要求还不完全适应",明确"政治体制改革需要继续深化",并对未来政改作出专门部署。可以看出,中共政治体制改革的目标,就是"扩大民主,保证人民当家做主";在策略选择上,很有可能依循经济改革的经验,采取增量民主道路,并寻求某些领域、某些时段的局部突进。

作为政改增量与突进点,媒体近年来付诸较大热忱的基层民主,将成为未来政改的"基础性工程重点推进",其内涵包括建立基层群众自治机制、扩大基层群众自治范围、增强社会自治功能,而这一切正是现代公民社会的基石。在中国特有政治结构中进行改革,监督和制约权力是最大挑战。十七大报告提出"确保权力正确行使,必须让权力在阳光下运行",简洁鲜明,切中要害。此外,推进党内民主,改革立法司法制度,增进政治透明度,建设服务型政府等,都值得我们予以关注。

十七大的另一焦点是人事安排。此次中央领导人(25名政治局委员及3名非政治局委员的中央书记处书记)中,1/3为新晋。细读全部官方公开资料,新领导层部分重要特征可概之如下:

首先,绝大多数人在1966年"文化大革命"之初均系青年学生,从校园直接进入社会底层,做过普通的农民、工人或技术员,其中还有近十人是"知识青年"一代。他们中学毕业后先下乡下厂,多年劳作之后才进大学之门,随后踏上从政之路至今(在上届领导人中仅张德江一人为"知识青年")。

其次,全部具备大学文化,相当一部分受过研究生教育,还有些人通过在职教育获博士学位。整体知识结构属文理科相济,理论与应用知识兼备。

最后(但绝非最次要),多数人兼具地方和中央、综合与专门领域的工作经历，一部分人还具备外事、金融等专业领域的工作经验，就整体经验积累而言，也可称优势突出而且互补。

这些特点，显示新一届领导人了解民间疾苦、有相当知识和经验储备，而且借改革风云奋进崛起，走到今天。这些事实令人鼓舞，足以使人充满期待。

放眼未来十年，如本期封面文章的特约评论员文章所言，我们寄望领导人具备"智识"与"豁达"这样的政治家品质。而着眼于今天，我们的意愿，就是让十七大提出的发展方略付诸实现——不再是说，要行动！

-2007年第22期-

勿忘改革之由

> 胡锦涛两次坦言十年"文革"给中国带来的灾难，视之为启动改革的内因，值得深思。

步入2008年，中国改革开放迎来"而立之年"。回顾改革足迹、讨论改革经验，必将成为年内的舆论热点。鉴往意在知来，因此我们以为，当前纪念改革有个重要的起始点，就是不忘30年前改革之由。"忘记过去就意味着背叛"。

那么，中共为什么在1978年年底做出改革开放的重大决策？30年前的中国，过来人当历历在目，这本来是个不难回答的问题。但近几年来国内关于改革是非的争议显示，在许多情形之下，其基本答案竟成忌讳，或被掩饰，或遭淡忘，更使不少年轻人难以知晓。有此"忘却"，有些人才得以将改革前夕中国民生凋敝、贫穷落后的局面，粉饰成衣食无忧的乌托邦式盛世，以此为虚幻的"怀旧"对象；一些声音才得以公然攻击取消计划经济、搞市场经济是"实行资本主义"，邓小平等执行了一条"资改路线"。改革信念动摇，停顿倒退主张一度抬头，正与"忘却"直接相关。

正因此，中共中央总书记胡锦涛在十七大报告中阐述了改革之由，强调以邓小平为核心的中共第二代领导人开创改革开放伟业，盖因"面对十年'文化大革命'造成的危难局面"。在近日《求是》杂志发表的文章中，胡锦涛更明确地指出，改革的内部原因在于，十年内乱使党、国家和人民遭到严重挫折和损失。邓小平同志曾经说，"文化大革命"结束时，"就整个政治局面来说，是一个混乱状态；就整个经济情况来说，实际上是处于缓慢发展和停滞状态"。而改革的外部背景，则是在同期内，世界范围新科技革命蓬勃兴起，推动世界经济以更快的速度向前发展，中国与国际先进水平的差距明显拉大，面临着巨大的国际竞争压力。

他说，正如邓小平同志指出的，"我们要赶上时代，这是改革要达到的目的"。这就把改革的目的说得很透彻、很深刻。

胡锦涛两次坦言十年"文革"给中国带来的灾难，视之为启动改革的内因，值得深思。重温邓小平当年所思所想，其强烈的危机意识，迫切的振兴经济愿望,在《财经》本期推出的"改革忆事"专栏首篇于光远的回忆文章中,亦处处跃然纸上。我们预计,从理解改革大业出发,直面旧体制弊端和十年"文革"的教训,总结改革开放的经验,会成为今年官方和民间纪念改革开放30周年的重要内容。其要义,则在于坚定改革信念、推动改革继续向前。

历史不会遗忘。在经历过1966年至1976年的十年浩劫之后,中国政治混乱,社会动荡,国民经济处在崩溃的边缘。世界经济在同一时期快速发展,发达国家的人均GDP渐次冲过10000美元大关;而到1978年,中国成为世界上最穷困的国家之一,人均GDP仅148美元,远低于当时巴基斯坦的260美元、印度的248美元。痛定思痛,不改革就没有出路,而通过改革实现民族复兴是当时党心民意之共识。

以中共十一届三中全会为开端,中国毅然抛弃了"以阶级斗争为纲"的错误路线,将工作重点转移到经济建设上来。30年来,两条红线贯穿于改革开放全过程:一是从集中计划经济到市场经济的改革,二是从封闭半封闭状态到全方位开放的转型。30年改革漫长而曲折,回首望去却也是弹指一挥间。改革开放的直接成果就是中国经济崛起。从1978年到2006年,中国GDP增长了13.3倍,年均增长9.7%,远远高于同时期世界经济平均3%左右的增长速度,经济总量跃升至世界第四;进出口总额增长了84倍,上升为世界第三;城镇居民人均可支配收入和农村居民人均纯收入均增长了5.7倍;农村贫困人口从2.5亿减少到2000多万。诚如胡锦涛指出:"事实雄辩地证明,改革开放是决定当代中国命运的关键抉择,是发展中国特色社会主义、实现中华民族伟大复兴的必由之路。"

近年来,中国改革开放大业再度面对复杂局面:在国内,改革进入"深水区",政治、经济、文化和社会改革不同步引致的弊端大量呈现,改革阻力不断加大,对改革本身的质疑也已出现;在国外,全球化浪潮为各种经济政治力量的博弈增加了新的巨大变数,中国经济崛起本身作为全球化的一部分,悄然改变着原有游戏规则,也在面对新旧游戏规则的尖锐挑战。应对新局势并不容易,好在决策者继续改革方略已定。

在这个意义上可知,在今年纪念改革开放30周年,不是一种巧合。温故知新本身就需要战略勇气和智慧,接下来当是策马前行。

-2008年第1期-

借鉴印度改革

> "人们应该问的一个问题是，中国和印度之间相互可以学到什么，而不是谁将会超越谁。"

2008年1月13日至15日，印度总理辛格三天访华，成为新一年外交一大盛事。由于这是印度政府首脑五年来首次访华，舆论关注更偏重中印关系的变化和提升，但我们仍然认为，此次辛格中国之行，应当成为中国业界人士思考并学习印度经验的契机。

须知，当前印度经济的高速发展令人瞩目。在过去五年，印度年均GDP增长达到了8.5%，不久将突破10%。中印两国同为人口大国和新兴转轨经济体，两国改革初始状态颇有相似之处。经多年改革，印度既取得了经济发展，也面临诸多改革难题。目前，每提及印度，国人心理上仍暗存优越感；虽也有少数识者大谈中印比较，疾言印度优势，却很少引起广泛、真切的共鸣。实事求是地说，这不能不说是一种很深的遗憾。目前，国际上公认"龙象共舞"图景即将成真，我们更感到这种遗憾格外深重。

近两年来，笔者几次在新德里和北京与印度高层经济官员交流畅谈，此次亦细读了辛格访华的翔实报道，深切感受到印度改革领导人对中国的学习愿望之强烈、认同赞赏之真诚。用一些中国观察者的话说，印度的领导人"很虚心"。而这种态度，主要基于他们迫切的发展愿望和超常的学习精神与学习能力。应当看到，印度改革领袖们均受过良好教育，有丰富的国际阅历，能说流利英文。他们之所以能够心悦诚服地学习中国，贵在自知、自强和自信。邻国之间，特别是相邻的大国之间，察短易而取长难，印度领导人的学习态度，本身就值得中国人学习。

长期以来，印度人民以其政治民主制度自豪，乐于向外界展示其为"世界最大民主国家"的自我定位。而中国有些论者认为，印度经济发展整体水平与增长速度略弱于中国，国内社会阶层之间、城乡之间的差别远较中国为甚，吏治腐败也相当普遍。因此，民主制度对于经济发展并无实质性推动作用，更不应将此制度视为彼之长项。其实，正是有赖于民主制度，印度这样一个多民族、多宗教、多语言的复杂国家的力量才得以凝聚在一起。民主并不是完美的政治制度，只是最不坏的、最先进的政治制度。印度仰赖这样一种制度，得以通过事前的充分协商和社会各集团的利益诉求，使社会矛盾适度释放，而不至于因长期积累酿成不可收拾的大动荡。民主制度，应视为印度长期发展的可靠制度保证。

在世界上各种民主制度中，印度民主制度甚至不是最完善的一种，其起始更与种种"外生变量"相关，徒显实施中的局限性。印度的民主制度，与中国目前正在创建的社会主义民主政治也有很大差别。但是，民主制度有基本共性，其核心价值有普适意义；而且，现代社会的民主制度是一种相当"昂贵"的制度。战后几十年来，印度历经艰辛，已经成功地建立并维持发展了民主政治框架，较早支付了制度创建代价。这个基本事实，本身就值得我们对这位邻居格外看重。

民主制度与计划经济体制曾多年结合，产生了全球知名的印度式经济模式，其特点是低效率与政府管制无处不在。但今天的印度已经脱离旧有窠臼。自20世纪90年代初开始，印度经济已经逐步从政府管制中松绑，自由市场体制渐次勃兴。更令人称羡之处，是印度私营企业实力蔚然可观。由于印度向来保护私有财产权，并拥有在发展经济体中较完备的法治体系，即使在计划经济时代，印度私营企业亦有不菲成就；随着管制逐步解除，发展更是一日千里。

纵观世界，印度已经涌现出以TATA集团为代表的几十家超大型私有企业，足以与西方国家的跨国公司等量齐观；米塔尔集团更迁址伦敦，成功完成钢铁业界最大收购案，成为业界全球逐鹿的"头马"。在印度国内，在服务业和高科技领域生机勃勃的创新型私有企业，正逐步获得全球竞争力，在产业链条上攀升的水平明显超过中国同行。到目前，印度私有企业产值已经超过GDP的60%，其整体成长与中国相较，更具主流地位与国际竞争力，也更具可持续性。许多学者已经对这种现象进行了比较制度分析，进而认为印度私营企业的成长折射了其经济发展的重要积极面，显示了一种非投入驱动型、以劳动生产率提高为主的增长形态。这些分析看法，值得我们深刻领会。

当前，众多国际观察家在进行"龙象比较"，多数看法仍对中国经济改革与发展评价偏高。这或许是事实，但至多只是事实的重要方面。中国人仍需要反省，可以向邻人印度学到什么？为了中国自己，也因为中印间必须携手共进。阿玛蒂亚森说过:"只从竞争角度看待中印两国,是把全球性的沟通与理解的实践沦为一场赛马,事实上也不是这样。"他还说:"人们应该问的一个问题是,中国和印度之间相互可以学到什么,而不是谁将会超越谁。"展望未来,"龙象共舞"的前提应是彼此有"真正的相知"(辛格语),我们深以为然。

-2008 年第 2 期 -

"大部门制"的政改意蕴

> 仅从"两会"前十七届二中全会公报观察，可知此项改革牵动面大，其核心价值当与公众期盼已久的民主政治建设相关联。

北京的3月春意渐浓。继半年前的中共十七大之后，将于此间召开的十一届全国人大一次会议，连同全国政协十一届一次会议（下称"两会"），再度令人翘首又充满悬念。新一届"两会"的人事悬念事前已多少有所释放，最终不会带来太多震动；更值得关注的是民间简称为"大部门制"的《国务院机构改革方案》（下称《方案》）的亮相和评议——其内容，其实施，必将影响中国近中期的改革走向、经济发展和社会变迁。

《方案》及与其同时通过的《关于深化行政管理体制改革的意见》，目前还难窥其详。不过，仅从"两会"前中共十七届二中全会公报观察，可知此项改革牵动面大，其核心价值当与公众期盼已久的民主政治建设相关联。公报不仅重申"发展社会主义民主政治"之目标，而且首次提出"更高地举起人民民主的旗帜"；不仅承认政治体制改革的迫切性和必要性，而且强调"深化政治体制改革"和"社会主义民主政治制度化、规范化、程序化"；不仅将行政体制改革视为政治体制改革之内涵，而且强调了"重要性和紧迫性"。据此，我们有理由对行将启动的国务院机构改革有更高远的期待和更深刻的期求。

部门利益机构改革方案会相当具体，有一定技术性，察其精髓则面向未来又能革除时弊。细想来，过去30年中，中国政府机构已经历过五次大改革，且计划经济时代建立的数十个部委及议事办事机构被裁撤，基本实现了从专业管理到综合管理的转变，这一纵向进步亦应肯定。在此基础上，此次以"大部门制"为重要特色的改革，当破中有立；其重大现实意义之一，就是能够对过往多年已经日趋刚性化的部门利益格局起到遏制与破除之效。

部门利益弊端处处可见，超编、超支为其表象，扯皮推诿为其常态，吏治腐败或侵犯人权为其最恶。而其基本行为方式，就是千方百计地巩固和扩大本部门职权，特别是审批权限，将这种权力衙门化、集团化、垄断化。不破不立。以政府"有所为有所不为"之市场经济原则，此次改革理当包含大量改组、合并、撤销、重建内容，成立或逐步成立学者们建言中的"大交通"、"大能源"、"大文化"、"大农业"等，除旧布新的内涵很清晰。而为了防止旧的利益格局变形作怪，促进新的利益格局超速成长，还必须有坚决有力的治本措施。

治本的基本举措早已为人所知。就政府职能而言，关键是变审批型政府为服务型政府；就制度安排而言，关键是建立监督制约机制。这些都是与政治体制改革息息相关的大文章。而在当前，我们以为最为紧要者，在于决策当局必须有坚强决心和政治智慧，能够有效清除与化解多年计划经济和旧体制沉积而成的、显著阻碍改革的既得利益势力。非如此，则未来的治本改革无法推进。

官本位机构改革的主体是人，改革的重要障碍之一便是"官本位"。中国改革虽走过30年，但不少国人价值体系中的"官本位"观念不仅没有消除，反在强化。如今机构改革再启，很容易看到不同部门系列中，官位沉浮必然产生复杂变奏。识者有理由担忧，"官本位"之祟或成改革阻力，或成改革"激励"，最终导致改革的流产或畸变。

正因为此，机构改革本身更具政治体制改革的内涵；我们还同时看到，推进机构改革的努力必须与破除"官本位"的其他改革措施相并行。要做和可做的事情很多，首要者便是改革官员选拔、升迁、考评机制，体现"主权在民"的原则，并在政府官员中建立权责一致的"问责制"。如果"大部门制"改革的推行，能够同步带来中国政府官员能上能下、可官可民的机制，能够终结跑官、求官甚至买官、卖官的现实，则中国幸甚。

时间表是次行政体制改革以《方案》起步，逐步铺开，渐进原则相当明确。但以往经验已经表明，渐进改革亦需不时有阶段性突破，盖因渐而不进、不进则退，正是渐进改革之大忌。所以，中共十七届二中全会公告特别强调机构改革的"重要性与迫切性"，局中人不可不深味。

公告首次提出，"到2020年建立起比较完善的中国特色社会主义行政管理体制的总目标"，乍读此，有些人可能会以为机构改革大可拖延敷衍。其实，"总目标"重在完善，而且须当与建成小康社会的诸项改革目标在时间表上相一致，但绝不等于目前已经看准了的机构改革，从实施到完成需要12年之久。恰恰相反，总目标设在2020年，表明政治体制改革预期明确，也表明从现在开始的努力已经相当紧迫。

怎么确定改革进度？中共十六大曾明确，在2010年"完善基本经济制度，健全现代市场体系"。完全可以想知，国务院机构改革与这个任务必须协调一致。2010年距现在已不足两年，纵以时间表论，我们亦当只争朝夕。

-2008 年第 5 期-

"举国体制"淡出正其时

> 大幅缩小"举国体制"范围,结束竞技体育领域的国有垄断局面,同步推进商业体育,振兴体育产业,让市场成为竞技体育兴盛的基石。

2008年的北京奥运会,是以双重的巨大喜悦落下帷幕的。除了主办成功的喜悦,还有"金牌丰收"的喜悦——51块金牌的收获比上届雅典奥运会多出六成,是八年前悉尼奥运会的近两倍。

于是,颇有一些人士很振奋地说,累累金牌证明体育"举国体制"非常有效,所以,中国竞技体育应当继续高举"举国体制"大旗走下去。我们对此万难苟同,并深以为在此次金牌盛宴之后,中国当告别"举国体制",启动体育领域的全面改革。这关乎中国体育产业的成长和全民健身活动的兴盛,关系到中国体育事业的可持续发展,也与中国政治、经济和社会体制改革的全局息息相关。

竞技体育领域不是孤立于当代中国变革版图的孤岛。体育改革拖不起也等不起了!

没有人否认,中国人在奥运会上获得金牌是很荣耀、很兴奋的事情,对于振奋民族精神、增加中国作为体育大国乃至世界强国的自豪感,可谓意义重大。不过,金牌是有成本的。因为中国的竞技体育一直实行传统计划经济框架下的"举国体制",所以,金牌投入主要依靠纳税人的钱,依赖国家资源。虽然官方对金牌项目所涉成本一直未予公布,媒体对单块金牌成本的估算,也曾出现从六七千万元至七亿元的不同说法,难以证实或证伪,但现代竞技体育竞争激烈,中国为实现"奥运增光项目"多年来耗资不菲,此次北京奥运会拿下51块金牌更是代价高昂,应当是不争的结论。可以肯定,绝大多数在赛场上、在电视机前为金牌激情难抑的普通公众,对为金牌付出如此代价是没有心理准备的。

进一步说,投入与产出也并不对称。"举国体制"着眼于层层选拔、封闭培养专业运动员,在占用了大量资金后无法对大众体育形成带动力。国家培养的金牌选手们可成为各种商品的形象代理,但巨额现金收益主要属于运动员个人及其教练团队；所属机构或有机会"利益均沾"，少部分还可能会成为未来训练补充资金，但经济上回报出资人的可能性等于零。广大公众的兴奋和赞叹成了夺金的主要收益，而金牌达到一定的量则兴奋感必然降低，体现为令人遗憾的边际收益急剧下降。

中国正处在增长方式转换的关键期，服务业发展和内需市场启动都在呼唤体育产业的崛起。然而，"举国体制"以垄断方式盘踞了竞技体育的主要资源，堵塞了商业体育的发达之路，体育产业的成长受到严重抑制。排球、篮球、网球这些本来表演性很强的体育项目，其商业价值都未能充分开发；在"举国体制"身侧半官半商踽踽独行的足球，也只能在制度畸变中可悲地沦为谈资笑料。

体育"举国体制"有如经济领域的计划体制，早已弊端重重，效率低下，弃计划、选市场势在必行。是项改革之所以一拖再拖，千难万难，主要在于"金牌之忧"。因为"举国体制"一直被视为可在短期夺金的有效安排，改革"举国体制"的可能成本就是短期金牌损失。不过，感受北京奥运洗礼、手握51金之后，公众的金牌情结大规模释放，制度关注正在上升。不仅改革的成本已经下降，改革的时机也已完全成熟，改革的压力也加大了。

当然，改革需要策略。国有体育格局强大固化已有经年，"毕其功于一役"的革命并不可行。比较理性的办法应当是首先大幅缩小"举国体制"的范围，结束竞技体育领域的国有垄断局面，同步推进商业体育，振兴体育产业，让市场机制成为竞技体育兴盛的基石。政府则主要做该做的事，把钱和力用到全民健身和大众体育的发展上；进而随着"举国体制"淡出，顺应"大部制"的政府机构改革潮流，重启十年前受阻的政府体育部门职能转型。

改革的过程，应当是中国体育文化价值体系重建的过程。其重心之一，就是冷静地看待金牌价值，让体育回归本位。我们仍然盼望中国在未来的国际比赛，尤其是在下届伦敦奥运会上取得好成绩，仍然会为中国运动员的优异表现而欢呼。但金牌的意义大可不必夸大，更不能政治化。已经摒除了自卑感的中华民族，不需要用不断增长的金牌数字来证明自己。有此清醒认识，则中国竞技体育与全民体育携手、中国从"金牌大国"成为真正的体育强国，就是可以期待的。

-2008年第18期-

实事求是地对待民营企业

> 对在港上市的内地民营企业应当各有分析认知，有是则为是，有非则为非，具体企业具体对待。

2002年9月18日，香港主板上市的欧亚农业（0932—HK）因未及时披露敏感信息遭证监会停牌，引发了从主板到创业板的民企股小型股灾。当前香港市场种种分析，都在议论内地民营企业之种种是非，猜疑与怨怼同在。已上市与待上市的内地民营企业都感受到沉重的压力。

当此之时，应当强调实事求是地看待内地民营企业。在港上市的内地企业如今已达到在港上市公司数的20%，其中相当一部分都是民营企业，对这些企业都应当各有分析认知，有是则为是，有非则为非，具体企业具体对待。

所谓民营企业，说到底就是私人企业，上市以后则是大股东为私人的公众公司。来自内地的"民企"，与香港市场上的所有的私人企业出身的公众公司，例如长江实业、和记黄埔等蓝筹股公司，在产权结构上没有本质的不同。既然一家香港"民企"不会仅仅因为自身遭到质疑，就将香港甚至世界所有"民企"带入灾难，何以内地"民企"在市场上总是"一损俱损、一荣俱荣"，甚至在股价暴跌之后还要整体遭受舆论的拷问？虽然波翻浪涌、反复无常是资本市场的本性之一，我们仍然认为，因为不了解而以简单化、概念化的方式对待内地民营企业是显著的非理性态度，是很让人遗憾的。

当然，中国目前仍是国有经济为主的国家，民营企业在夹缝中生存，于艰难创业之中有自身的特长也有其局限，而且确实有不少中国民营企业的独有共性。但民企作为私人企业，终究是个人创造力的产物，其个体差异性要远大于共性。在海外投资者对中国民企缺乏了解的早期，以"P股概念"来提升民企地位或有必要，正可因取代昔日的"红筹股概念"速得追捧之效。但凡事有利则有弊，在以简单化办法获顺风车之利以后，民企不仅被赋予自身未必可及的过高期望之中，而且被视为共性远大于个性的整体。市场和企业本身最终都要为这种认知的错谬付出代价，年来一次又一次单个民企受质疑造成的民企"连坐效应"即是体现。现在，已经到了纠正往昔认知错谬的时候。

因为"连坐效应"的缘故，市场正以更严格的眼光审视内地民营企业。这种约束力的体现，对民企本身的发展成长是好事，有助于民企认真改进公司治理结构，增加透明度，形成看重股东价值的现代市场经济理念。但我们也想指出，当前许多分析直指民营企业存在的问题，其实并非企业本身所致，更多的还在于资本市场认知中国民企的支撑体系并不完备。需要改进者未必在内地民企一方。

例如，不少分析表示对民企业绩的怀疑，认为企业长期两位数成长可能性不大，还有更尖锐者指责民企以高边际收益、低市场盈率上市具有投机性，等等。这里且不说在中国现实经济环境中企业利润相当时期超常增长的理论可能性，只说民企已经公布的业绩本身，事实上并非由民企独自提供，早经过了国际资本市场认可的会计师审计认可，更同样得到国际认可的律师行和证券承销商支持与承认。较之过去对国际会计制度缺乏常识的民营企业家，后者在民企向资本市场公布的业绩中必然地起了决定性作用。如果相信这些报表，首先在于相信中介机构的公正性；倘对报表产生怀疑并认为透明度、可靠性应有进一步改进，也应当在较大程度上关注中介机构的作用。因此，市场对中介机构的约束和监管、中介机构自身的改进与自律，至少应置于与内地民企同等重要的地位。美国在出现"安然事件"以后，把目光聚集在会计业和投资银行，更多地检讨现有体制和中介机构可能产生的利益冲突；在对上市公司进行审视时也着眼于公司治理结构的改进，就显示了从治本入手的实事求是的恰当态度。

在经历了20余年的改革之后，中国新生的民营企业目前已处于较往昔大为宽松的市场环境。其作为整体生机盎然却又千姿百态。以这样或那样的意识形态的方法来看待民企的阶段应当结束了。一味追风不当，三缄其口也不必，需要的只有实事求是。各方都应以此为原则行动起来，这关乎到市场的未来。

-2002年第18期-

民间金融、政府信用和道德风险

> 有讨论认为政府可以为基层金融机构设立保险制度,并以美国为例强调其必要性。我们觉得此类保险引发道德风险几乎是必然,对于市场制度正处于初生阶段的中国银行业来说,还是不搞这类保险为宜。

随着中共十六大召开,学界与业界期盼已久的民营商业银行大有蓄势待发之状。其实,创办专为中小企业服务的民营银行,其眼前必要性和长远意义都不难阐明,而决策层人士久久迟疑于此,恐怕主要不是由于意识形态的障碍,更多的还在于对金融风险的担忧。因此,研究已有的经验和教训就显得格外重要。

教训很多,例如本期封面文章所述的广州两家由私人企业控制的城市信用社如何高息揽储,并将信用社变成自己的提款机的事实,便十分触目惊心。简单地解读这类案例,联想这些年来中国金融业的一片片"雷区",会有些人很自然地提出:私人办金融出大娄子在所难免,甚至在国有框架下分层办金融仍然危机丛生。无论如何,在现有监管水平下,银政还是难以分家,因此民营商业银行应当缓行。

不过,仔细研究中国金融业这些年来正反两方面的经验,可以发现这种思路无法得到支持。结论正相反,中国往昔那种政府支持的金融模式已经走到了尽头,至少在草根层,真正意义的民营银行是唯一出路。

在这起总额达150亿元的非法吸储案中,我们就看到,虽然广州市商业银行两家支行及其前身城市信用社系属私人控股并实际控制,但并非真正的民营银行。因为其一直在公开顺利地使用"政府信用"。前往加入高息存储行列的客户们,根本无须考察自己存入巨额款项是否可靠,政府正是不自觉的担保人。据本刊记者调查所知,中国的城市信用社至20世纪90年代中期多达5000余家,其中不少为私人控制所有,而且早已脱离合作金融轨道成为小型银行,但这些私人金融机构一方面没有得到正面对待和明确认可(恰如穗丰、汇商为私人控制之鲜为人知),另一方面又时时处于政府特殊呵护之下。随着资产质量一天天下降,城市信用社却由单个信用社"联社"而联成"城市商业银行",

实践中政府信用的光彩越发夺目。很显然，由于如此扭曲的制度安排而最终爆出惊天大案，损失惨重，根源实在不在于民营本身，而在于所谓的"民营"并不真实不确凿，在于官商结合两位一体引致的道德风险。

中国在20世纪90年代前期出现所谓"层层办金融"，后来演化出某种金融混乱局面。在1997年亚洲金融危机之后，一大批基层金融机构出现严重问题，甚至出现支付危机。治理这种混乱代价沉重，例如，广东曾关闭了2000多家基层金融机构，广东省政府和广东发展银行共计贷款380亿元，用以兑付信托公司和所属证券部、城市信用社、农村金融合作会遗留下的"窟窿"。

其中一些由私人控制的金融机构在此过程中暴露出大量问题，但也不该否认，上一波金融混乱中的"肇事主体"多为政府主持下的金融机构，其中问题最严重者正是国有金融机构。相较之下，倒是一些公开以民营身份出现、并不依靠政府信用贴金的民营金融机构处于更刚性的市场约束之中，大浪淘沙之后，有一些基层金融组织艰难地但也比较健康地成长起来。把已有的金融业的混乱局面归咎于民营因素，并不公平也不符合事实。

金融机构的市场准入、治理结构与行业监管是非常复杂的系统工程，学术界对此已多有分析建言。我们觉得，既然当前开放民营银行已势在必然，目前就需要积极推进而非刻意推迟。而在实践中，除了周密专业考虑和严格规则确立，更重要的是掌握一条原则，即政府全力尽监管之责，但不再有形无形担保，让各类金融机构在市场上自行建立信用、充分竞争发展，建立起优胜劣汰的约束机制。当前，有讨论认为政府可以为基层金融机构设立保险制度，并以美国为例强调其必要性。其实，此类保险引发道德风险几乎是必然，而对于市场制度正处于初生阶段的中国银行业来说，道德风险正是最大的成长障碍。所以，还是不搞这类保险为宜。当然，未来新制度的成长会有新的震荡，但如果监管到位，将震荡控制在一定范围内不会过于困难；而往昔的教训已经相当沉痛，不能两次踏进同一条河流！

-2002年第23期-

政府信用、企业信用和银行信用

> 建立信用是知易行难，但要求民营企业在银行业的成长，唯此一途。

新疆德隆集团（下称"德隆"）进入银行业的消息是从 2002 年年底传出来的。其实，德隆进入的是中国银行系统中比较低层次的城市商业银行，不算甜饽饽。但因为是德隆，一个在资本市场上被认为"非常了得"的公司，又因为是银行，一种主要依赖于金融信用维系、期待保守稳健经营的行业，所以，格外触目。

德隆是民营企业，民营资本进入银行业，过去是不可能的，现在显出已是大势所趋。虽然中国关于民营资本如何进入、如何监管，政策规制都还有待尽快完善，但做先行者，精神可嘉。在此同时，又有监管部门和业界人士有或明或暗的担忧，理由是中国银行业的监管失效时有发生，新的银监体系尚待发展完善，有民营资本大步（而且迂回）进入银行，会不会隐含着更多风险呢？

最快捷的反驳可以说这是对民营资本的不信任或说是歧视。但这一反驳可以同样快捷地被驳回——中国银行业监管的瓶颈和潜在的系统性风险都在那里，有识者都看得见。如果对中国的民间金融业成长真有关心，就不能陷入简单的驳难之中，而要作周全思考和系统性安排。金融体系的建立发展和改革开放，是一项系统工程，该做的事情实在太多。不过，有个大道理特别需要谈一谈，这就是金融业民营资本的信用建立。

众所周知，银行业是非常特殊的行业，因为其资产主要来自老百姓存款，依赖信用生存，一旦出现问题，往往会波及众生，形成所谓"外部性风险"。银行的信用就是其生命。关键是信用哪里来？有一种看法以为民营资本可走借助"政府信用"之路，想借此绕开市场检验的艰苦漫长过程。殊不知，借来的信用可能带来一时的实惠，但因为政府信用与具体企业的商业信用有本质的不同，恰如不匹配的异体移植，是绝不可能转化为民营企业自身信用的。走此偏途，则难以期待民企在银行业的成长壮大。

以民营资本之身，借助政府信用在银行业呼风唤雨，最后在风险弥漫之时消失于无形，此类教训在中国过去十多年改革中难以数计。在 20 世纪 90 年代最高峰时的5000多家城市信用社中，私人资本居多者不在少数，以信用社之名超范围经营银行业务的也不在少数。最终只有极个别得以幸存而且有发展，原因绝不在于民营资本本身无能，而在于众多城信社其实都是共同借助政府信用在生存，根本没有通过竞争优胜劣汰，最终建立起自身的信用。信息不对称加上信用不对称，经营风险叠加道德风险，信用社们问题成堆之后，在一些地区还出现了金融混乱乃至支付危机。后来的结果是将城信社合并成城市商业银行，地方政府财政出资入股，地方政府直接经管、直接以信用支撑，最后是不可避免的财政赤字，甚至增加国家金融的系统性风险。

现在，在城市商业银行初步度过最困难时期后，新一轮增资扩股普遍展开，民营资本面临进入银行业的重大机会，无论如何不能重蹈覆辙。其实，自20世纪90年代中后期以来，广信破产、粤海重组、海发行关闭等等一系列大事件发生，不仅民间而且国有金融机构早已在市场约束下意识到信用的区分，寻求建立自身独立的商业信用正是趋势。民营资本更应格外清醒。

还剩一个问题，如何建立信用。民营资本虽是整体概念，实为诸多各异的经济实体。整体上看，一时间也会出现一损俱损、一荣俱荣的局面，恰如中国企业、亚洲企业也是整体，可能在信心的层面互相影响波及。但谈建立信用而非借用信用，就是谈建立企业的商业信用，这其实没有姓"公"、姓"私"成分之别，但必须建立在明晰产权的基础上，靠市场竞争来检验。建立信用关乎企业长远，在金融业会格外地显现为一个长过程，而且很可能影响短期利益。从诚信经营到遵规守制，建立和维护信用的任务贯穿方方面面，但第一步即应从行为公开透明始。

建立信用也是知易行难，在中国金融监管框架尚待建立、金融领域制度扭曲大量存在的外部环境中更难。尽可以知难而退，若求民营资本在银行业成长，唯此一途。

-2003年第6期-

宏观调控与民营经济

> 不可借宏观调控复原审批制。正确的选择，应当在宏观调控之时推进投融资体制改革，由市场的无形之手去解决项目的生死，让审批制退出经济活动。

酷夏已至，而前一阶段处于"过热"之中的中国经济终于显出些许凉意。在或许可以令人欣慰的经济指标面前，我们理解既定的宏观调控方针还会继续，同时也认为，一个市场上普遍担忧的问题应当引起高度关注——这就是谨防整个"调控"由于政策方式掌握不当，过分伤害民营经济。

宏观调控本来是一项着眼于总量的市场化举措，主要是通过货币政策和财政政策等手段，尽量熨平经济波动，保持经济可持续地稳定发展。这对于经济整体，当然包括民营经济，正是有益无害的事情。令人遗憾的是，此轮应对过热，还是过多地采用了以审批和控制贷款为主要手段的行政性"调控"，执行过程中难免主观色彩过重，传统偏见作怪。特别是"调控"的重点，正包括一些国有企业长期盘踞的领域，如基础设施、能源与原材料的生产和加工，新进民营企业与传统国有企业产生竞争性冲突在所难免，而后者无疑对来自国家部门的"调控者"更具影响力。因此，强调对不同所有制企业一视同仁，谨防对于那些没有政府背景的民营企业的不公平对待，就显得格外重要。

经济发展有周期，而中国经济改革"国退民进"的方针则应持续推进，不能因为宏观形势的变化而出现动摇。当然，目前很难通过确切的数据，看清此轮"调控"对民营经济造成的全方位影响。然而，业界可闻可见的忧虑与怨怼，足以引起我们的警惕。特别是一些"调控者"在以行政方式进行"调控"时，对于民营企业的运作模式和成本控制能力并不了解，其思路往往接近于计划时代，做出的结论难免主观武断。而一有决策不当，又很容易在更大范围内对民营经济的信心带来影响，其后果可能相当严重。

关于民营企业的种种误解，与对宏观经济形势的判断直接相关。2003年下半年来曾经有相当强烈的主张，称"中国经济并不过热"，因为此次投资高潮主要由民营经济所驱动，因此是有效率的。及至2004年春天以后过热之忧成为共识,"民营经济兴风作浪"又在一些官员中成为流行看法。其实,将宏观经济形势简单与所有制结构挂钩,对民营经济无论是褒是贬,都是缺乏依据的简单化做法,不仅容易在实践中造成偏差,还会导致民营企业对宏观调控本身的不解与反感。

经济学理论目前尚未给宏观经济过热以确切定义,但人们判断过热,缘何过热,主要看货币供给、固定投资和投资效率,而不是看所有制结构,却是可以肯定的。一般来说,民营经济采用预算硬约束,和仍然存在预算软约束的国有企业相比,其投资决策必是理性的,因此也更有效率。将宏观过热断然归咎于"民营经济兴风作浪",可以说是毫无依据。但我们也不能得出结论说,凡民营经济即不存在非理性行为和投资失误。宏观调控与民营经济之间,更非水火不相容。宏观调控可能会使企业所在行业的生存环境和竞争格局发生演变,但只要自身运行是有效率的,就会在行业的调整中生存下来,并继续健康发展。

在经济紧缩期间防止政策不当对民营经济造成不应有的伤害,关键还是要提倡市场化的宏观调控,尽可能减少和杜绝行政性的"调控"。在这里,如何对待传统的审批制格外重要。最近,据有关部门调查估计,目前全国在建的基本建设项目中,大概有 60%～80% 没有完全履行规定审批手续。进而又有建议,主张择优补办批准手续。我们觉得,这种主张极为不当,事实上是重新强化了已经松动、逐渐式微的审批制。况且,择优补批的标准很难确定,审批尺度必然地极具弹性,不仅提供了新的寻租机会,更使缺少官方资源的民营经济处于不利地位。一旦审批制以"一丝不苟"的方式复原,则"国退民进"大有可能变成"国进民退"。

正确的选择,应当在宏观调控之时推进投融资体制改革,由市场的无形之手去决定项目的生死,让审批制退出经济活动。倘若不然,在短期,则企业唯政府马首是瞻;在长期,则企业——无论国企民企——都无从养成对自己行为负责的商业心态。最终的结果,将是市场的无序与权贵资本主义并行,无论经济周期走至哪一个时点——紧缩抑或放松银根,其情其景都会非常令人痛心。

-2004 年第 12 期-

"官商勾结"和民营经济

> 国家权力及其各级代理人从市场中撤退,是避免民营资本成为官僚资本代理人的关键。

2004年6月来热点话题太多太集中,而于交汇之中的最热话题之一就是民营经济。本专栏上期谈了宏观调控与民营经济的关系,认为不可借宏观调控之机强化审批制,进而影响"国退民进"的改革战略执行和民营经济成长。在这一期,则想谈谈民营经济自身。连月来成为股市焦点的德隆系崩溃,以及新近由审计长李金华披露的佛山南海巨额骗贷案,都使人联想到民营经济,恨铁不成钢的心情自然是有,但更多的,亦在担心丑闻株连民企的声誉,败退加剧民企的困顿,等等。

这种担心,可谓中国国情之一。设想,在成熟的市场经济国家,企业各异归属各异,若一家或几家公司连续出问题,亦很难让人迅速联想,有意无意间与某一类所有制相关联。而在中国,所有制关联简直成了思维定势,不独国内甚至境外投资者亦然,香港市场当年对民企股的追捧和如今的避之唯恐不及,就是偏见的实例。由是,在认知的层面,便大有必要对民营经济作更多分析和区分。一个重要的区分,便是辨识民企和政府的关系。那些凭借官商勾结发展,或者希图踏上官商勾结"捷径"的民营企业,与绝大多数主要凭市场、凭勤劳创业生存发展的民营企业,其实是有本质区别的。在这里,政府的角色又起着关键性作用。

最近发生在广东南海的巨额骗贷案,就是典型。一个"民营企业主冯某",有何等能量能够向中国工商银行当地支行贷款74亿元进而挪作他用,或是提出款项转至境外?纵有银行内贼相呼应,都让人难以想象。而通过调查便可知晓,原来卖鱼佬出身的冯明昌第一次到当地支行获取大额贷款,有市主要领导陪同前往;而其多年来所获巨额资金的抵押证明绝大多数都是伪造,且均由当地政府国土局和房地产局开出。

更有甚者,是冯明昌的华光公司与他所在的南海市(今为佛山市南海区)财政局的关系。双方的资金往来达十数亿元之多,财政局的副局级干部,正是执掌华光公司财权的"财务顾问",如此等等,不一而足。

冯明昌的故事,在官商勾结的主旋律下演绎到极致:他充当法人的华光等一组公司,被政府推成地方"民企航母",声名显赫;同时却是地方政府借以借款提款填补境外投资漏洞的载体。至此,所谓民营资本,已经完全演变成了官僚资本。

这起广东南海"华光案",恰是官商勾结的最坏实例。此案发生在私营经济活跃、素有"南海模式"之称的南海,既使人看到官商勾结的企业与当地众多真正民营企业具有实质区别,也足以成为广大民营企业的镜鉴。现实表明,官商勾结之于民企,虽看似发展"捷径",却蕴涵了难以估量的风险。虽然确有少数企业曾通过与政府"合作"杀出重围,成为业内翘楚,但在更广大的意义上,这种勾结只能导致普适性规则的缺失,置大多数其他民营企业于竞争中的不利地位。而由于在官商勾结之中,权力的腐败极易左右和侵蚀民企,走此"捷径"或千方百计想挤上此"捷径"的民企,其实面对着比市场环境更难把握的高风险,其命运可能相当悲惨。有心求扎实发展、建百年基业的民企,应当也必须避此险境。

当然,避免中国经济,特别是民营经济因官商勾结而扭曲,关键还是摆正政府的位置。"华光案"究其根源,与其说是民企的过失,毋宁说是政府权力膨胀而不受约束的结果,而具体的政府官员则利用了这种权力。应当承认,中国在改革的现阶段强调发展民营经济和"国退民进",不仅指企业之进退,还包括国家权力及其各级代理人从市场中撤退这一要义。而后者的难度更大。

当前各级政府仍然有很大的权力干预企业行为、扭曲市场竞争,民营企业在残酷的市场竞争中在资源、市场准入等多方面处于不利地位。倘政府权力没有有效制衡,则与政府及其官员合作就很可能成为一种理性的选择。因此,调整政府角色,正是中国民营经济健康发展的保证。近期内,政府权力完全退出市场尚难实现,可退而求其次,建立起普适性规则,使民营企业向官方索取资源时有一个公开透明的竞争舞台;长远计,则应不断加强法治建设,借依法治国之途限制政府权力,为健康的市场经济创造必备环境。所有的努力都只能从眼前做起,从我们自己做起。从限制官商勾结到杜绝官商勾结,中国民营经济的崛进之路会充满曲折,却应当是有希望的。

-2004 年第 13 期-

对腐败现象要有经济学思考

让人主动想做好官，不想、不敢也不能做坏官，需要一种健全机制，现在就应当对此进行更积极的探索。

近来反腐败案件曝光很多，这毫无疑问表明了反腐倡廉的力度在加大。本月曝光数起，最突出的，包括了深圳能源集团总经理劳德容案、海南工商局长马招德案、湖北证券前总裁陈浩武案、三峡证券前管理层案等，引起人们诸多思索。报道这类新闻有不同的办法，《财经》着眼于翔实报道事实原委，提供案件发生的经济背景与体制背景，并分析腐败在相应经济领域发生的各种环节。我们相信，这种努力不仅符合新闻调查报道的基本原则，而且可以为腐败现象的经济学分析提供典型案例。这对于中国反腐败的整体战略安排与制度设计是有意义的。

可能会有一种看法认为，腐败就是鲜廉寡耻、道德败坏，有多少玄机可以分析呢？关键还是对官员思想品质的教育和考察。还有些"反面教材"在编制时侧重从现象进行归纳，从个别而一般，总结出诸如"贪官多喜欢养情妇"、"贪欲膨胀铤而走险"之类的规律，试图给后人以警示。这些当然都是有道理的，思想教育、纪律检查由是显示出重要性。但与此同时，我们不应忽视、并应当特别看重经济学家所提供的分析。特别是因为中国正处于经济转型期，而腐败的发生不可能不与改革的制度安排相关，经济学家在腐败研究方面的理论创新就有了更切近的现实指导意义。

经济学家在认识问题时，有其特殊的视角、分析框架和分析工具。例如官员受贿的原因，经济学家就会提出，在具体情境下的需求和供给是如何形成的？贿赂价格是怎么确定的？再如腐败行为的后果，经济学家会思考，腐败对资源配置是什么影响？是促进配置还是制造稀缺？腐败会最终导致什么样的产出效应？又如反腐败机制设计，经济学在设问，微观约束更容易发挥作用，还是宏观环境更重要？如果两者并重，则重点各是什么？等等。很显然，这些分析都有利于更深入地认识现实问题。

近年来，海外学术界和国际组织已经对腐败问题进行了大量研究，而国内学术界最近在此领域也有高水准实证研究成果问世。现实中有更多的案例以比较全面立体的方式展示开来,有助于理论研究的深入,而理论又可成为认识现实和指导实践的工具。以经济学眼光观察腐败问题可以看到,从交通领域的卢万里到工商系统的马招德,从企业家劳德容到省委书记刘方仁,其滑入堕落深渊的路径有很大差别,一旦堕落之后的敛财模式也很不一样。仔细分析其过程,可以发现有"供方主导型腐败",亦即所谓被拉下水的情形;也有"需方主导型腐败",亦即有计划有预谋地索贿。供方主导的堕落敛财方式比较多样化,贿赂价格也不很确定;而需方主导的堕落已经出现了比较成熟的市场,价格也相对更高,与预期惩罚力度形成函数关系。

经济部门的腐败与改革的进程相关,也是一个可以观察到的结论。例如,交通领域"四位一体"的投资体系,以及工商管理系统自由裁量权过大的现实——这些已经被列为改革重点却推进困难的领域,正是腐败产生的土壤。在这里,改革迟滞的阻力来自旧体制的受益者,也就是学界早已指出的"中间利益集团"。多年来,中国渐进式的改革造就了这样一批利益团体,他们不愿退回计划经济的老路,因为计划体制不能赋予他们寻租的机会;他们也不喜欢真正的市场体制,因为市场体制剥夺了他们寻租赖以存在的权力;他们更不喜欢透明度,担心光天化日无法掩盖贪赃枉法。这部分人主要存在于系统内,也表明改革不仅需要系统的自主也需要系统外的强制力,而且绝不能在渐进的口号下一再拖延,改革需要加速。

现实还表明"好官激励"需要一种更有效率的机制,否则廉政就只能是表面文章。马招德、劳德容,还有四川交通厅厅长刘中山,这些人在经济丑闻曝光之前,都是廉政表率或先进人物,后来出现的反讽其实不必夸大,更需要思考的是微观机制设计。例如,学界已经讨论多年的企业家合理报酬、高薪养廉,究竟应当如何进行恰当安排呢?监督和惩罚的力度应当达到什么程度,才能在确保廉洁的意义上实现局部均衡呢?让人主动想做好官,不想、不敢也不能做坏官需要一种健全机制,现在就应当对此进行更积极的探索。

很长时间,有一种看法,觉得腐败可恶需要适当曝光,但不能谈得过多,谈多了会影响公众信心。这种鸵鸟式的做法殊不可取。我们期待透明,愿意直面和剖析现实。唯此,方可寻求"补天之道"。

-2003 年第 18 期-

从马招德到马德:"卖官链"经济分析

> 买卖官位的交易中,交易主体是上下级官员,交易的对象是"腐败权"。

2003年9月初,新华社播发了海南省工商局局长马招德收受18名下级官员贿赂、买卖官位的消息。《财经》杂志随后于9月20日号发表了封面文章《马招德卖官链》。至今已近一年,涉及大规模卖官的经济罪案在继续曝光。最近已由北京检察机关结案的前黑龙江省绥化市市委书记马德卖官案,更加触目惊心。

"马招德案"昭然之时,我们曾主张"对腐败现象进行经济学思考"。今日目睹"卖官链"范围之广,为害之烈,更以为对此现象进行经济分析大有必要。

以经济学的眼光看,但凡官员腐败必然是以权力换利益的扭曲交易。而卖官比一般性官员腐败的交易规则更扭曲,其经济成本更高昂。这是因为从理论上说,官员除薪酬之外并无其他财务收益,在交易"官位"之时,实际交换的不是官位本身,而是官位带来的腐败机会。在一般官员腐败中,交易主体是官与商,腐败均衡价格为特定交易所预期获得的商业利益。而在买卖官位的交易中,交易主体是上下级官员,交易的对象是"腐败权",其均衡价格只能是未来长期一系列腐败行为所带来的现金流总和的贴现。可盈利的官位于是具有明显的"企业"性质,而一旦形成"卖官链",则其中的各级官位可类比为层层控股的母公司、子公司、孙公司,等等。

由是,一般性权力腐败可一次完成,而官官之间的权钱交易,则必是一组连环,通过未来的官官或是官商交易方可完成。从经济人的"理性"出发,只有预期收入足够高,买家才可能愿意支付相应的成本去获得未来的现金流。因此,买卖官位成风成链,很可能表明在相应范围,行政权力"市场化"(腐败)已达到相当程度。卖者固然可以无本生利,买者为求拿回成本、增加收益,也必须在未来为官生涯中抓紧寻租,甚而积极设租。卖官链的形成,意味着长期由公众承担贪官付出的腐败成本。这不再是一般腐败交易中"周瑜打黄盖"的成本分担局面,而是买卖双方共谋剥夺无辜第三方——所出卖的权力边界内的公众。

经济学家谈起逆向选择原理时，喜欢讲"劣币驱逐良币"的例子。一旦卖官成链，则官员选拔必是"劣官驱逐良官"。因为但凡能进入卖官"市场"之人，已经不可能具备称职官员的基本素质。目前已进入司法程序审结或即将审结的"马招德案"、"赵洪彦（原黑龙江省人事厅厅长）等"、"马德案"所涉官员之众生图，无不证实了这种可叹的现实。而即将大白于天下的"韩桂芝（原黑龙江省政协主席）案"、"徐国健（原江苏省组织部长）案"，亦很难逃出既有规则。

学界前些年曾有一种说法，认为在行政资源稀缺性的经济中，腐败是经济引擎的润滑剂，比如，企业以行贿换取市场准入、节约等待成本，是一种高效率的"投资"。这种论点本身就有待商榷，而我们愿意强调的是，纵使其拥护者恐怕也会承认，腐败发展到卖官鬻爵蔚成风气，已绝无任何"润滑功能"可言。直面、制止、打击买官卖官，正是反腐败之战的最重要一役；而建立起可以杜绝卖官鬻爵的机制，乃近期政治和经济改革中最紧迫的任务之一。

在这里，要做的事从宏观到微观涉面甚广，而寻求治本之道，应是降低买官者的预期收益，为此可致力于两端：一是减少并消除官职在其公共职责之外的"寻租机会"，从源头反腐；二是防止官员为满足私利而"设租"。这样才能使官职成为真正的社会公共品，不再具备特殊的"租金溢价"，卖官鬻爵的交易行为自然无从发生。

应该看到，在一个错综复杂的卖官链条中，用新的权力去遏制已有的权力远非良策。而真要做到消除寻租，防止设租，关键还在于摆正政府在市场和社会中的位置，一方面要通过界定权力和市场的行为边界，以确保两者之间的重叠最小化，由此形成"距离"（arm's length）。这就是学者们常说的"有限而有效的政府"。另一方面，无论是市场权力（market power，即垄断）还是行政权力都具有复制自身并无限扩张的天然冲动，于是需要建立权力的制衡机制。如反垄断是行政或司法权对市场权力的制约，而官员任用权也需要来自同级、上级和下级的有效制约。透明的用人机制是消除卖官行为的技术要素。

当权力的无限性被消解，权力的可问责性（设租成本）得到提高，而且权力透明性能够确有保证，官位将不复"寻租溢价"，人们所痛恨的买卖官位之风也将消弭于无形。"卖官链"经济分析讲述的道理是能够给人以信心和希望的。

-2004年第16期-

胡锦涛"七一"讲话之重心

> 人们有理由对具有"长期性、复杂性、艰巨性"的反腐倡廉给予更高的期待。

为纪念中国共产党成立85周年,胡锦涛总书记于2006年6月30日发表了长篇讲话。过去一周来,可以观察到这一讲话在海内外引起广泛关注;其关注的重心,即讲话中"保持先进性"的主张和有关反腐败的内容。就在"七一"之前,中国先后曝出北京市副市长刘志华落马、安徽省副省长何闽旭被"双规"、海军副司令员王守业涉罪等系列高官腐败案,引起巨大震动也引致不少猜想。及至胡锦涛讲话一出,涤清了种种流言并宣告了反腐败决心,人们顿觉眼前一亮。如此讲话,当细读细想,悉心体会其中之意味。

长逾万言的"七一"讲话分三部分,围绕中国共产党的先进性建设层层展开,最后一部分谈的是今后的任务。就在这一部分之首,讲话坦陈"党内目前仍然存在着一些与党的先进性要求不适应、不符合的突出问题";而列举之一,为"一些领域的腐败现象还比较严重,特别是有些领导干部以权谋私、贪赃枉法、腐化堕落的案件仍时有发生"。

展开阐释今后的任务,讲话归纳为四点,意谓加强先进性建设的四个方面:贯彻落实科学发展观、构建和谐社会、加强执政能力建设和保持同人民群众的血肉联系。如果说有关"科学发展观"与"和谐社会"的论述相对为人熟知,最后两部分,特别是在有关加强执政能力的论述,人们可从中读到许多新的亮点。

正是在这一节,具有"长期性、复杂性、艰巨性"的反腐倡廉,被规定为加强党的先进性建设的重大战略任务,明确了"标本兼治、综合治理、惩防并举、注重预防"的方针,并提出了"建立健全教育、制度、监督并重的惩治和预防腐败体系"这一重要战略任务。讲话直称"依纪依法严肃查办领导干部滥用权力、谋取私利、贪污贿赂、腐化堕落、失职渎职等方面的案件,决不能手软",正是对当前与未来加大反腐力度的一种战略性宣示。

中共十六届四中全会首次提出"科学执政、民主执政、依法执政"的主张。

在此次"七一"讲话中，胡锦涛从"加强执政能力"的高度对此作了进一步论述。其中引人注目的地方包括：在干部任用中，"扩大干部工作中的民主，扩大广大群众对干部工作的知情权、参与权、选择权、监督权"，成为新的方向性举措，而谨防"带病提拔"、跑官要官、买官卖官正是明确方针；在健全监督体制中，则应"加强对党的领导机关和党员领导干部的监督，把党内监督与人大监督、政府专门机关监督、政协民主监督、民主党派监督、司法监督、群众监督、舆论监督等很好地结合起来，形成监督合力，提高监督效果"——寥寥数语虽用笔不多，事实上提出了政治体制制衡的思路框架。从这些新的亮点，结合讲话相关章节中人们相对比较熟悉的其他论述，例如党的基层组织建设、思想建设等，大致可窥知胡锦涛作为中共最高领导人对于未来政改的某些重点思考。

以此视角领会"党的先进性建设"，有心人均可意识到其含义之深远，亦可从讲话提出的最后一项任务中感受到急切和真诚。在这一专门强调"加强与人民群众血肉联系"的段落中，胡锦涛承认中共"根基在人民、血脉在人民、力量在人民"，强调"坚持权为民所用、情为民所系、利为民所谋"，要求"认认真真访民情，诚诚恳恳听民意，实实在在帮民富，兢兢业业保民安"，提倡"深入实际、深入基层、深入群众，倾听群众呼声，了解群众意愿，集中群众智慧"，可谓句句精心锤炼，意有所指。而其提出"建立健全密切联系群众和实现好、维护好、发展好最广大人民根本利益的长效机制"，事实上是一项复杂和艰巨的重大综合性任务。

胡锦涛讲话的前一天，即6月29日，新华社公布了亚太经合组织反腐败研讨会中美主办方4月间签署的反腐败联合声明。这份颇为引人注目的声明明确提出，"腐败犯罪嫌疑人外逃、腐败资金外移，仍是当前亚太经合组织范围内反腐败斗争中比较突出的问题"；并强调有效拒绝避风港、解决好资产返还和人员引渡等正是国际合作重大任务，从而展示出"营造良好的反腐败国际环境"之前景。

有此声明，次日再有胡锦涛"七一"讲话中所宣示的反腐决心和诸多国内相关举措，未来政治清明"天时地利"及至"人和"路途当然仍不会一蹴而就，但我们现在是有理由给予更多的期待。

-2006年第14期-

反腐全球化

> 中国政府直面国内的腐败现象,并不以"家丑"而遮掩;最高领导人对于防腐反腐坚持"旗帜鲜明、毫不动摇",特别强调其重要性和迫切性;国际携手反腐大势已成,实质性合作日益频密。

尽管事前显得有些低调,2006年10月22日至26日在毗邻北京的河北香河召开的国际反贪局联合会首届年会,无疑可列为近两周来最重要的大事件。

为有效执行《联合国反腐公约》而成立的国际反贪局联合会,首次年会便选择了中国。中国国家主席胡锦涛参加开幕式并发言,中国最高人民检察院检察长贾春旺当选为年会主席,中国反贪领域的各级检察官在会上发表一系列重要演讲。在近千名代表共同探讨防止和惩治腐败话题的国际会议上,如此显著的"中国分量",使人震动,也使人振奋。

对许许多多中国人来说,这次会议至少传达了三重具有相关性的信息:其一,中国政府直面国内的腐败现象,并不以"家丑"而遮掩;其二,最高领导对于防腐反腐坚持"旗帜鲜明、毫不动摇",特别强调其重要性和迫切性;其三,国际携手反腐大势已成,实质性合作日益频密。

三重信息之间,也是相互关联。伴随着经济全球化,腐败行为在世界蔓延,腐败分子也在跨国流动,这本身就在侵蚀各国的稳定发展。而每个国家为寻求反腐斗争中的国际协作,对本国的重大腐败事件都必须公开透明,坚决打击彻查,含糊不得也迟疑不起。过去很长时间内,国内某些官员们有一种看法,认为全面公开恶性腐败事件特别是高级官员的腐败事件,国际会影响"中国形象",国内会激起民怨。因此,在不得不公布重大案件时,总是尽力"简化"、"淡化";审理一些重要官员的经济案件,往往名义上公开审理,实际不对公众媒体开放;某些高级官员前两年因经济案获罪已经服刑,但其犯罪事实、基本情节无人知晓,检方起诉书、法庭判决书从未公布。这种情形,与国外一些政治清廉指数较高的国家司法公开、司法文件随时可查的情况正成对比,不仅徒然引致更多怀疑、猜测、谣言,而且直接影响了有效的国际合作。在反腐全球化的大格局中,改变这种"黑箱"陋习,已经势在必行。

近些年来，随着中国日益开放，中国发生的经济罪案中，贪官外逃上升；特别是一些贪官让妻小先行逃往发达国家，并向境外大量转移不法资产；及至本人罪案曝光，能逃则逃，不能逃则推之瞒之，引致广大公众的愤懑。正因此，反腐全球化的进展才引起中国人的直接关注。2004年中行广东开平支行前行长被遣返回国，可谓中美两国司法合作的一大胜利。其实，反腐的国际合作不仅涉及引渡，还涉及追逃机制和遣返资产等方方面面，虽然各国国情与司法制度不同可能带来困难，但目前既有共识和现实需求，相关领域的务实合作定会大有进展。这对于抗反腐经验越来越丰富的贪官们是个坏消息，却也要求有关当局必须加大反腐肃贪的坚决性和力度。很显然，"旗帜鲜明、毫不动摇"方针已定，完全可以走得更远、更彻底。

当然，反腐全球化还有另一层含义，虽不那么直接，却更为深远，这就是以预防腐败为重心的国际交流与制度建设。在透明国际（Transparency International）对全球160个国家和地区的廉政指数排名中，中国位居70的名次或许并不很准确，但也提供了一种参照系，可以横向比较，以何为师，以何为戒。在此类国际比较中，中国可愈加正视现实，痛下反腐决心，看清廉政建设的方向。

在国际反贪局联合会年会这类会议上采他山之石，正可攻中国之玉。在这里，廉政建设是一项包含着许多子项目的系统工程，有些过去闻所未闻而目前刚刚开始着手，例如反洗钱、"黑名单制度"、"阳光法案"等；有些久已存在甚至作用显著但仍需完善提升，例如国家审计、反贪惩治、舆论监督等，而工程的总纲是四个大字——"民主法治"。

反腐全球化不是平一时民怨的权宜之计，而是时代大潮，可以挟我们冲向很远很远。

-2006年第22期-

"情妇"进入司法解释的意味

> "情妇"进入司法解释，多数人表示赞同，认为权—钱—色交易轴心既然事实存在，法网不应疏漏；少数人也表达了担忧，觉得"情妇"本身难以准确定义，实践中易出误差。我们支持前一种意见。

在中国当代政治社会学的新语汇中，有一个词正在获得越来越突出的地位——"情妇"。

无论是天津市政协前主席宋平顺自杀身亡案，还是济南市人大常委会主任段义和涉嫌谋杀案，乃至内情尚未公之于众的山东省省委副书记杜世成经济案，"情妇"都为相关事件的中心角色或中心角色之一。虽然中国公众对于贪官养情妇现象之普遍已不吃惊，但情妇在涉嫌腐败官员活动中的作用如此突出，乃至"贪"与"色"相关联，最终使"色"全然超出个人私德的范畴，而成为酿成刑罪的一大渊薮，还是相当触目惊心。回想近年来同类案件，可见贪官以权贪色霸色，再经色路而贪钱洗钱，已成为一种富有"中国特色"的腐败模式。

由此，在2007年7月8日由最高人民法院、最高人民检察院联合发布的《关于办理受贿刑事案件适用法律若干问题的意见》（下称"两高意见"）中，在"特定关系人"里加入了"情妇（夫）"的概念。

"情妇"进入司法解释，立即引起人们的广泛关注，也引发了一些不同意见。多数人表示赞同，认为权—钱—色交易轴心既然事实存在，法网不应疏漏；少数人也表达了担忧，觉得"情妇"本身难以准确定义，实践中易出误差。在此，我们支持前一种意见。

诚然，"情妇"本身属于私德问题，政府官员养情妇并不等于腐败犯罪，道德与败德、罪与非罪的界线是清楚的。但此次司法解释明确"情妇（夫）"为"特定关系人"，适用于官员受贿案的相关定性，并非以德代法，而是准确地反映了中国当前特定时期、特定政治生态下的现实。在一般情形下，"情妇（夫）"这一概念本可并入"共同利益关系人"之中，但"两高意见"被迫专列此项，主要囿于中国"贪官—情妇"模式的复杂现实，已不足以用一般概念去框定。在法社会学意义上，这正体现了实践的智慧，适应了中国当前反腐败的需要。事实上，近年来贪官借情妇受贿早已纳入打击范围。

"情妇"进入司法解释，也是一种司法政策的表述。在中国迄今为止的政治法律体系下，这种表述第一次昭示了政府官员的情感和性私德与政治品德之间的关系、与公共事务之间的关系（它几乎必然涉及商业利益以及公共福利等几乎所有公共利益问题）、与官员政治前途之间的关系、与公共道德之间的关系。人们已经看到，当今屡见不鲜的"贪官—情妇"模式，在腐蚀官员的同时，也在腐蚀正常的政治行为、经济行动以及社会道德观念，危及了三个维度的健康运行，使国家与社会全方位受损。在这一背景下，以司法解释的形式昭示官员情感私德的严肃政治意味，具有强烈的现实积极意义，极具警示性。

当然，"情妇"进入有关受贿罪的司法解释，一个直接结果就是增加公众对政府高级官员私德的关注。不过，将政府高级官员的私生活与其公共角色相联系，并非中国首创，在完善的法治社会中，有着更加严格的制度安排。身为政治人物而适当牺牲隐私也属必然。在民主状态下，政府官员的隐私生活所受到的法律保护，往往低于普通公民的隐私生活。如果媒体报道一个普通公民的婚外性生活可能会吃官司，被诉侵犯隐私权。但是官员的婚外情感、性生活就会成为社会质疑的对象，一旦媒体报道，经常会成为丑闻。在民主状态下，政府官员理应更具道德自律性，而社会对官员的道德要求比对普通公民要求更高，这是社会清明、道德风尚严谨的必备条件之一。中国理应在这一层次上更多一些对于政府官员的监督和约束。

不过，以情妇（夫）关系在受贿案中进行相应定性，确实存在某些司法技术上的难点。应当看到，"情妇（夫）"概念毕竟不是严格的法律概念。鉴于性、情的私密性特征，在司法过程中对情人作出严密界定存有困难，而侦查手段的采用又极易与维护隐私权的基本法律原则相冲突。这也是司法实践中需要恰当把握的重要环节。

恰如最高检副检察长王振川在接受《财经》记者专访时指出，"反腐败是一个系统工程"。割除当代中国政治经济生活中的"贪官—情妇"毒瘤，必然是一个长期复杂的过程。但无论如何，情妇这类在权—钱—色腐败链扮演枢纽角色的"特定关系人"，从此不在法律的威慑之外。

-2007年第14期-

抗击 SARS 以防为主，不搞"内紧外松"

> 肘腋之疾已成心腹之患，控制疾患的成本必然大幅提高。这是我们不能不应对的痛苦现实。

在 2003 年中国人抗击 SARS 的这场历史性战役中，4 月 20 日是一个重要转折点。从这天开始，随着卫生部与北京市两位主管官员的去职，中国各地的疫情公布做到了公开、准确、全面和及时，防治 SARS 进入了全线动员的新阶段。当前，人们非常担忧此疾大举侵入中西部农村地区。因为这些地方医疗防疫体系脆弱，一旦遇有 SARS 局部爆发，万难抵挡，很可能造成瘟疫大规模蔓延，后果不堪设想。不过也应当看到，纵使事到如今，避免如此后果还是有可能的。这里的关键，就在于"防治结合"之中，需要坚定地遵循"以预防控制为主"的方针，不搞一厢情愿的"内紧外松"。近来中央政府部署一系列有关 SARS 防治工作时，信息公开、尊重科学、措施坚决、群防群控，同时积极开展国际合作，正是这一方针的具体体现。据此，我们应当对于最终战胜这场灾难具有信心。

4 月 28 日，世界卫生组织正式宣布，越南不再属疫区之列。这一消息令人鼓舞。越南是除中国外世界上最早发现 SARS 病毒的国家，于 2 月 26 日即报告了第一起病例，在 3 月 15 日即被列为疫区，早于中国内地的其他省市。但越南开展防治有效，在报告 63 名病例和五名死亡后，从 4 月 8 日以来已连续 20 天未发现新病例，亦未发现有病患离开越南进入其他国家，故此成为第一个摘掉疫区"帽子"的国家。越南和中国同属发展中国家，其医疗卫生水平比中国更低，改革开放比中国为迟，之所以能够在此次防治 SARS 一役中取得成功，主要是依靠早期积极有效的预防控制和国际合作。世界卫生组织将越南采取主动措施发现和预防 SARS 的做法概括为六点：尽早发现 SARS 患者，了解其行踪及接触者；将患者在医院有效隔离；很好地保护治疗 SARS 的医护人员；对疑似病人进行全面检查和隔离；对国际旅行者进行出境检疫；向其他政府和国际性权威机构及时通报，共享信息。

这六点看起来简单，但切实做到并不容易。例如第一点发现患者及了解接触者，在专业上属于"传染病流行病学调查"范畴，需要花费大量人力、物力和时间；其间更需要信息公开化、尊重公众知情权，才能获得主动配合，使调查真正到位。其余各项亦是同理。相形之下，中国在早期发现SARS即所谓"不明原因传染性肺炎"之时，疾病的爆发规模较越南河内要大，当地组织救治当属有成效，疫情报告预防也作出一定努力，但全面预防显然大欠火候，缺乏应有的危机意识，更缺乏公开透明性、决断措施和开放心态。如今，肘腋之疾已成心腹之患，控制疾患的成本必然大幅加高。这是我们不能不应对的痛苦现实。

现代公共卫生管理与危机处理强调疾病预防的重要性，是因为在"防"与"治"中，以防为主更有效率。但预防控制疾病不可能不付成本。SARS属于传染性极强的未知疾病，为求有效地阻止其传播，须及时准确公布疫情信息，承认知情权，以引起公众的高度警觉和积极配合，这可能导致一部分人的过度恐慌，疫情严重之时更是如此；大规模预防需要采取必要的断然措施，有些甚至是具全局性的断然措施，这可能打乱相关人群的正常生活。这些都会带来负效应。政府应采取可能的措施，减少大规模动员带来的负效应，但更应有科学精神和务实态度，坚持把防控放在首位，"内紧外紧"绝不动摇。这是取得抗击SARS战役最后胜利的关键所在。

当然，重防疫绝不意味也不可能轻治疗。恰恰相反，疾病的预防、治疗、控制三个环节需要环环相扣。特别是现在SARS已在国内蔓延，遍及全国26个省区（市），广东、北京、山西、内蒙古等地皆成"疫区"，仅确诊SARS病人就有3000多名。对这部分病人以及其他新发病人，进行有效的救治正是刻不容缓。救治本身关乎人民健康生命，关乎公众信心，也关乎一线防疫是否能够真正有效实行。除病患较多的疫区如北京、广州、太原等地，仍应花大精力投入救治，提高治愈率，降低死亡率和医务人员感染率；未成为疫区的省区，特别是条件较差的中西部省区，也应在加强一线防疫的同时，为应对救治需求作出充分准备，真正做到未雨绸缪。

当前全球26个国家遭SARS入侵，其中23个国家都已经对疾患有效遏制。全球科学家正在联手进行制伏SARS的科研攻关，东盟国家领导人已就携手共战SARS签署联合声明，中国国内更是上下一心，和衷共济，同赴时艰。中国人最终打赢这场攻坚战，应当是可以期待的。

-2003年第9期-

疫情消息不宜"出口转内销"

> 眼下，财产乃至生命受到直接威胁的首先是中国亿万农民。他们极有必要在第一时间获知疫情以备不测，更有必要对禽流感发生及防治有翔实了解。

2005年10月中以来，仅一周间，中国连续在内蒙古、安徽、湖南等地爆发H5N1引致的禽流感，疫情之严峻令人焦心。

显然是吸取当年SARS的经验教训，中国在此次疫情袭来之时表现了较高透明度，有关部门均能及时主动地向国际动物疫病组织（OIE）、世界卫生组织（WHO）等国际机构通报，颇受国际舆论肯定。10月28日，国务院新闻办与农业部联合召开新闻发布会，面对中外记者介绍了情况并回答了大量问题，更使公开性大大提高。但我们也注意到，对于国内公众而言，有关疫情的突发性消息每有"出口转内销"者。媒体派出记者前往疫区采访时，也普遍感到相关官员并不配合。这种局面应当改变。

例如，安徽和湖南的疫情发生后，有关部门均于10月24日向OIE通报，相关消息仅于25日和26日分别在《农民日报》二版、四版低调刊出，亦未放入该报网站。直至外交部发言人与香港政府网站分别证实相关消息，国内有诸多"外转内"一天以后，新华社才于26日下午向国内播发两地疫情。

至于湖南湘潭疫区女童贺茵之死，无论死因是否确属禽流感，当属重大事件。但该消息也是先由境外曝出，卫生部通报世界卫生组织北京代表处并派人赴湘后，国内官方媒体才有了较为正式的简单说法。其时当地早已是纷纷扬扬，而《财经》等多家媒体前往采访则困难重重，令人遗憾。地方政府和基层单位的某些做法显然与中央政府的姿态相距甚远。

当然，比起2003年SARS初期视疫情为"机密"的状态，如今的情形已是大幅进步。但如果希望把事情做得更好，就应当承认，当前的禽流感疫情向国内公众公布时间仍显迟滞且不充分，有诸般不妥。固然，禽流感对全体人类的健康都有很大潜在威胁，但眼下财产乃至生命受到直接威胁的就是中国亿万农民。这些人极有必要在第一时间获知疫情以备不测，更有必要对禽流感发生及防治有翔实了解。而对于亿万农民来说，获知新闻的渠道主要就是国内大众媒体。维护广大农民的知情权，就更应当让国内大众媒体有及时、充分了解疫情的机会和权利。更不消说，禽流感已经被公认属于重大公共卫生话题，如果中国公众晚于国外知情且知之有限，实在是不公平了。

我们理解，有关部门与媒体沟通时过于谨慎，一些官员对充分提供情况情态犹疑，主要还是担心疫情接踵而来冲击太大，引起公众惊慌。不过，这是一种不正确的思维惯性。应该承认，正值国际机构对 H5N1 未来变异侵害人类的可能性频频告警，中国秋冬之季疫情又来势如此之猛，引起一些惊慌恐怕是难免的。问题是，除了面对现实，没有更好的选择。坏消息传出总会引起震动，而震动之后就会习惯，进而以科学的态度去思去想，达到科学预防之目的。我们当然愿意告诉公众"禽流感并不可怕"，但如果出事以后发布消息迟疑不决，面对媒体询问遮遮掩掩，极易失信于人，引起更大的怀疑和惊恐。可取的方针，应为实事求是，坦诚有信。

其实，担心惊慌、回避现实，正是防疫工作之大忌。在这方面，中国往昔可谓教训多多。仅就高致命性禽流感而言，国内据此进行的疫苗研制早有进展。但因为担心引起惊慌，很多年不愿意广泛强调其必要性，降低了 H5 亚型疫苗需求，进而抑制了生产能力提升和科研精进，这种情况直到近两年才有所改变。经验早已表明，在防疫工作中对于可能的危险宁言其轻不言其重，宁信其无不信其有，很可能促使危险加速加重到来，最终使国家和人民付出更大代价。

现在禽流感对于人类存有潜在巨大威胁，已是国际共识，但对于威胁来临的时间与可能的灾难程度存有争议。因为 H5N1 禽流感病毒及其变异，毕竟属于人类尚未充分完整认识的重大科学课题；就在世界上家禽和候鸟因感染 H5N1 病毒大规模死去之时，人类受到感染的数量毕竟有限，而且尚未发现人传人的病例。这显示了，迎击禽流感很可能不仅相当迫切，而且也会成为持久战。如果大自然留给人类的时间尚且充分，我们就有机会使灾难减轻、局限甚或消灭。直面潜在灾难要从现在做起，最基础的准备就是建立面向公众的疫情公开制度与开放的舆论环境；并与此同步，推动公共卫生的改善与国民自身卫生水准的提升。从这个意义上说，瘟疫阴霾当头，对于我们就不全是坏事。

-2005 年第 22 期-

环保事件是全局性大事件

> 与 2003 年 SARS 危机、当前禽流感威胁一样，全局性大事件绝难大事化小，因此最忌"大题小做"。

2005 年 11 月 13 日因中石油吉林石化分公司双苯厂爆炸引发的松花江水污染，已被定性为"重大环境污染事件"。目前，由事件引起的对于透明度、公开性的呼吁是普遍的，而我们认为，更深层次的问题，在于当局如何对待和处理涉及环境污染的重大事件。从 24 日新闻发布会等官方消息获知，此一环境事件发生后，吉林省政府立即启动了应急预案，国家环保总局也有行动。但事故通知黑龙江省政府是在五天之后的 11 月 18 日。前期应急工作主要由地处污染上游的吉林省政府主导，国家环保总局进行评估和建议；消息通报黑龙江省后，环保总局也在致力于两省间的协调。与事故直接相关的其他政府部门，如国家水利部、建设部，在 22 日以后方始参与此事；知会邻国政府俄罗斯也是在 22 日。

这一过程显示，此次国家一级河流松花江水域的重大污染事件，在早期主要是被当成局部地方性事件进行处理的。其中的一些不妥由此而生。

水流污染事故在吉林出现后一直未诉诸媒体、公之于众，仅仅"通知了沿江的地方政府、企事业单位，包括居民，停止向松花江取生活用水，对于工业用水也要做污染防治的一些措施"。如此做法，尽管环保总局负责人认为"吉林省政府的做法是可行的，保证了群众没有受到影响"，但显然不具说服力。

松花江自吉林市以下，受到苯、苯胺和硝基苯等超标污染直接威胁的相关水域绵延千余公里，沿途除哈尔滨、松原等大中城市，还有几十个乡镇，数百个村庄，仅饮用及生产用水可能受到影响的民众就多达数百万人。在保密的状态下，"行政通知"或能惠及"单位"与"居民"，却极难使上百万普通农民普遍知情。而沿江农民们长期以来"靠江吃江"，"长达 80 公里的污染团"沿江而下对他们的损害是直接的，虽然在短期内可能还无法量化。此次事故的肇事者及责任人为中石油吉化公司，环保总局负责人也承认今后的事故赔偿应由企业负责。但吉化公司的总部中石油远在北京。事发后，由地方出面协调堵漏想必困难重重。按已定保密方针，中石油吉化公司领导公然对媒体隐瞒真相，甚至明令公司上下不得向外界透露消息。这不仅有悖企业作为社会公民的职责，而且违背了上市公司对于重大事项的披露原则，后果将相当严重。

松花江下游受此次污染事件冲击最大的城市，为饮用水几乎全部依靠松花江的哈尔滨市。为保证全市用水安全，哈尔滨市政府于 11 月 21 日作出停水四天的决定，但由于"供水管网检修"的理由过于牵强且有悖常理，反引起民众猜疑，形成恐慌气氛。22 日晚，市政府发出最新公告，公布了中石油吉化公司双苯厂爆炸后可能造成松花江水体污染的事实，方始安定人心，形成有序局面。但这一正确举措与吉林省和吉化公司的保密做法并不一致，又引来后者的反弹。《财经》和许多媒体记者在吉林采访时，都听到了一些中下层官员们对哈尔滨市政府"炒作"的公开抱怨。正需同心协力之时却生如此嫌隙，"协调成本"大增已经可见。

黑龙江与俄罗斯接壤，松花江又流入中俄界河黑龙江。故此，俄方一直对松花江水质甚为敏感。松花江水污染事件发生后，消息先从哈尔滨市传出，俄罗斯媒体议论纷纷。幸而 22 日有关部门在北京正式向俄方进行了通报。

24 日上午，国家环保总局局长解振华方始约见俄罗斯驻华大使，进行了详细沟通。环保总局官员在当天下午的新闻发布会上强调，污染团到黑龙江还有 14 天左右的时间，"影响程度会有多大，目前来看，它是在减弱，影响的程度会越来越小"，所以现在通报"时间也不算晚"。这种辩解当然不是毫无道理，但在具备外交常识的人当中很难得到高度认可。需要对松花江水流受污染事件作出反应的还不限于此。如降低江水的污染威胁需要上游水库放水，掌握放流应有水利部（及松辽水利委员会）的协调；城市自来水系统受威胁需要应对，供水安全与水资源管理亟待建设部的监管；等等。两大中央政府部门在事件发生后的最初九天中毫不知情，置身事外，不能不说是一种遗憾。

应当承认，此次松花江水的重大污染事件是全局性大事件：其一，需要直面危机的勇气和认知；其二，需要站在全局高度确保公开性与透明度；其三，需要从中央到地方，从环保部门到有关各部门协调一致的行动。与 2003 年 SARS 危机、当前禽流感威胁一样，全局性大事件绝难大事化小，因此最忌"大题小做"。此类环境事件在中国很难完全避免，可能还会发生。所以，此次污染事故在应对、清污和问责后，其处置过程中的经验教训应成为全局性镜鉴。

-2005 年第 24 期-

特大雪灾呼唤"气候觉醒"

> 此次大面积冰雨雪灾,正是极端性气候事件使人类蒙受灾难的又一明证,中国人实现"气候觉醒"已当其时。

从 2008 年 1 月 10 日起,一场罕见的特大型低温雨雪以及冰冻灾害侵袭整个中国南方,为即将来临的春节喜庆蒙上了浓重的阴影。至 2 月 1 日,南方受灾省份再经新一轮暴雪冻雨袭击,春运压力继续以几何级数攀升。此次灾害究竟何时结束?纵使天气转晴,灾难会不会以其他形式继续蔓延?现在还很难估计。

令人欣慰的是,此次灾难加重之时,信息较为透明且政府相当勤力,官方与民众合力抗灾;虽无法抑制灾难于无形,终究在为其冲击最小化而努力,给人以希望和信心。继续应对、反思和总结这次灾难,涉及相当广泛的话题,亦会成为近期舆论的焦点。我们认为,其中最迫近又最具本质性的话题之一,当为"气候觉醒"。

应当承认,此次特大冰雪灾害"50 年不遇"甚至"百年难遇",故起始之初,政府及社会各界均估计不足;而直到今天,虽然灾难已成沉痛现实,但其复杂的气象成因仍有待进一步探析。不过,此次大雪冰冻灾害,范围如此之广,时间如此之长,危害如此之重,无疑可列入世界上重大典型的"极端性气候事件"。而基于全球气候变暖的极端性气候事件,近些年正在人类生活中以不同形式急剧增加,已是无可回避的现实。

至少在此次灾害之前,对于正处于"环境觉醒"中的中国转型社会来说,"气候觉醒"还是个相对超前的话题。笔者 2007 年夏天参加一场关于气候的中外讨论,就闻听一位相当具国际视野的中国经济专家表达此意,颇有代表性。时至如今,我们虽然仍无法将中国的冰雪巨灾与温室效应简单挂钩,恰如数年前的印度洋海啸、美国卡特里娜飓风,并不能与气候变化画上等号。但此类极端性气候事件,本质上源于人类活动导致的气候异常,正是大自然的报复性肆虐,应当是不争的事实。如今,我们中国人在最重要的民族节庆之际遭受特大冰雪袭击,痛定思痛之时,无论如何应当对大自然怀有更多敬畏之心,对气候变化导致自然灾害的科学道理,有更多聆听和信服。

这些道理本来是恰如其分的"警世通言":联合国政府间气候变化专门委员会(IPCC)已经以其第四次评估报告表明,从20世纪中期至今观测的大部分温度上升,有超过90%的可能性与人类活动产生的温室气体排放有关。主要因为这一系列报告,IPCC与美国前副总统戈尔分享了2007年度诺贝尔和平奖,可见其国际认可度。而越来越多的证据表明,温室效应直接导致气候变化,进而引发极端气候事件。世界气象组织的统计也证明,几乎有九成的自然灾害与气候事件存在关联。联合国公布的统计结果进一步显示,从1995年到2004年间,全世界死于自然灾害的总人口中,有3/4与雨雪、热浪以及低温等极端性气候事件有关。此次中国的冰雨雪灾,正是极端性气候事件使人类蒙受灾难的又一明证,中国人实现"气候觉醒"已当其时。

我们所说的"气候觉醒"意味着很多。就认识世界而言,意味着从官方到民间,当对气候变化的冲击高度警觉,对极端性气候事件发生有更充分的准备,意味着在各种潜在或既有的自然灾害面前,摒除"老天开恩"侥幸取胜之心。中国正处在自身发展的关键时期,增长方式转型与追求平衡发展的调整需要时日。与此同时,必须综合考虑和适当应对各种自然灾害的挑战。平素防患于未然的主动性不可少,而一旦灾害来临,例如今次大规模雪灾发生,则应充分估计灾难恶化持续之可能,不作速战速决之幻想,秉持生命安全至上的理性原则,科学权衡处理安全与效率、物流与人流何者为优,真正地有备无患或少患。

"气候觉醒"还意味着需要付出长期努力来改变现实,为减缓气候变暖的冲击采取更积极、更有成效的措施。虽然对于所有国家而言,气候变化带来的挑战都是相近的。但考虑到基础设施以及能力的不同,实际上,像中国、印度这样的人口大国,以及非洲国家、太平洋岛国等,面对的挑战还是严峻得多。更何况,如同识者早已提出,"我们只有一个地球",中国在气候挑战面前应有"天下主义"的胸怀。降低气候危机威胁的最重要举措是节能减排,因此,节能减排目标在国内不能落空,在国际上亦应做好定量承诺的准备。

此次雪灾已成为中国加大对气象工作软件、硬件投入的契机。中国气象局牵头的气候监测与灾害预警工程已获国务院批复立项,不过,需要投入之处绝不仅于此;提高对于气候变化的预测、监测以及应对能力,中国现在仍是百端待举。在全局层面，除更多财务投入外，更重要的还是制度建设和教育投入——前者，系指必须将气候变化意识，融入整个经济发展和改革的规则、决策之中；后者，系指教育官员和公众，提高整个社会的气候危机感，熟谙应灾常识，等等。

2007年2月5日（春节前夕），《财经》刊出封面文章"气候危机"，封面图片是一头站在融冰之上茫然无措的北极熊。彼时之中国人，大多不免生疑："气候危机到底会不会来？"而今年此时此刻，身处或遥望千里冰封的中国南方大地，国人已不得不呼唤"气候觉醒"。对于这个世界来说，真正的问题只是"气候危机何时到来"。真有此发问，则中国今天为措手不及的雪灾付出的一切就算值得，我们才不至面对悔恨的明天。

-2008年第3期-

奥运火炬、家乐福与汉藏团结

> 当此之时，使民族主义从情绪化浪潮中回归理性，需要的是冷静的政治智慧，需要珍视汉藏团结。

近来形势纷繁。从拉萨骚乱事件到奥运火炬传递屡受干扰，从国人抵制法国家乐福超市，到部分西方政治家在是否出席奥运会上闪烁其词，种种事态密切联系又复杂交织，使人忧思不断。群情激昂澎湃之时，格外需要冷静思考。

先说火炬传递与奥运会。由媒体报道可知，奥运火炬传递活动在伦敦、巴黎、旧金山等地遭遇干扰，场面激烈。中国火炬手、残疾运动员金晶坐在轮椅上保护火炬的场面，在互联网上广为流传；而一些西方主流媒体在报道火炬传递中的抗议活动时，违反平衡、公正原则，甚至出现歧视用语，引致中国民众的强烈反感，引发海外华人集会抗议。此外，从欧洲到美国，已经有一些政治家表态，以不参加奥运会开幕或闭幕式的形式来抵制北京奥运会。

我们以为，如此形势倘继续下去，后果会非常严重。因为随着奥运会一天天临近，中国人对于北京成功举办奥运会亦越来越热情高涨，且信心十足，视之为国家和民族的荣誉。在此背景下，西方社会出现抵制奥运的激烈行为，不仅不会有任何正面效果，还会形成一种推力，推动无数中国人集结于民族主义大旗之下。而民族主义过度抬升，则距极端民族主义只有一步之遥。这对正在纵深步入全球化的中国，对正在适应中国崛起的世界，显然并非好事。

"中国融入世界不是凭着一颗诚心就可以的，挡在中国与世界之间的这堵墙太厚重了。"伦敦火炬传递风波过后，中国驻英国大使傅莹在英国《每日电讯报》发表文章这样说。其由衷之言充满警示意味，西方社会的明智者应当深察之。法国总统萨科齐致函金晶表示慰问，则可视为有积极意味的初步信号。

当前，中国国内民族主义热情高涨，这是面对外辱的一种正常情绪反应，也有积极引导的余地。但是，民族主义本身是"双刃剑"，偏激易走向极端，而极端必陷于失控，可能导致灾难性后果。为政者应当对此十分了然，而国人亦当清醒警觉，以自强、理性维护尊严。

中国人宣泄民族情绪的举措之一，便是抵制法国家乐福超市。在法律允许的范围内进行这种抵制，当然属于公民合法的权利，也远胜于往昔向外企掷石、砸店的过激举动。在某种意义上，这是中国公民社会成长的体现，应当允许也可以理解。但是，抵制者和鼓吹抵制者有抗议的自由，也必须给予其他中国人不抗议、不抵制的自由，更要给予别人表达不同意见的自由。民主不是"多数人的暴政"，它意味着不同意见可以宽容共存。如果一有人提出异议便以"汉奸"论之唾之，则沦为另一种形式的暴力，陷入极端民族主义了。

国外火炬事件和奥运会抵制升级的直接导火索，正是3月中旬发生在西藏拉萨的骚乱事件。这一事件令人悲痛而且影响深远，引致民族情绪高涨，在国际上也产生了连锁反应。当此之时，为使民族主义从情绪化浪潮中回归理性，需要的是冷静的政治智慧，需要珍视汉藏团结。

对于"拉萨事件"本身，中国官方新华社有不少报道。唯一目睹事件过程的西方记者——英国《经济学人》杂志记者詹姆斯·迈尔斯曾在该杂志上发表文章回顾"西藏一周"，也曾接受美国CNN、英国BBC采访；西方不少媒体还据外国游客的目击作了报道。迈尔斯称此事件为"有计划的、针对某一民族或说两个民族的暴力事件（主要是汉族，也包括居住在拉萨的回族）"，可谓客观准确的概括。但是，对此次事件的前前后后，目前公众所知尚欠全面、翔实。中国政府反复申明，"有确切的证据表明"，此一事件经过了有组织的精心策划。这些证据可继续公之于众，而进一步更全面、更深入的调查，将有利于阐明真相，鉴往知来。

历史总要翻开新的一页。无论如何，西藏在事实上是中国的一部分，西藏自治区占中国领土的13%，而藏人在西藏占92%。我们所说的中国人，从来都包括身为多数民族的汉族，也包括藏族与其他少数民族。汉藏一家，团结为本，现在要谨防发生过激行为伤害两族感情；也要正视过往西藏治理上的经验教训，在继续保持当地经济发展势头的同时，更加尊重其宗教、文化、心理等民族特性。经过此次劫难，在如此复杂的历史情境中，维护汉藏团结需要极大的政治智慧，需要更多的理解和包容。这才是真正的国家和民族大义。

-2008年第9期-

多难兴邦与制度建设

> 中国需要一个建立在法治基础之上的、权力与责任明晰的、落实到专门机构、中央与地方分工明确的巨灾风险管理体系。

中国有史以来就灾害不断,近年来更有愈演愈烈之势。从SARS到禽流感,从冰雪之灾到汶川大地震,大灾频仍,旱涝台风亦连年肆虐。诸灾之中,尤以此番汶川大地震最为惨烈,令国人世人心灵震撼,激情涌动。

有道是"多难兴邦"。过去的两周,举国哀恸,国人对此古训必是感慨良多。但是,多难并不必然兴邦。当我们由激情而思索,由思索而行动,从大规模的救人赈灾,转为更大规模的灾区重建,进而转为未来更大范围的减灾防灾,我们仍需不懈地探索和建立崭新的巨灾防范体制。

答案越来越清晰:中国需要一个建立在法治基础之上的、权力与责任明晰的、落实到专门机构、中央与地方分工明确的巨灾风险管理体系。这样的体系注重未雨绸缪,注重科学专业,注重多方配合,尤其注重可执行性。数万骤然逝去的生命再度警示我们,建立这样的体系是何等重要和迫切!

这一体系必须对自然灾害区分轻重缓急,界定政府和民间的责任,并且有全社会的广泛参与。

这一体系当能对巨灾风险进行识别和评估。需要统一管理,需要科学对待,需要成本投入,尤其需要法治意义上的公开透明。

风险识别和评估的范畴远比"预报"或预测广泛,其核心内涵是风险识别和信息共享。即使眼前没有灾难发生,全社会都应知道自己面临何种自然风险的威胁;灾难发生的概率、程度如何,危害多大,涉及多少民众,多少房屋、道路、桥梁、厂房、商场受损,有多少属于经济存量的资产暴露在风险范围之内,种种变量需要随着经济发展做出动态分析。

这一体系注重未雨绸缪,当能把自然灾害的后果尽可能降低。古今中外无数血的教训告诉人们,必须把关注的重点从对巨灾的事后反应,逐步转移到事前防范。现在,许多人在反思学校、幼儿园的建筑质量。其实,所有人员密集的公共建筑和设施,都应该对建筑的防灾标准做出明确而严格的规定。若要行之有效，还需辅之以配套的激励与惩罚机制，并且有专门的机构跟踪检查和执行，并有充足的资金保证。否则，"豆腐渣工程"仍然无法根除。

在1923年9月1日发生的日本关东大地震中，也曾出现大量校舍倒塌、学生集体遇难的惨剧。此后，日本秉持"学生的生命维系着国家未来"的理念，明确规定，学校教学楼必须使用当时最先进的建筑模式钢筋混凝土结构。从那时起，学校便成为每一个地方最牢固的建筑，成为地震后灾民的首选避难场所。不过，在1995年的阪神大地震中，仍有部分校舍倒塌。随后，日本政府实施基于新标准的"校舍补强计划"。然而，13年来，这一计划未能全面落实，公立中小学经费相对不足是重要原因。日本的经验和教训，都可为中国镜鉴。

当然，怎样的事前防范，都不能完全省却灾后的救援。时间就是生命。此次汶川大地震告诉人们，救灾行动艰巨复杂，其紧急迫切与艰险的情势，不亚于一场浩大、复杂的战役。在巨灾瞬间发生之后，如何才能确保不失分秒地做出正确反应？我们迫切需要在总结经验教训的基础上，建立对突发性巨灾的综合协调反应机制，协调各方力量，及时、有效和可靠地对灾害展开救助。

地震等自然巨灾之摧毁力令人悚然。应对灾厄，民众需要具备防灾抗震的知识和物资储备，而政府和社会组织在救灾行动中，其人力、物力等资源，需要明确优先顺序，做出合理安排。军队与地方各部门的救援协调更需要统一、专业的指挥。享有采访自由、尽职尽责的媒体，也应当懂得如何以专业素养，尊重救灾行动大局。

综合协调的巨灾风险管理体系离不开有效的融资安排。地震发生后，多渠道社会捐赠场面感人，成果显著，所集资金也正可成为此次救灾资金的重要补充。但也应当看到，灾后社会捐赠，特别是普通群众的捐赠，主要是一种爱心表达；而民间慈善机构的有组织捐赠和国际援助，也只能起到资金补充作用。救灾资金主渠道仍然也只能是政府财政资金和政府主导的巨灾保险与再保险机制。须知，首当其冲的永远是最弱势群体，而纵使在目前中国财政资金较为充分的情况下，其上限仍然存在。有了行之有效的巨灾保险与再保险体系，还可以通过与风险挂钩的保费与赔付机制，反过来正面影响巨灾的防范，例如激励和约束建筑标准的提高和执行。

当然，无论是现在还是将来，不可避免地需要让公众确信捐赠资金得以高效安全运用，需要让财政救灾拨款及时到位，需要执行严格的采购政策和程序，并且尽可能地公开透明，等等。此次巨灾过后，海内外华人乃至国际友人，不分妇孺贫富，纷纷伸出援助之手。确保捐赠钱物的使用高效透明，其意义超越经济，事关民族凝聚力的长远。

说到底，对巨灾的管理，反映一个国家的经济社会发展阶段，体现其公共治理水平。制度从建立到完善，从纸上规划到深入人心的实施，需要多年的持续努力，亦难免付出沉重的代价。当前，民气可贵，理当抓住良机，高瞻远瞩地思考和设计巨灾风险管理的制度框架。

中国正处于多灾时段，这是无法回避的事实。中国政府对防灾已给予相当重视。从由国务院副总理挂帅的国家减灾委员会，到2007年8月下发的《国家综合减灾"十一五"规划》，无不表明对巨灾风险的防范和治理已经提上政府的议事日程。此次国家领导人在数小时内亲临巨灾现场，给世人留下深刻印象；广大军人和民众奋不顾身、顽强尽责地抢险救人，更是令世人动容。然而，从冰雪灾害到汶川大地震，都显示出既有机制尚不能完全满足实际需求。面对中国社会经济发展现实，现行高度军事化的救灾模式之有效性值得肯定，但也必须看到其中的不足。同样值得警惕的是，无论如何，不应将强有力的政府简化为"大政府"，甚至因此缅怀命令经济的"优越性"。

灾难恐怖总会过去，重创的伤口需要平复，但是，这次地震肯定不是中国遭受的最后一次巨大灾害。成千上万的生命和血泪的教训，不会也不应淡忘，必将促进中国建立起一个综合协调的巨灾风险管理体系。这是中国的历史责任，也必将成为中国对人类社会的重大贡献。

-2008年第11期-

把握好"警而不惊"的分寸

> 当前对此疫情的态度很容易走向两极：或不以为意，或过度紧张。而我们以为，现在最重要的是把握好"警而不惊"的分寸。

人类总在面临不幸：2003年SARS危机恍如昨日，2005年以来的禽流感威胁尚未去除，以"猪流感"之名引发的全球公共卫生危机已然来临。

目前，此流感正式易名为甲型H1N1流感。近几日，疫情有所缓和，大规模的"人传人"尚未出现，病例增幅有所减缓，此流感为害烈度与专家们最为担忧的预言尚有距离。尽管如此，这场疫病对于人类已经和极可能继续造成的伤害，仍然令人忧心。当前，对此疫情的态度很容易走向两极：或不以为意，或过度紧张。我们以为，现在最重要的是把握好"警而不惊"的分寸。

出于对公众、对生命负责的基本态度，高度警觉极有必要。非如此，则等于用感觉和侥幸取代科学。

当前的信息带给人的判断是不确定的：一方面，死亡人数和确诊人数仍在攀升，受感染国家和地区不断增多，无人确知世卫组织会否将流感警告级别从五级升至最高级六级；另一方面，疫患本身的死亡率较之SARS和禽流感为低，且"风暴眼"墨西哥疫情确已有所控制，警戒级别5月初以来已从原来的红色（非常高）降为橙色（较高），进而降为黄色（中级）。

不确定性出现，一般人容易按自己的愿望做出判断，不过，愿望不能代替科学。须知，此轮疫情的"元凶"属甲型H1N1流感病毒的新变体，对人类是全新的认知对象。从4月26日墨西哥宣布全国进入"卫生紧急状态"到今天，科学工作者只通过基因图谱分析发现，此次新型流感病毒拥有猪和鸡的基因片段，但对于人类致患的真实起源、病毒扩散路径、反季节爆发的原因，以及墨西哥何以沦为疫情重灾区等一系列重要问题，均无定论；在第一阶段疫情之后，有无更为凶猛的第二波、第三波疫情，如何避免其冲击，现在更难预料。

以此态势，可知病毒持续以无法预知的方式变异，每个人在理论上都是易感者。虽然此次疫情透明度较高，疫区又距中国较远，看似无六年前的SARS那样凶险，但因传播力极强，感染者可能在无症状时传播病毒，其对于包括中国人在内的全人类的威胁绝不可小觑。现在是强敌当前，把危险看得大一些，把威胁看得重一些，高度警觉积极防控，远胜于盲目乐观和轻敌。

不过，高度警觉不等于现在就立即在日常生活和工作中打破常规、全线动员。"警钟"或"警报"在这里更多地是一种比喻，而非针对普通公民的紧急行动号令。除疫情凶猛的疫区外，当前之于甲型H1N1流感，政府和公众还必须做到"警而不惊"、"防而不乱"。应当看到，此次疫情至今并未出现全面爆发之势，这是个基本事实；更重要的是，人类此次实施的防疫抗疫举措，远比应对2003年SARS之疫更为主动，而主动性来源于透明、合作与科学精神——由于经年的不懈努力，更由于2003年SARS危机后更多共识的建立，许多国家的防病救灾体系均有所加强，各国联手应对公共卫生危机的能力大幅提升，"全球流感项目"建立的监测框架也起到了基础性作用。在新型流感之患面前，无论是中国还是世界，现在都有理由比过去更深具信心，更能够沉着应对、积极防控。

流感疫情爆发于全球经济危机之中，可谓祸不单行。如何处理好二者的轻重缓急，也是对国际社会的重大考验。经济继续恶化，势必削弱救灾财力、物力；疫情扩散，则无疑将对经济活动形成梗阻。若干研究机构试图评估此次流感疫情对经济的影响，但因流感本身高度不确定，评估结果也自然依赖不同的疫情预设情景。国际社会目前可能的作为，恐怕只能是通力合作，全力防范其全球性爆发，并在制定防控措施时正视其经济成本。

当前，有些国家采取的防控举措受到质疑，甚至引发外交"口角"。解决这些问题也应诉诸科学。例如，对于隔离究竟能否有效阻断疫情传播，应不应该暂停从疫区进口猪肉制品，有无必要关闭边境、关闭学校和公共场所等，均应理性对待。2005年《国际卫生条例》的制定初衷，便包括防止疫情防控中的"不当干涉"。

与六年前应对SARS疫情的迟缓、被动、不透明形成了鲜明对照，中国政府此次采取的防控措施堪称及时、有力，联防联控工作机制迅速建立，检验检疫、疫情监测、生产储备均认真细致。特别是政府高度重视疫情报告和信息公开，不允许缓报、瞒报和漏报，并要求"在第一时间及时、准确地发布国内外最新疫情信息"，这一切都令人欣慰。但也应看到，疫情威胁出现，再度挑战中国欠完善的地方医疗防疫体系，已经走上前台的医疗体系改革如何蓄势而发，会成为重要关注点。

  流感与人类相伴已有漫漫 2400 年。仅在近一个世纪中，人类就抗击过三次大规模的、极具杀伤力的流感爆发——1918 年的西班牙流感、1957 年的亚洲流感和 1968 年的香港流感——为此付出了亿万生命的代价。虽然在与流感的长期抗争中，人类逐渐学会与之共存，但此次甲型 H1N1 流感汹汹而来，又是一次激战，而且很可能是一场艰苦的持久战。唯此，"警而不惊"当为常态，这不仅是分寸，更是境界。

-2009 年第 10 期-

群体性事件求解

> 需要有针对性地去除事件显现的深层次制度积弊,并推而广之;更需要探索减少大规模群体性冲突、预防冲突升至对抗的机制,求和谐社会之实。

2008年6月28日是贵州"瓮安事件"一周年。恰在此时,湖北"石首事件"也告一段落。两起事件均因一起"非正常死亡"而起,中间都经历了验尸争议、冰棺储尸、聚众围棺等情节,显示出"历史惊人的相似"(马克思语)。不过,在"瓮安事件"中,政府处理及时、担责主动,颇得人心;而此次"石首事件"不仅未能汲取已有经验,反因地方政府麻木僵化,塞责彷徨,酿成近年来规模最大、影响最坏、出动警力最多的"群体性冲突",使人抱憾之至。甚至新华社和《人民日报》也分别在专题和"人民时评"上明示褒贬,足见人心向背与官方舆论在此并无分别。

其实,从"瓮安事件"到"石首事件"一年来,各地群体性事件此伏彼起、相当频繁、接踵而至,造成全国范围影响的就有十多起,包括西宁及重庆等地的出租车罢运事件、会宁警民冲突事件、巴中公交车司机停运事件、南康征税事件、郑州民办教师集体上访事件等。各地政府在处理方式及能力上,较前些年有明显改进,但仍显示态度、水准、方式各异,经验和教训都需要总结。以短期论,当前经济危机阴影尚未驱散,又逢建国60周年之际;以长期言,走向现代化的中国为建立法治国家与和谐社会,亟须缓释社会积怨,减少群体性冲突。因此,我们认为,现在有必要直面现实,对群体性事件做出更深入的检省与思考。

近年来的群体性事件虽各有原因,发展进程及规模也并不一样,却存有某些共性:事情往往起因于单一事件,有时仅是一起治安或者刑事案,却因政府工作人员漠视当事人基本权利、处理粗暴,致使民怨沸腾,对抗升级;一旦事态急剧扩大,则民生问题与司法公正问题交织纠结;基层政府此时极易举措失当,擅用警力,进而封锁信息,其结果当然是抽刀断水,公信力尽失……虽然每一起群体性事件总会平息,但不同的处置手段和持续时间意味着不同的社会政治代价，最终检验着领导者的能力和"执政为民"的诚意，并为政府的公信力留下长久的印记。

我们也看到了许多解决较好的实例。在不久前的广东韶关工人斗殴及稍早的重庆等地出租车罢运事件中，当地省市政府能直面现实、顺应民意，在事件前期单一矛盾凸显之时，即通过对话与协商，及时妥善地平息了事端。在"瓮安事件"中，时至第五天，民众与官方的对立几近失控，已经出现局部暴力。贵州省省委书记则洞察因果，严肃地指出此次事件"表面导火索是女中学生的死因争议，但背后深层次原因是当地在矿产资源开发、移民安置、建筑拆迁等工作中，侵犯群众利益的事情屡有发生"。"一些干部工作不作为、不到位，一出事，就把公安机关推上第一线。""这起事件看似偶然，实属必然，是迟早都会发生的！"以此认识，较为果断地对当地相关主管领导做出处理，进而合理有效地平息了事件。

可以看出，举凡对群体性事件处理较好的当政者，均能做到公开透明，舆论自由，特别尊重媒体监督的权利；而钳制舆情不仅招致民众反感，更因信息封锁在互联网时代的无效性引致流言丛生，真相难辨，几乎必然地激发或扩大群体性冲突。还可以看出，迷信和滥用警力容易火上浇油，反而激起暴力对抗，纵强行平息事件也会留下巨大后患；而在法律的框架下展开对话协商，政府态度包容、勇于担责，则大大有助于缓解矛盾、维持秩序，在事件平息后进入良治。

群体性事件的发生，总会给人们比事件本身更长远、更深刻的教训，基于此，需要有针对性地革除事件显现的深层次制度积弊，并推而广之；更需要探索减少大规模群体性冲突、预防冲突升至对抗的机制，求和谐社会之实。

前者，意味着群体性事件的解决绝不能满足于权宜之计。政治家愿妥协、善协商、能对话，但更是重承诺，必须于治标之后立足治本，通过履行承诺、触及根本的制度改革和创新，解决关乎群众长远利益的重大问题，重建政府公信力。

后者，意味着执政方式的改进和民主对话机制的构建。中国现阶段出现的各类群体性事件，不仅凸显了社会转轨时期的特征，而且或多或少与政府公权力使用不当、缺乏监督相关，改进执政方式、提升执政能力已经迫在眉睫。在此过程中，应当推进民主进程，发挥人大和政协应有的作用，建立更有效的权力制衡机制，并通过工会、妇联等社会组织及其他非政府组织拓展有效的民意渠道，确保民意表达与对话通道畅通。

　　法治建设在这一层面具有特殊意义。中国的《刑事诉讼法》尚未确立完善的刑事司法的正当程序，当前法律体系下中国的警权远比成熟法治国家要大，警方和检方因此在执法过程中更应谦虚谨慎，善用慎用权力，避免粗糙执法助燃民怨。从更广的视角看，目前各类群体性事件的解决主要还是政治性解决，而社会最终需要法治健全这一最可靠的稳定器。此路漫漫，但可在应对具体社会事件时着力维护司法独立，并建立正当程序，确保冲突双方平等的控辩交流，进而推进法治建设以竟全功。这意味着始于足下且持之以恒的努力。

-2009 年第 14 期-

怎样与工人对话

> "通钢事件"说明,国有企业内部代表工人利益的机构(例如工会、职代会或其他)如何脱离经营者控制,成为真正表达工人诉求的自主性组织,已经是一个不容回避的问题。

2009年7月24日,吉林通化发生上万钢铁工人抗议企业改制的示威活动,民企派出的新任总经理在上任当天被殴致死。这不仅是近期最令人震惊的特大新闻,也是中国国有企业改制进程中最惨烈的事件。因为此事具"劳资冲突"的显著特征,众多评论纷纷指责主导通化钢铁集团(下称"通钢集团")改制的吉林省国资委未能与工人充分对话沟通,更有媒体以"通钢改制有没有事前征求工会意见"为题著文,断言改制未与工会商量并获支持,是引发工人与政府及股东代表冲突的直接原因。

这些分析或许没有原则性错误,但远非完整也未触及根本。只要对悲剧发生的过程详加探究,不难发现,整个事件要复杂得多,其教训不仅属于通钢,属于吉林,也属于仍处在改制探索中的众多国有企业;其核心不在于所有者是否有必要与利益相关方工人对话,而在于如何对话与何时对话。从根本上说,就是双方能否建立起对话合作的长期有效机制;国有企业内部代表工人利益的机构(例如工会、职代会或其他)如何脱离经营者控制,成为能够真正表达工人诉求的自主性组织。中国改革走到今天,这已经是一个不容回避的问题。

以"通钢事件"为例。通钢集团过去是"一股独大"的国企,企业管理层包括了董事会、经理层、党委会和工会,虽然机构林立,但其实是一元化的管理系统,工会以及职工代表大会本身不具备独立自主表达意见的空间。在付出大量改制成本"减员增效"之后,通钢集团2005年11月实施了以产权改革为中心的改制,成为国有相对控股、民营企业持股1/3强的多元股份制公司,董事会和管理层也有民营企业派出人士加盟。但是,其工会和职代会仍沿用原有系统,掌控在国企管理者之手。

于是,出现了根本性矛盾:吉林省国资委和建龙集团作为主要股东,在企业展开重大战略调整和变革之际,并不具备及时了解工人诉求、获得工人合作的直接通道；劳资之间的利益协调，仍然通过传统国有体制下经营者一体化的机制进行；新老股东在企业的代理人出现矛盾，极易简单转嫁为工人与新股东及其代理人的矛盾；工人缺乏获得利益保障的安全感，对政府代表失去信任，对企业的进一步产权变迁心存疑虑，拒绝合作，甚至选择走向对抗。

在经济过热、钢铁行业鲜花着锦的前几年，矛盾仅表现为小摩擦；至2008年下半年经济变冷，底子就掉了出来。国资出资人和民营企业家作为大股东仍然"高高在上"，而老国企经营者早已具备"内部人控制"能力。冲突的爆发只是时间和契机问题。

目前颇遭非议的吉林通钢股权交易，其实是一宗"阳光交易"。7月22日，吉林省政府做出同意建龙增资控股的决定，国有出资人立即启动预案，希冀通过与通钢各级管理层及工人的"征求意见、疏导解释"，获得理解和支持。从当天下午到7月24日，各类会议陆续召开，宣讲材料应有尽有，"不裁员、不减薪、适时提薪"言之凿凿。然而，只要改革不能获得原国企经营者亦即"内部人"支持，股东们根本不具备与广大工人理性对话的通道，甚至无法取信于人。一切都太晚了。

回过头来看，7月24日的抗议活动从一开始就有暴烈特征，当天下午甚至出现建龙派出总经理受到搜查追打、扣为人质的恶性事件，众多工人围观无人劝止。劳资冲突之甚已是明证。从长远而论，盲动对抗只是断送了企业通过增资改制走上良性轨道的机会，最终受到伤害的正是靠钢铁城为生的通钢广大普通职工。

这是一个没有单一解的巨大悲剧。可以观察到的教训多维而且沉重，但有一点已经相当清晰：中国渐进式改革框架下的国企改制必须准备支付更大的成本，顾及多方的利益，形成具有制衡力的机制；以法治为基础，企业包括国企内部工人自主性组织的建立及其独立性问题，必须提上议事日程了。

-2009年第16期-

第二章

法治天平

Hu Shuli: Critical Horizon

PP.081~106

　　法律体系逐步健全，法治意识植根全社会，这是改革开放以来，堪与中国经济飞速发展相提并论的重大成就，虽然中国法治现状远称不上理想。

　　法治的定义众说纷纭，但是，根基于民意基础上的法律享有至高无上的地位、司法独立，却毫无争议是法治的特质。建立法治的本意是保护公民权利，保障公民自由。以此来衡量，中国尚站在法治之门前，虽登堂尚未入室。

　　挑战多多。例如，如何制定出充分反映民意的"善法"而非"恶法"？在强大的公权力干预下，私权如何得到保障？执法如何跟上立法步伐？比较紧迫而现实的问题是，如何保障公民的知情权，如何提高政府的公信度，如何建立一个可问责的政府。

　　能否建立起法治国家，将决定中国的命运，也将决定中国经济改革最终能否成功。将无序作为市场经济的代名词，如果不是曲解，至少是一种误解。

　　吴敬琏先生较早指出"好的市场经济"和"坏的市场经济"分野，并不懈警示权贵资本主义危险。近年来，政府对经济的过度干预有增无减，但立法毕竟取得了重要的进展。这两种同时发展的趋势存在内在的冲突，终将对改革尤其是经济改革形成羁绊。

　　"徒法不足以自行。"有些重要的法律，如《反垄断法》，还被恰如其分地称作"无牙的老虎"。但是，这些法律的存在本身，就是一个巨大的突破，它们时时刻刻提醒着人们，问题不可回避，而且提供了一个不断改进的基础。尽可能使法律制定得完善一些，固然值得赞赏，但如果希望一出世便完美，只能导致胎死腹中。在渐进改革的中国，尤其需要明白这个道理。

　　法律不可能如先驱者所愿，还因为法治的进程不仅囿于社会的认知，更是社会利益集团不断博弈的产物。《物权法》制定的艰难曲折便为此作了生动的诠释。

　　人们尽可以指出现行法律的种种不足，但是，伴随着中国法治建设的进程，公民的权利意识正日益觉醒。它要求政府、全社会"认真对待权利"，这最终将催生一种新型的政治。法治，也许将成为撬动中国政治体制改革的杠杆。

修宪重在正名

> 修宪建议"国家保护个体经济、私营经济的合法权利和利益",正可解释为个体及私有的合法财产权利不可侵犯。

1999年3月初召开的九届人大二次会议有一项重要议程,就是对中国现行宪法进行部分修改。按中共中央向全国人大常委会提交的修宪建议,此次修宪的内容广泛,包括了邓小平理论、依法治国、多种所有制经济等诸项条款。业界人士最为关注的,可能就是有关私有经济问题的提法和分量。

我国目前实行的宪法,是1982年通过的建国以来第四部宪法。其后,曾有1988年、1993年两次修宪,1999年的修宪当属第三次。

回过头来看可以发现,私有经济问题在80年代就曾是修宪的主题。在1982年通过的宪法中,已有"国家保护个体经济的合法权利和利益"的内容,但没有提及私营经济。1988年修宪时作了补充:"国家允许私营经济在法律规定的范围内存在和发展。""私营经济是社会主义公有制的补充,国家保护私营经济的合法权利和利益,对私营经济实行引导监督和管理。"1993年修宪并未就私有经济等问题再发言。至此次修宪,中共中央又建议宪法中明确:"私营经济等非公有制经济,是社会主义市场经济的重要组成部分。""国家保护个体经济、私营经济的合法权利和利益。"完全可以看出,这里的"重要组成部分"是重大突破性修改;而后面一句虽为合并已有条款,但也有很明显的强调作用。

近两年来,鉴于市场经济在中国的较大发展,学界不少识者曾向立宪和修宪机构建言,提出应在宪法中写上"保护私有财产"的内容,业界也多有附议。因此在此次中央公布修宪建议之前,许多人都估计会有相应话语出现。实际情况与人们的预期不尽相同。这种情况,可从多方面理解。

从法学的角度看,民间提议的"保护私有财产"的提法虽说到了点子上,但并不很准确。因为宪法是关于民权和政权的权利约法,而不是财产保护约法。查各国宪法,可知美国宪法(1787年颁布,世界上第一部成文宪法)修正案第四条规定:"人民有保障其人身、住所、文件和财物不受无理搜索和扣压的不可侵犯的权利。"作为法国宪法序言的《权利宣言》(1789年颁布)第十七条规定:"财产是神圣不可侵犯的权利。"日本宪法(1946年颁布)第二十九条规定:"财产权不得侵犯。"在这里,宪法保护的都是权利,而不是财产。

此次中共中央的修宪建议,强调"国家保护个体经济、私营经济的合法权利和利益",同样明确了保护的是经济权利而非财产,显然在听取学界意见、考虑中国现实的基础上,也非常重视要合乎法学的基本原理。当然,"私营经济"与"私有财产"仍有三字之差,但个中内涵确有一脉相承之处。特别是我国宪法第十三条早已规定:"国家保护公民的合法的收入、储蓄、房屋和其他合法财产的所有权。国家依照法律规定保护公民的私有财产的继承权。"由此,并借鉴世界宪政文明的成果,中共中央修宪建议提出的"国家保护个体经济、私营经济的合法权利和利益",其实正可解释为"个体及私有的合法财产权利不可侵犯"。

按照布赖斯(James Bryce)的宪法分类法,宪法可以分为"刚性宪法"和"柔性宪法"。所谓"刚性宪法",就是宪法的条款不能轻易更改,修宪须经特定程序,由特定修宪机关修订。反之,则称之为"柔性宪法",其修改的机关和程序与寻常的法律没有区别。按照这种分类标准,我们中国的宪法可以称之为"刚性宪法"。但愿这部经九届全国人大二次会议修订的中国现行宪法能成为一部真正的"刚性宪法"。其"刚性"不仅仅要表现在修订程序和内容上,更应表现在宪法作为根本大法的至尊地位和严格的实施操作之中。

—1999年第3期—

反垄断也是行百里者半九十

> 中国的行业性垄断不仅存在于传统上被认为有"公共利益"的战略性行业,也存在于相当一部分表面上存在"竞争"、实际上并未开放准入的普通行业。

因为中国加入WTO已经是既成事实,2002年3月间"两会"(人代会与政协会议)内外,反垄断再度成为热门话题。毕竟,近年来屡遭诟病的垄断行业——电信、电力和民航业已经迈出了关键的第一步或是第二步;而人们在领首之余,也在期待更广阔的进步。

与反垄断相关的法治建设,最有理由成为当前的主要关注点。中国从1987年就在国务院法制局成立了反垄断法起草小组,1988年出台《反对垄断和不正当竞争暂行条例草案》,1993年通过《中华人民共和国反不正当竞争法》。然而,至今未能颁布一部能够全面保护企业自由参与市场竞争权利的系统的反垄断法,这不能不是一种巨大的遗憾。

往昔的法律难产缘由种种,具有垄断地位的经济部门或明或暗的阻力必是其一。而今天拆分的手术刀已经落下,反垄断法的出台就不仅少了阻力,而且成为巩固和扩展改革成果之必需。在这次人代会上,马大谋等30多名人大代表提出的尽快制定反垄断法的议案成为"一号议案",显然并非偶然,正说明为反垄断立法确已刻不容缓。

与反垄断法出台同等重要的还有行业法规的制定和修改。在这里,因为我国至今没有一部电信法,而电信业的反垄断又是重中之重,制定一部适应对外开放和市场竞争格局的电信法确属当务之急。中国制定电信法呼声已久,准备工作也已经进行了很长时间。至2001年中,最通行的说法是电信法可望在本次人代会期间通过。但到2002年人代会最后一届会议召开,仍然没有看到可靠的进度表,反倒是代表们再次急切呼吁。这种情形使人多少感到担忧。

当年德意志邮政电信业重组,在1994年政企分离、行业重组、公司建制之时,便同步制定法律。1996年夏季德国《电信法》颁布,为秋天的德意志电信上市奠定基础;1998年《邮政法》颁布,又为2000年的德国邮政上市铺平道路。这种运作程式显示了市场经济国家法制的至尊地位，也为国有公司进入资本市场赢得了更多的市场信心。相形之下，中国在当前法制未彰、竞争初起之时，便急于让治理结构不完善的中国电信进入国际资本市场，显然不是明智的战略选择。

如果把反垄断作为市场经济国家的基本法律来理解，还应当承认中国的行业性垄断不仅存在于电信、电力、民航、铁路这些传统上被认为有"公共利益"和"自然垄断"性质的战略性行业，也存在于相当一部分表面上存在"竞争"、实际上并未开放准入的普通行业。那些以所有制为壁垒限制民营企业进入的行业，无论业内有多少家不同利益主体管理下的国有企业在"竞争"，本质上都属于垄断性行业（只不过因为预算软约束下的过度竞争未必能拿到超额垄断利润）。因为国有经济说到底是"一家人"，而竞争理应是不同所有者所属厂商之间的较量。按照欧洲国家的经验，开放应首先从这些行业始，电信一类传统的管制行业走在后面。中国当然未必遵循同一变革秩序，但现在终究也到了让所有行业"以垄断为非"的时候。

例如银行、保险、证券之类的金融业，例如汽车等制造业，例如其他。既然已经承诺了在五年之内或之后可以让私有的外商分步进入，就承认了这些行业不是非国家垄断不可的"战略命脉"。那么，为什么不能现在就放开准入（实行核准制），让民营企业也进来，让行业成为真正具有竞争机制的行业呢？——我们当然知道，市场经济在本质上只能是竞争经济。

中国从1980年经济生活中出现竞争之始就提出"反垄断"，至今可谓成果空前。民营经济在众多行业的茁壮成长是一类标志，以电信拆分为突破口的传统管制行业结束一家专营局面为另一类标志，昭示我们的经济社会与原来的垄断计划体制已越来越远，与建立市场经济体制的目标日益接近。然而，像改革的其他方方面面一样，反垄断也是"行百里者半九十"，我们只有义无反顾，继续向前。

-2002年第6期-

报道权、批评权与公司名誉权

> 一个根本性的问题：媒体究竟有没有权利以事实为依据，对上市公司做出批评？

2002年3月5日，《财经》杂志发表《世纪星源症候》一文，对在深圳交易所上市的世纪星源公司操纵财务报表的行为进行了揭露和质疑。我们没有想到，这样一篇主要以上市公司所披露的公开资料为依据的分析性报道会引致诉讼，世纪星源公司于杂志面世的次日递交诉状，控告《财经》及作者蒲少平侵犯名誉权并索赔108万元。至3月26日，《财经》已经接到深圳罗湖区人民法院的应诉通知书。正式开庭时间被确定于4月22日，《财经》将遵照法律程序出庭应诉。连日来，已经有许多媒体来电来函来人，急于了解我们在此案中的立场与想法。很显然，社会公众当前高度重视法治建设的方方面面，《世纪星源症候》引致诉讼事件的影响将远远超过报道本身。

中国近年来已经出现过许多起媒体与被报道者权利冲突引致的"侵犯名誉权"讼案，其中以媒体败诉而告结束的不在少数。我们不想在此对过往案件一一评判，说出自己的认同或是遗憾。应当强调的是，世纪星源诉《财经》案与其他案件仍有重大不同：其一，世纪星源是一家在深圳证券交易所挂牌交易的公众公司，其行为涉及广泛公众利益，理应受到公众的严格监督；其二，《财经》对于世纪星源的报道基于其公开披露的材料以及作者采用合法手段采集的信息，甚至该公司的起诉状本身也不认为报道失实，仅指控报道"混淆视听"、"主观臆测"、"夸大其词"、"牵强附会"，损害了原告的"名誉和形象"。

于是，我们面对的是一个较之以往新闻名誉侵权案更极端也更典型的案例。它将回答非常根本性的问题：媒体究竟有没有权利以事实为依据，对上市公司做出分析评论和批评？我们深信自己行使批评权利的正当性。《财经》创办以来，一直依照严格的新闻规范采集事实，报道事实；同时也在秉承新闻工作者的基本良知，对社会上存在的问题尽自己的能力予以揭露，以维护财经领域的基本规范。刊登关于世纪星源财务状况的报道，正是出于这样的基本理念。众所周知，《财经》与世纪星源双方处于两个不同的经营领域，不存在私利的冲突，也没有个人恩怨；《财经》之所以报道此事件，基本目的是保护投资者的利益。《世纪星源症候》的作者是一名证券分析师，从世纪星源的年报等一系列公开文件以及实地采访的材料中发现问题、揭露问题，显示了他的敬业和良知，我们有权利更有义务将其成果公之于众。

《财经》所行使的报道权和批评权，是言论自由的核心内容，是宪法和法律赋予的权利。《宪法》第35条规定："中华人民共和国公民有言论、出版、集会、结社、游行、示威的自由。"新闻媒体不仅是行使言论自由的主体，也是广大人民实现言论自由的途径之一。当然，《宪法》以及《民法通则》都明确了保护公民和法人的名誉权，实践中名誉权与批评权的冲突不可避免。然而，只要媒体不是出于恶意构陷、捏造事实，其行使报道和评论的权利就是合法的，这在1993年最高人民法院的司法解释《关于审理名誉权案件若干问题的解答》第八条中就已经获得认可。1998年8月31日最高人民法院发布的《最高人民法院关于审理名誉权案件若干问题的解释》也进一步指出："新闻单位对生产者、经营者、销售者的产品质量或者服务质量进行批评、评论，内容基本属实，没有侮辱内容的，不应当认定为侵害名誉权。"据此，只要内容属实就不会构成侵权。

当然，我国现阶段的法律制度并不完善，特别是法律对于因言论和批评产生的民事法律关系各方主体的权利义务所作规范远非完备，致使相当一部分新闻名誉权案未获公正审理。鉴于此，一些法学专家一直在呼吁，在被批评对象属于具有影响力的公职人物和公共机构时，应当在个体权利与言论自由之间做出有效平衡。这实际上是要求在对等原则的前提下，保护言论自由以维护公共利益。发生在证券市场上的新闻名誉权案即属此列。当前，全社会的信用状况处于一个非常严峻的关头，保护媒体的批评权对制约不规范的市场行为、重建社会信用更具有不可估量的作用。

始于4月22日的世纪星源诉《财经》名誉侵权案，会成为今年业界的一桩重大事件，结局如何尚在未定之天。我们希望并相信深圳地方法院能够秉公司法，维护司法作为社会公正最后一道防线的尊严。《财经》在此案中或胜或败，都不仅是一家得失；此案最终会写入历史，标志出中国当前言论自由与媒体批评权的边界。

－2002年第7期－

"周正毅案"应有透明度

> 政府有关部门应当将"周正毅案"及"郑恩宠案"给予更多公开，防止给市场和社会以误导，这也有助于在开放的环境中妥善解决相关事端。这是后SARS时期的又一次透明度考验。

2003年3月人代会过后，中国便进入多事之春。至少有若干起大事"突发"，这包括了SARS、潜艇失事、刘金宝离职与周正毅被查等，都引起国内外高度关注。人们注意到，关于SARS，自4月20日以来，由于高层决心坚定，事情进展显示了较高的透明度；而关于潜艇失事，事故的披露和处理结果的发布，最高决策者也是步步主动。然而，刘金宝与周正毅风波，本属财经领域理应公开的重大事件，有关当局却总是欲说还休；其中，又以"周正毅事件"较"刘金宝案"更欠透明，不能不令人感到遗憾。周正毅之所以名气大，是因其"上海首富"招牌在外。但公众之所以对此次周正毅被查有兴趣，绝不仅是对富人的好奇，更重要的还是因为周正毅在内地和香港总共拥有四家上市公司，海内外成千上万投资者有必要也有权利知道，大股东兼公司事实上的最高管理者究竟发生了什么事情。相关上市公司及政府部门有责任和义务及时说明真相，证券监管当局也有责任和义务对此事项加以监管和督促。

周正毅究竟出了什么事，5月底以来比较确切的官方信号只有两项：其一，香港廉署曾在6月1日拘捕其生意伙伴兼女友毛玉萍等人，理由是在一起涉嫌介入银行信贷中的贪污和串谋诈骗。其二，上海市政府发言人焦然曾于6月3日表示，她注意到媒体对农凯集团周正毅的报道，"经向有关部门了解，农凯集团的经营中确实存在一些问题，有关部门正在调查之中"。在这里，内地与香港对"周正毅事件"的性质说法不相同，详尽度也不一样。因此，人们有理由期待内地更有权威性的消息发布。事实上，当前周正毅本人的下落，国内亦缺可靠明确的说法。在媒体的叙述中，有说其在"协助调查"，有说其"被扣查"，官方背景的《中国证券报》还声称周已于5月26日晚被上海警方"监视居住"。但相关说法无一能有证实，特别是"监视居住说"，按法律规定当有公安局或检察机关的"监视居住决定书"，且属公开文件。而《中国证券报》只能援引据"消息源称",明显缺乏权威性,也未经任何其他可靠渠道获得证实。因此,周正毅究竟在何处、做什么,仍然是个谜。事涉四家上市公司的大股东及法人代表,这种情况前所未见,实属反常。

"周正毅案"当前在内地难有明确说法,主要原因恐怕在于案情过于复杂而且来得突然,一时难以理清。尽管如此,有关部门仍应秉承公开性原则,就此事件和周本人的现状给出实事求是的解释说明。证券监管当局更应督促上市公司给市场以明确交代,必要时还可直接了解真相进行披露,并对媒体的猜测作出必要解释和回应。在"刘金宝事件"中,香港上市公司中银香港在迟疑数日后,有了比较公开的应对,先在6月6日就市场关注的新农凯贷款给予详细说明,又于6月10日发出通告,告知刘已被国家有关机构正式"立案调查"。周正毅此番失踪,相信也与"调查"相关,市场有权得到基本的解答。此事关乎上海市房地产、商贸等领域,又关系银行,因此,公众还在期待政府有关方面和诸家国有银行等能以公开透明的方式应对事变。

中国毕竟已经是开放的社会,公开是一种必然。5月28日,就在中银香港正式宣布刘金宝离开CEO一职的当天,香港市场已传出周正毅因在中银贷款涉嫌违规的消息,周氏在港两家上市公司的股票一天跌去20%。同一天,上海静安区法院开庭审理一起因周正毅旗下公司开发的静安区东八块土地拆迁引起的民事案件,公众目光开始关注周氏房地产业务的合法性。然而,到6月6日,上海市一位直接帮助拆迁户打官司的法律界人士郑恩宠竟又被捕,原因是"非法获得国家秘密"。虽然有关当局声称此事与"周正毅事件"无关,但人们多难以置信。因郑在"东八块土地讼案"中的特殊角色,他的被捕更增加了此次"周正毅事件"的整体神秘感。

按《保密法》第九条的规定,国家秘密的密级分为"绝密"、"机密"、"秘密"三级,其中"秘密"是指一般的国家秘密,其泄露"会使国家的安全和利益遭受损害"。郑恩宠如何能够非法地获取"国家秘密"并损害国家安全?此事与"周正毅案"是何关系?许多人认为疑团重重。因此,政府有关部门应尽可能将"周正毅案"及"郑恩宠案"相关的信息给予更多公开,防止对市场和社会的误导,这也有助于在开放的环境中妥善解决事端。这是后SARS时期的又一次透明度考验,海内外都在密切关注。

-2003年第12期-

"大姚审计"发出改革预警

> 如果明确中国财政体制改革的目标应当是建立公共财政,则"平准基金"之错谬更为显著。

2005年"五一"前夕,国家审计署正式公布了《云南省大姚地震救灾资金审计结果》。这是中国首次对赈灾资金专项审计。其结论所引起的不安和震动,已由局部传导至全局,引起了深层次的体制性思考。

"大姚审计"所暴露的最突出的问题就是赈灾资金使用不到位,总额竟达近亿元,相当于当地所获赈灾款的1/4强。熟悉情况的业内人士则认为,类似情况相当普遍。这其实正反映了中国公共财政体制的缺损。

公共财政,就是指为百姓提供公共产品和服务的政府分配行为。市场经济要求政府建立与之相对应的公共财政体制,提供市场无法提供的产品和服务。然而,中国虽然从1998年就提出建立公共财政的目标,但原有的利益格局难以触动,实际进展相当缓慢。政府的预算支出科目中,有1/4属于经济建设项目,而涉及文化、教育、科学、卫生的社会性支出仅用一个科目来反映。

在资金分配上,用于经济建设的比例也与社会性支出相当,而抚恤和社会救济费更是少得可怜。如2003年,用于经济建设方面的预算资金达到4641亿多元,虽然教科文卫涉及领域非常广泛,但财政预算资金总共安排了4505亿多元,用于抚恤和社会救济费的支出仅为498亿多元。这种财政仍明显具有"建设性财政"特征,无法承担市场经济环境中政府理应承担的公共职责。

赈灾款挪作他用,确实是令人非常愤怒。但细考其挪用之缘由,又可发现受灾地区往往公共财政支出缺口巨大,艰难情状令人同情。中国自1994年实行分税制改革后,中央和省级财政体制初步理顺,但省以下仍然问题重重,财权上移、事权下放,财权事权不匹配愈加严重;为均衡财力而建立的转移支付制度,因体现既得利益的"税收返还"占很大比例,尚无法合理解决地区差距。这些众所周知的财政体制疾患在受灾地区发作,灾款挪作他用就成了难以避免之事。

建立中国的公共财政体系目前是百端待举。但我们以为,最主要的不是各项技术性环节的落实，而在于朝向既有目标痛下决心。必须明确，在市场经济环境中，政府和市场在资源配置上应当有一个分工：政府所掌握的公共支出，必须集中于理应由政府承担责任的领域，而市场能做的事情则应当由市场来完成。政府应当真正成为"有限而有效的政府"。

道理似乎简单，但得到认同并不很容易。例如，《预算法》第三十二条即规定，各级政府预算应当按照本级预算支出额的1%~3%设置预备费，用于当年预算执行中的自然灾害救灾开支及其他难以预见的特殊开支。但在实践中，这项预算安排一般在1%强，中央政府一级的总额一般在一二百亿元间。中央补助地方特大自然灾害的生活救济资金，预算也仅安排了22亿元。与此同时，近来竟有极少数人主张建立"平准基金"救助股市，起始额即达上千亿元之巨，占到了中央政府年财政预算的10%。这种主张的错谬虽相当显著，但主张者与支持者绝无以为不可，足见中国的财政体系距"公共财政"之目标，在认知的意义上尚有巨大差距。

2003年7月及10月云南大姚地震发生，中国正处在SARS结束的恢复期，广大公众对亲历的灾难心有余悸，对远在边陲的灾民更是同情之至。纵在当时，大姚的赈灾款都无法做到"专款专用"，足见运作高效健全的救灾机制之艰难。因此，"大姚审计"结果还提醒我们，必须居安思危，从现在起积极推进中国救灾体制之建立。

眼下，两项任务十分迫切，一是遵循市场经济国家的普遍准则，将政府确定为赈灾主角，在推进公共财政体制的过程中大幅度增加用于支付公共风险的预备性资金；二是整合现有各部委的防灾救灾管理机构，组建集中统一的安全减灾应急机构。两项任务均十分艰巨，富有争议，可能为既得利益者所阻挠，但却是非做不可的事情。

当前的中国与两年前大不相同，可谓风调雨顺，欣欣向荣。没有灾难当头的压力，却是未雨绸缪、厉兵秣马的改革时机。这正是国家审计署将近一年前的"大姚审计"结果公之于众的意义所在。

-2005年第10期-

政府信息公开法治化势在必然

"民可使由之，不可使知之"的时代应当结束了。

经过千呼万唤，《政府信息公开条例》有可能于2006年内出台的消息传出，成为近日来最令人振奋的一桩大事。

政府信息公开的道理和意义为人所熟知。"主权在民"，现代民主政府理应是信息开放的透明政府，民众对政府行为及其握有的信息享有知情权。以业界的眼光而论，在明确了市场经济的改革方向以后，建立公正透明的行政管理体制正是必要的制度保障之一。此外还应当看到，政府行为的透明不应仅是一种追求或倡导，而必须以法律法规形式予以规范，形成强制力。恰如在证券市场，信息披露具备强制性；政府信息公开一旦法治化，则披露信息成为法律规定的政府义务。

或正因此，实现信息公开法治化非常艰难。中国社会科学院以专门机构就政府信息公开的立法问题进行研究，始于1999年；接受国务院信息办委托起草《政府信息公开条例》，则是在2002年5月。然而，虽然试图通过的仅为"条例"非"法律"，仍然困难重重，连续两年仅处于二类立法计划的地位；直到今年，才进入国务院一类立法计划，成为必须在年度内完成起草任务提起审议之法规。中央书记处书记何勇日前在政务公开会议提出，"今年要加紧工作，推动《政府信息公开条例》尽早出台"，中央高层推动信息公开法治化的决心更为明确。

人们现在还无法知晓草案已基本完成的《政府信息公开条例》有哪些具体内容。以专家们的介绍，综合世界其他国家有关法律法规，可知其中的一些基本制度对于中国会是全新的：

——信息公开，包括了政府主动公开和被动公开。主动公开由政府依其职权进行，属于政府的责任；被动公开则首先由公民进行申请，任何公民和法人都有权利要求行政机构在法律不禁止的范围内，把有关信息向特定人公开。这意味着信息公开法规付诸实施之后，掌握信息的政府部门将没有理由拒绝公民查询信息的要求；积极且免费提供后者要求的信息，成为官员的责任和义务。

——公众过往在试图了解政府信息遭拒时,还有个常见借口是"保密"。然而,政府信息公开法律法规的创立,明确了公开原则,而不公开将成为例外。在法律明确列举哪些事项不能公开之后,其余多数事项均在公开之列,即"豁免例外制度"。这意味着,以"保密"为遁词的时代必须终结,而如今视为当然的"公开"在内涵上发生了变化——失误、腐败、低效等被认为"负面"的政府信息,与高效、业绩、荣誉等"正面"的政府信息具有同样的地位,均属被公开之列,公开与透明成了更高的法律原则。

——公民申请信息公开的要求被拒,可以求助于救济制度。这成了保证法律实施的重要制度安排。公民启动救济程序有两种选择,可先走行政救济之路,请求上级行政机关复议;还可以寻求司法救济,通过行政诉讼保障权益。很显然,救济制度本身,就是政府履行披露义务的压力。

无须详究便可想知,这些全新的制度一旦成为政府部门必须遵循的行为准则,将带来何等的震撼力。法规实施之初的种种艰难仍可以想知,特别是立法者目前仅将信息公开以法规形式推出,表示其法律位阶逊于法律,约束范围仅限于政府机构,实践中冲击也会大大减弱。但我们还是对行将出台的《政府信息公开条例》寄予厚望。回过头来看,中国从2003年SARS之灾以后强化传染病公开制度,到2004年为动物疫病信息解密,直至2005年9月正式宣布自然灾害死亡人物及有关资料解密,每一步前进其实都在与过去诀别却并无迟疑,可见在市场成长和国家开放的新时期,中国人走向现代社会的步伐不会停止。

经过并不短的酝酿,包括公众意识的觉醒、政务公开的实践,以及地方和行业有关信息公开法规的大量准备,全局性的《政府信息公开条例》在2006年出台已势不可当。当然,一个好的制度需要一个好的制度生态。在宪政架构并不完善、行政权独大的局面未有根本改变、媒体监督仍有待获得保障与发扬的情况下,期待信息公开制度立刻发生戏剧性作用并不现实。但是,从数千年的"民可使由之,不可使知之"传统,到数十年的"保密再保密"训练,转变为今天在法律轨道上主动寻求政府行为的透明和公开,中国人也不会轻易放弃已到手的机会。若干年后回首,人们会看到,今天正是中国历史的又一个新起点。

-2006年第8期-

采访权、知情权和人身权

> 记者所拥有的采访权、知情权和人身权，其实是法律赋予公民的最基本权利。保护记者的这些权益就是保护公民社会本身，就是保护每一个公民。

发生在沈从文故乡湘西凤凰县的塌桥之灾，无疑正是近来最为业界关注的国内灾难性事件。截至本刊 2007 年 8 月 17 日周五晚发稿，此案死亡人数已达 47 人，死者均系现场农民工，其情状惨烈之至。国家主席胡锦涛、国务院总理温家宝均在事发之初即作出重要批示，表达了特别的关切之情。全国数十家媒体及时赶往凤凰县采访报道，向公众实时传递事件真相。令人难以置信的是，就在这样一个严峻的时刻，在惨案现场附近，竟然发生了多家媒体记者在当地县城一家招待所正常采访时被殴致伤的严重事件。据信，动手打人者系当地政府人员。虽然此事已通过互联网为公众所知，但我们至今没有看到打人者受到相应处罚、当地政府官员向受害人公开道歉的消息。更有甚者，遭到殴打的五名记者分别来自《人民日报》、新华社、《中国青年报》、《南方都市报》和《经济观察报》，而湘西宣传官员事后仅在小范围向《人民日报》和新华社记者致以"歉意"，且宣称其他媒体进行采访属于"违规"，"非法采访人身安全不受保护"。

对于这种言行，惊愕之余只能以"太过荒谬"概之。"8·13"事故是 2007 年以来全国发生的一次死亡人数最多的事故，也是桥梁施工中发生的少有的坍塌伤亡事故，"损失惨重，影响恶劣，必须彻底查明事故原因"（已赴凤凰调查的国家安监总局局长李毅中语）。只要对生命存有真诚关怀，只要不想让这样的惨剧重演，公众必然而且也完全有权利了解事故的真相，知悉事件的进展，探索事件的原因。为公众知情权，新闻记者必须尽职尽责地进行采访。如果说在事故现场采访时尚需考虑排险本身的技术性需要，五名记者在县城一家招待所对遇难者家属进行采访，其正当性就更加无可置疑。

进一步说，从最基本的法律关系角度看，任何一个人都有权了解事关公众利益的信息，这其中当然包括专业于此的记者。被采访者如果不是与该信息相关的身负职责的人，可以拒绝采访；被采访人如果是与该公共事件相关的当事人或者具体负责的政府事务官，原本有义务向公众主动提供信息；如果在现行状态下需要遵循事务官职业道德，不能擅自提供信息，则可以合理说明情况，因为信息可能需要政府官员去发布。但不论哪种情况，采访者当然有权提问。在任何法律法规的层面，"非法采访"一说都难以成立。

当前壅塞信息公开与公众知情的最流行做法之一，是以质疑记者作为采访者的"真实身份"为名，对采访活动进行阻挠。其实，问题的关键在于采访者之所作所为。如果此人以采访之名诈取钱财或违法行事，则无论是否属职业记者，来自何等尊显的新闻单位，均应绳之以法。但如果非职业记者仅以记者名义了解某事的真相，他或她与被采访人之间只是形成某种道德关系，并在他或她与被假冒的媒体之间形成某种民事法律关系，即使要追究责任，也当由司法去解决。任何情形下，此事均不可由任何人用暴力去校正。这是一个法治社会的基本常识。人身安全是公民最低限度的权利。身为地方政府，对辖区内所有公民的人身安全均有保护之责。岂能面对记者人身权遭遇侵犯的现实，公然推卸责任，甚至视为当然？是非其实相当清楚。需要反思的是，近年来记者被打事件何以频频发生？回首往昔的惨剧，我们可以看到，对记者而言，其动机可能成为被打理由，其证件可能成为被打理由，甚至其所在媒体的官方权威度也可能成为被打理由。至惨重者，则其人可能被打致死致残，而行凶人往往能够以种种借口得到当地官方不同程度的荫护。新闻记者几乎成了高风险职业。这种情形在昭显少数地方政府官员对于舆论监督的恐惧之情的同时，更表明其法治意识之淡漠。在当前构建和谐社会之时，保护记者的权益应当成为社会各界、特别是各级基层政府的基本共识和坚决行动。

应当承认，在一个构建和谐社会的时代，记者的安全能够得到保障，方可体现社会信息的透明度，体现社会应对突发事件的承受度和成熟度，因此体现社会的和谐度。国内外的历史都已证明，记者这个职业特殊但并无特权。一方面，新闻工作者承载着现代社会特殊责任，是为社会公众服务的重要角色，是促进社会进步的动力之一；另一方面，记者所拥有的采访权、知情权和人身权，其实是法律赋予公民的最基本权利。保护记者的这些权益就是保护公民社会本身，就是保护每一个公民。从凤凰塌桥记者被殴事件中痛定思痛，我们更应重申这个基本道理。

-2007 年第 17 期-

"毒奶粉事件"：政府该做的和不该做的

在不应缺位时缺位，在不应越位时越位。鉴往知来，从何做起？

国人尚沉浸在成功举办奥运会的喜悦之中，三鹿"毒奶粉事件"不期而至。事件曝光后，政府反应相当迅速，制度层面的调整亦在展开：从对受害婴幼儿免费治疗，到全面检测乳制品质量并公之于众；从终止施行八年之久的食品质量免检制度，到企业负责人刑拘以及地方政府和质检部门首脑去职，种种举措可谓坚决而且颇具透明度。

然而，在关注事件进展的同时，我们更关注的还是让悲剧不再重演的制度建设。应当承认，此次三鹿及众多乳品企业的问题波及面广，后果严重，直接可见的原因固然是企业未能把好产品质量关，说得更重些，还涉及社会责任的缺失。但显著的制度原因，则在于政府没有当好"守夜人"。中国的乳制品行业是改革起步较早、竞争较为充分的开放性行业，但因乳制品的安全直接关乎公众生命健康，需要通过事前的恰当监管对生产者加以约束，这是政府的基本职责所在。

如今，政府失灵、监管失察引致问题爆发。危机当头时应急式、运动式的监管风暴实出无奈，更重要的还是以此事件为契机，大步推进体制变革，从根本上分清在市场经济中政府该做什么和不该做什么。唯有如此，方能建立起行业健康发展的长效机制，让孩子和大人都喝到"放心奶"；也唯有如此，才能让这起上万婴儿付出了健康甚至生命代价的悲剧事件，成为走向未来的新起点，真正建立起食品业"中国制造"的信誉。

从此次"三鹿事件"分析，政府该做什么和不该做什么呢？

对于前者，舆情已颇有共识：政府该做的是监管，而乳品质量的监管环节"政府缺位"是沉痛教训。不过，中国已经放弃往昔的计划经济走向市场经济，在市场体制中如何建立有效的监管体制，牵涉到一套相当精巧的制度安排。具体而言，这包括监管者在产业链中的角色、位置；包括实现责权对称，坚持信息披露；包括如何监管监管者以防"监管俘获"和滥权；还包括如何掌握监管分寸防止过度监管；等等。当然，政府作用的内涵又远大于狭义的监管，维持市场竞争秩序和保证公正执法自是题中应有之义。

由此，可以看出此次事件中，监管体系"政府缺位"的缺口相当清晰。质检总局虽在 2007 年 5 月的宠物食品出口风波中已知三聚氰胺之祸，仍未在国内食品业制定相应的行业检测标准，更未安排实施相应检测；此外，免检制度竟用于婴儿食品，且常年不作改进，都是严重的失职。而失职发生，正与过往责权极不对称的制度安排直接相关。

质检总局在 2007 年 8 月 24 日即发布《食品召回管理规定》（98 号令），严令必须及时召回"对人体健康造成严重危害甚至死亡的，或者流通范围广、社会影响大的不安全食品"，而三鹿"毒奶粉"至迟在 2008 年 7 月中旬至 8 月初间已由甘肃省卫生厅和厂家分别认定并上报，但无人实施召回规定，三鹿亦未按规定"向社会发布食品召回有关信息"，令不行禁不止的现状令人痛心疾首。

进一步说，恰如前一时期质检总局一司长"非正常死亡"事件曾引起对腐败的广泛质疑，"三鹿事件"进一步把"谁来监管监管者"的问题提到公众面前，相应的制度修补成为紧迫任务。

"三鹿危机"事涉"政府缺位"，还容易使人忽视这一事件中"政府越位"的教训。二者并存，且越位使缺位的后果越发严重。在国家质检系统，免检制度与"中国名牌评选"并存，就是缺位与越位并存的典型例证。由政府评选名牌或以国家背景作为市场营销的手段，其实质仍是用政府信用为企业背书，企业信用破产将严重损害政府的信誉，导致信任危机，影响其他职能的正常发挥。

"三鹿事件"中还有一层显著"政府越位"，就是政府物价部门不应有的价格干预。中国乳品业已经成长为一个年产值超千亿元的大产业，但其原奶供应源头仍是奶农散养模式，价格信号因之更为重要。政府有关部门 2008 年年初提出对部分商品临时限价，奶制品即在其中；此次"三鹿事件"发生后，再次要求企业稳定奶制品价格。这些措施无疑会严重打乱价格信号，进而影响产业链各个环节生产者的行为。应当承认，在市场经济环境中，最终是供求决定价格，而在原料求大于供和成本抬升的市况下，价格抬升本是趋势，人为压低价格的"政府越位"之举，极易导向生产者忽视产品质量或缩减产量，在监管缺位且自律缺失的情况下，则倾向于选择前者。当然，无论何种结果，最终对产业、对消费者都是更大损害。

值得总结的教训还有许多。政府在市场经济中的角色，还应包括维护而不是干扰司法公正，鼓励而不是限制媒体公开。从这个意义上说，辨析"鹿"死谁手、实现鉴往知来的意义就更为重大。"三鹿事件"发生至今，我们已经从政府的行动中看到许多可喜的进步，显示着其修正自身角色的努力，也有理由期望更深刻的变化和更具实质性的亡羊补牢之举即将出现。中国改革30年走到今天，政府该做什么和不该做什么，正是步入改革"深水区"的大课题。

-2008 年第 20 期-

从"扁案"看法治

> 一套人人平等的法治体系,正是防止及纠正"人治"弊端的良方。

2008 11月12日是个值得纪念的日子。这一天,陈水扁家族海外洗钱案及"国务机要费"案取得重大突破,陈水扁被台北地方法院裁定羁押。陈水扁由前"总统"沦落到"2630号"嫌犯,此消息震惊世界,登上了全球主要媒体的要闻栏。不过,两岸中国人对此案的观察,不应止于观赏陈水扁高举手铐呼口号、绝食、拒绝服药等一系列闹剧表演,更应趁此机会,深入思考此案对于两岸建设法治社会的意义。

自2006年以来,陈水扁及其家人涉嫌不法牟利的案件即在媒体曝光,不仅引致台岛民众瞩目,也在大陆百姓中引发回响。此后,这起在当时仅涉金1480多万新台币(约合44.85万美元)的事件,并未随陈水扁下台而"大事化小"及至"化了"。今年夏季,瑞士联邦检察署要求台湾当局协助调查陈家海外账户,一纸公文很快见诸媒体,案件亦一跃为数亿元新台币的大案。在检方侦办过程中,除了绵密复杂的政商勾结让人眼花缭乱,还衍生出"调查局长泄密渎职案"、"外交机密费案"等案中案,涉面之广令人惊心。纵使对高官腐败案并不生疏的大陆观察者,也为"扁案"恶劣的贪腐情节及其揭开的黑金政治内幕慨叹不已。

"扁案"可反思之处颇多。众所周知,所谓民主制度,包括三个关键性组成部分——选举、司法独立和以制衡为基础的监督。"扁案"显示,台湾的民主制度仍处于较早阶段,此案之发生,可谓当年选举结果及随之赋予的权力所无法预料的病变;其相当长时间的蔓延,则为台湾行政与监管机制失灵的警讯;而两年来此弊案从揭露到侦办步步突进的过程,当视为司法独立和权力制衡原则的一次严肃实践和可贵演练。

眼下面对检方问讯,陈水扁以"政治案件多言无益"虚与委蛇、含沙射影,却又承诺"待到法院公开审理阶段,自会向台湾人民报告",随之竟多以缄默权回应,其言行着实使人深切领教了一个政客的狡黠。随着案情审理的推进,两岸乃至全球具有理性思辨力的人士不难判断:当事人公平辩护的空间是否得到保障，办案的程序能否经得起公评，检审分立的角色是否清楚，广大民众对案情的知情权可曾被尊重。对于华人社会来说，当一名退职"总统"被押于普通囚室之时，"刑不上大夫"的封建陈规已难寻踪迹。无人无党派能够凌驾于法律之上，正是法治的要义。

"扁案"的进展，还显示了法治意识在权力运行及制衡中所扮演的关键角色。台湾检方在侦办陈家弊案时，既有人指责其受外界"政治干预"，也有人指责其"办案不力"，但回应质疑声浪的最好办法不是让质疑的人闭嘴，而是让各种意见在规范的表达渠道里行使声张和诉求的权利。其中，媒体对公众了解案情、传播沟通民意的力量更是不可小视。至于所谓谨防"舆论公审"、民意"未审先判"，其实全在于多元舆论环境中的法治原则如何彰显，其本身就印证着民主社会自律成熟的进程。

具体到法制建设的技术层面，台湾朝野出于对陈家海外巨额密账过去八年竟被"完美掩饰"的反省，已经展开对《公职人员财产申报法》的修订，并着手"公务人员财产收入来源不明罪"的立法研究，其举动值得关注。

台湾《公务人员财产申报法》从1993年开始施行。从最高领导人到乡镇领导人的财产，均需定期动态申报并强制公开，现在任何民众在互联网上都能检索。然而，法律设计显然有欠完善，不仅监督对象偏窄，未要求对相关财产数据说明来源，且漏报的最高罚金不过400万新台币（约合12.5万美元），显著偏低。从2008年10月起，立法部门对该法作了修订。其适用范围有所扩大，在官员之外，还囊括了出任官方投资事业或代表公股出任的法人董事及监察人。此前在9月间，台湾行政当局还对与之相配套的《贪污治罪条例》提出若干修订，要求将公务员及亲属财产来源不明的举证说明责任由检察官转到当事人一方；并规定若当事人拒不说明财产来源，最高可处三年以下徒刑等。

应当承认，虽然"徒法不足以自行"，但及时修订相关法律法规、着手相应立法研究本身就意义重大。公务员申报财产制度是国际公认的最基本的反腐防腐制度安排，据现实教训及时修订相关法律，在立法的层面进行有效性研讨极有必要。在中国大陆也有由中共和国务院有关部门颁布的《关于党政机关县（处）级以上领导干部收入申报的规定》（1995年）、《关于省部级现职领导干部报告家庭财产的规定（试行）》（2001年）等。在2008年4月前上海市市委书记陈良宇经济罪案宣判结案后，我们曾主张吸取往昔规章内容与力度不足之教训，在立法的层面推出有效力的"阳光法案"；此次反思"扁案"教训，更深感此举已经是时不我待。

从"扁案"可以看出，法治意识的培育与发扬、法制规范的制定与落实，再到"人"的改变，是为贯彻依法治国方略时环环相扣的三阶段。而一套人人平等的法治体系，正是防止及纠正"人治"弊端的良方。隔岸观"扁案"，大陆人或难体会台湾同胞面对前"总统"获罪而生的恨怨交织之情，但两岸中国人的内心激荡与思考可以相通，推动我们共同走向明天的进步。

-2008 年第 24 期-

预算透明:"阳光财政"一束光

让公众了解完整预算意义重大,而且切实可行。

全球经济危机下的中国"两会"格外引人关注,重心之一便是预算草案的审议。2009 年"阳光财政"的呼声空前高亢,有人大代表散发了对 31 个省级财政透明度的评分和排序,舆论也对此热切鼓与呼。今年政府提交全国人大的预算案,较之往昔确有进步。与同为危机之年的 1999 年相比,预算案文本字数从 8000 余字增加了 1 倍余,达到 1.9 万余字,信息充分了许多;较之上年,今年的预算报告有了更多的图表及名词解释,有助于代表、委员和公众准确理解。向全国人大报送部门预算的中央部门从 51 家增至 95 家(含人民银行),已经占到 168 家中央部门编制预算的半数以上,其支出说明部分也较前详细。

2009 年的政府预算报告还有一个亮点,就是首次纳入了数额巨大的中央和地方政府性基金预算收支,包括引人注目的地方政府的土地出让收支。众所周知,地方政府出让土地的收支情况以往并不纳入预算,仅以预算外的"土地账户"实施管理,从而弊端丛生。2007 年以后的改革,已将土地收入纳入地方政府性基金收入项下,实施预算内管理,但是政府性基金预算收支本身从未提交人大审议,相关透明监督仍无从谈起。此次人代会审议通过的政府预算在土地收支项目上体现了公开性。预算报告显示,2008 年地方政府性基金收入达 13110.69 亿元,相当于由税费构成的地方财政一般预算收入的 1/4。其中,土地出让及新增建设用地土地有偿使用费收入为 10375.28 亿元,占全部基金收入的 79%。由此可见,地方政府除了一般预算收入,政府性基金收入确实相当可观,且土地收入占大头,和此前学者的估算基本吻合。

过去,多数分析人士认为,地方政府将其大部分土地收入用于建设,且相当一部分用于一般性政府支出。但数据显示,地方政府的土地收入用途非常广泛,其中,37% 用于征地、拆迁补偿以及补助征地农民,15.3% 用于破产或改制国有企业职工安置,12.6% 用于土地开发和耕地保护,3.6% 用于农村基础设施建设、基本农田建设和保护,约 1.4% 用于廉租住房建设,而用于城市建设部分仅有 29.8%,相当于总收入的三成。地方政府鲜有将土地收入用于一般性政府支出的情形。所有这些预算信息，对分析地方政府行为和制定相应政策，了解"土地财政"实情，无疑将有很大帮助。

政府预算公布透明化的进步令人欣慰，但也应当承认，这项工作还可以做得更好，走得更远。须知，人大代表和公众现在已获知的仅是上年预算执行情况和下年预算案，并非完整的政府预算本身。例如，目前人大代表所拿到的预算主报告连用名词解释不过63页，相关中央部门预算也偏于简单，而笔者手头的河南省焦作市政府2008年市级预算，全部文件有八本之多，总计1200多页，内容虽以数字和表格体现，字数也当在百万以上。依常理可知，中央政府部门的完整预算内容一定更多、更完整。以94个中央部门及人民银行编制报送的部门预算推算，至少应当有近百本单册详细预算。这部分重要文件已由政府送至全国人大相关工作机构"内部公开"，却未与全体代表见面且公之于众，显然是极大的缺憾。应当指出，让公众了解完整预算意义重大，而且切实可行。

在近年来创建公共财政体制的进程中，政府预算收支分类改革已取得关键性进展，新编制框架下的政府预算相当清楚明晰，易读可析。在中国，中央一级预算单位试编部门预算始于2000年，当年即选择了教育部、农业部、科技部、劳动和社会保障部四个部门的预算报送全国人大。但当时的数据较简单，采用的是计划经济体制下标准繁杂、缺乏明细的粗糙框架。经多年酝酿试点，从2007年始，中国正式启动政府收支分类改革，摈弃旧有科目分类体系，采用了一套可以体现公共财政要求的全新收支科目框架。改革两年多来，预算编制已经走上新轨道，虽然改革最初设计的支出"功能分类"与"经济分类"二维结构尚未完全实现，但政府预算编制作为整体，已是面目一新。

2009年财政部提交全国人大审议的预算草案和报告，第一次全面采用了新科目体系的收入分类和支出功能分类。透过中央政府各部门的详细预算，可以清楚地获知政府的收入来源，支出总量、结构、方向与用途，各个部门做了哪些事，钱花在了哪些方面。如将这样的预算全面公布，不仅便于人大代表审议时查阅援引，更有助于在公众监督下执行，是极有必要的。

预算透明，正是当初实施预算收支分类改革的主要初衷。如今，相关改革之舟已过重山，通过公布完整的政府预算体现改革成果，促进财政体制改革和政府改革，应尽快提上议事日程。

－2009年第6期－

绿坝与滤霸，公权力与社会权利

> 强制预装信息过滤软件的行政行为没有足够的道义合法性。以法理而论，这是一次公权力与社会权利之争。

事情从一开始就有些蹊跷：工信部（工业和信息化部，下同）于 2009 年 5 月 19 日发出预装"绿坝—花季护航"软件（下称"绿坝"）的通知，要求计算机生产及销售企业应于 2009 年 6 月底完成预装测试，并在年内按月向工信部软件服务业司报送"上月计算机销售数量、过滤软件预装数量及工作建议"，对于逾期未预装、不按时上报、虚假上报和拒不上报的，工信部将责令其"限期补报或改正"。

时间所剩已经不多，而上述通知尚处于"内部"。待工信部发布"正式通知"，则是 20 天之后的 6 月 9 日。此时，距规定日期，只有区区 20 天了！

因为目的是保护青少年不受网络"黄色低俗"内容污染，通知公布后也听到零落的首肯之声。然而，更多的议论是负面的。有专业人士称，"绿坝"技术水准低劣，甚至可能使装它的电脑变成易受黑客控制的"肉鸡"，带来普遍的计算机安全风险；有评论称，"绿坝"所滤范围甚广，目录不透明，大有过度管制之嫌；还有分析猜测，"绿坝"厂家未经公开招标，有悖政府采购之法，疑为"特殊渠道"等，有关商业组织概括为"安全、隐私、系统稳定、信息自由传播和用户选择权的问题"。几乎没有人认为青少年不需要"护航"，但是，谁来护，如何护？争议多多。更因工信部消息公布过晚而群情倍激，一时间，"绿坝"被讥为"滤霸"，大有人人喊打之势。

分析这一事件有许多层次和视角。我们以为，最值得关注之点，在于如何看待和行使政府权力？强制预装信息过滤软件的行政行为有没有足够的道义合法性？以法理而论，这是一次公权力与社会权利之争。

众所周知，公民因生活、工作等各种需要收集公开或特定范围内的信息，是一项基本权利。在收集过程中，过滤根据自己判断不需要的信息，其行为本身是权利而非义务。至于其收集的信息是否违法，则取决于获取信息的途径、方法和信息的内容。只要公民所收集属公开信息或信息源授权允许的非公开信息，则收集信息的权利具有合法性。在这个意义上，判断信息的"良与不良"，主要是社会习俗、政策和政治概念，存在着相当大的弹性，绝大部分此类公民行为不属法律追究范畴。公民收集信息的权利作为社会权利，理应受到保护。

当然，这只是问题的一个方面。因为强烈的商业驱动等原因，"不良信息"可能大行其道，仅仅通过管制发布端或传播渠道限制极为困难，且标准各异。在此前提下，如何防止其"黄色低俗"内容污染青少年的心灵，在传统媒体时代便是世界难题，而网络时代的来临更加剧了这一问题的严重性和复杂性。特别是由于中国公民社会尚待进一步成长与成熟，社会自治能力较为有限，其社会权利滥用的可能始终存在，在使用信息的意义上也不例外；而互联网更是高科技时代的全新事物，如何防止网络传播暴力、低俗信息毒害青少年，更远非社会自组织能力可独力胜之。在这一领域，社会权利自当需要公权力的襄助。

然而，这种襄助必须是服务性的，而非强制性的，当以社会自愿为基础，否则，公权力不仅有越位之虞，而且无法使其行动融入公民社会自组织成长的长远努力之中，是注定要受挫的。在这里，本质问题是政府部门对公权力的定位。工信部此次决定，本有"构建绿色、健康、和谐的网络环境，避免互联网不良信息对青少年的影响和毒害"的良善目的，但因对公权力定位不当，漠视了公众收集信息的社会权利，导致操作中行事粗率、公告过晚且程序极不透明，结果无法让广大公众所接受。其间的教训相当深刻。

当前，"绿坝—花季护航"已势成骑虎。工信部有关部门负责人在三缄其口之后，最新表述已在强调此款软件只是"包含或者储存在用户的电脑上"，并非强行安装。这无疑是一种开始顾及民意的转变。政府通知确定的截止期已指日可待，通知大有可能成为一纸空文。我们以为，现在最为妥善的纠正方法如下：工信部在经过相关严格的法律程序之后，以公正、公开、透明的行政方式，从充分竞争的软件厂商那里购买一款质量最佳的信息过滤软件，并明示该软件能够过滤何种信息。任何购买电脑者均可免费获得此软件，自行选择是否及何时安装。此外，有软件设计师主张将政府采购的信息过滤软件开源，这一建议值得考虑。

如此，在经历了本不应有的曲折和风波之后，工信部有望在公权力与社会权利的均衡协调方面，转变为一个典范。

-2009年第13期-

第三章
民生情怀
Hu Shuli: Critical Horizon

PP.107~136

　　解决好民生问题，是最大的"民之所欲"。古今中外，有作为的政治家莫不高度重视这一问题。在孙中山思想体系中，民生成为其"三民主义"之一"民"；邓小平提出的衡量改革正当性的"三个有利于"中，"有利于提高人民生活水平"实为终极目标。时下的中国，民生问题既是突出的、有待解决的问题，也是历史赋予当代改革者的重大机遇。

　　住房问题、医疗问题、教育问题、社会保障问题，无一不是事关国民生老病死、免于匮乏免于恐惧的重大问题。应该说，在过去的贫困年代，这些问题虽曾得到某种低层次的解决，但限于贫弱的国力，加之"先生产、后生活"的主导思想，根本没有达到当前有些人虚幻化了的"成就"。改革开放以来，这些问题总体上有所进展，但始终没有建立起普惠的制度。买不起房、看不起病、上不起学仍然是许多国民生活的真实境况。国民的幸福感并不高，这点与经济成就颇不相称，这种切身感受必然直接影响他们对改革开放的评价、态度和支持力度。如欲将改革进一步推向前，则必须在这一决定民心向背的问题上真正有所突破。

　　诚然，这些问题相当复杂，难点多多。典型如医疗改革，多方征集方案，多次修改，耗时良久，如今仍然是原则性框架。这些问题牵涉多方利益，需触动刚性的既有体制，对当政者的战略思维、决策胆略提出极高的要求。即便放眼全球，也没有任何国家真正解决了医疗保险、养老保障等问题。这些可谓世界性难题，在政治、经济、社会等方方面面挑战人类认识。对于正在转轨的中国，这些问题的难度更是陡然增大。但是，困难并非徘徊的理由。问题越积累越棘手，如积重难返，将失去改革不可或缺的"人和"。

　　改进民生的点滴成就都会镌刻在国民的"心碑"之上；漠视民瘼，或关注限于"口惠"，则万千美言不如一杯水。

现有户籍改革只是有限的进步

> 像市场经济改革的方方面面一样,户籍改革当前正需要"整体推进,重点突破"。这突破,就是朝向大城市和特大城市的自由迁移。

近期,各个省户籍改革的消息可谓"捷报频传";一些省会城市和大中城市如石家庄、兰州、乌鲁木齐、宁波、宝鸡等纷纷打开城门,大幅降低了迁移落户的条件。至2001年10月1日,公安部《关于推进小城镇户籍管理改革的意见》得以正式实施,全国两万多个小城镇都取消了"农转非"指标,更显出户籍改革的新进展。

新一波户籍改革的确使人欣慰,但其中的局限性也非常显著。须知,一方面,小城镇的户籍改革早在1997年就进入了试点,而且因为中国的粮票制已于1993年被取消,从而极大地模糊了城镇户口的特殊地位,所以近十年来,多数人早已不为农民可以拿到县城或乡镇的"城市户口"而惊奇。另一方面,在以往多年的过渡期中,小城镇采用过"蓝印户口"、"地方城镇居民户口"、"自理粮户口"等不同形式,仍有三六九等之分。此次改革取消等级、统一登记制度当然是好事,但因为各种户口级别在当地本来也没有太大分别,所以取消等级的实际意义也并不突出。

当然,新政策毕竟昭示了一种可能性,表明所有的农民都有机会成为与小城镇人同样的"城里人"。变"城里人"是有条件的,如须在当地有合法固定住所、稳定的职业或生活来源,但这种条件不很难达到,更不需要靠过去很难避免的"花钱"来买通。这意味着农民有了与非农民同样的权利;纵使大多数农民现在未必有意去行使这种权利,机会也是重要的。有分析说,这种可能性已说明,中国已经结束了城乡分离的二元户口管理结构,理论上可以说得通。

但我们又想提出,农民可以自由迁移至小城镇所体现出的进步性,在当前的经济环境中其实相当有限。因为对于试图离开土地的农民来说,当前更多的经济机会,包括就业机会和发展机会,毫无疑问集中在大城市;而真正体现城乡之间壁垒、真正显示所谓"城里人价值"的,也主要是大城市的落户机会以及相伴随的"户口身份"。有关研究早已表明,中国农村每年有8000万剩余劳动力到城市谋生，其中大多数都流入大城市，特别是北京、上海、广州、武汉、天津、重庆等特大城市。所以，如果按照现行政策，主张户籍改革只向县镇小城市或所谓西部地区"地级以下城市"放开，而大城市继续处于较严的控制之中，中国户籍制度的种种弊端根本无法从根本上革除，城乡劳动力的合理流动更无法实现。在现实中，只是"城乡二元结构"变成了"大城市和乡镇二元结构"，离结束不合理的二元结构差之千里。

在小城镇的户籍改革初告成功之后，当前应当加速推进大城市与特大城市的户籍改革。在这一方面，改革虽然有一定进展，但步伐仍嫌缓慢，在很大程度上仍然延续着计划体制的惯性。这既影响了当前的经济发展，也不利于中国的城市化进程。众所周知，因为种种历史原因，中国是一个城市化发展水平相当低的国家，不仅远逊于发达国家，而且低于世界平均水平和发展中国家平均水平。据世界银行统计资料，1996年，全世界城市化水平已达45.5%，发达国家城市化水平一般都在70%以上，发展中国家的平均水平也在40%以上，同期中国仅为29.4%。改变城市化滞后局面，已经成了现代化建设的关键突破口。而在中国推进城市化，除了发展小城镇，也必须承认大城市的核心地位和作用。理论和实践都表明，只有规模较大的城市才有明显的聚集效应，才能创造较高的规模效益、较多的就业机会和较大的外部扩散效益，也才谈得上比较完善的城市功能。如果以"城市管理"等借口，继续在大城市保持人口迁移的藩篱，最终将会延误中国的现代化进程，其经济和社会后果是非常严重的。

中国改革向来倡导渐进，户籍改革亦复如此。然而，改革走了20多年，市场经济方向早已确定，而现行户籍制度仍然限制着迁移自由，改革的滞后过于严重。由是，我们实在还没有理由为目前渐变中的有限前进大唱赞歌。像市场经济改革的方方面面一样，户籍改革当前正需要"整体推进，重点突破"。这突破，就是朝向大城市（包括特大城市）的自由迁移！

-2001年第13期-

改革权衡与弱势群体利益

> 新破产法的难产，让我们看到了当前改革中更大的困境：涉及弱势群体基本利益的重大改革决策艰难，反复不定，最终影响了其他改革，益发损害了弱势群体利益。

新破产法的难产，让人鲜明地感觉到中国改革那种被迫"原地打转"的痛苦。一个自1996年以来几乎已经被识者从不同角度论述过无数次的基本道理——按市场规则让企业破产——在付诸立法以确保实施时竟如此艰难，既是改革进程的重大挫折，反过来又严重地阻碍了改革本身。

"时机不成熟"是对新破产法审议屡次被搁置的惯用解释。所谓"时机"之论，其背后含义是指在按市场法则进行破产时如何去保护国有企业职工的利益。按现时最流行的提法，长期以来低工资高福利政策形成了政府对国企老职工的"社会保障欠账"，他们当属最应当被保护的弱势群体。但他们的利益应该如何去维护？是推迟新破产法的出台，还是推进社保制度——进一步说，是推进改革还是延迟改革？

现实的逻辑却是简单而且无情：归还"欠账"不可能依靠单个企业，应当依靠全国的社会保障制度；建立社会保障制度需要社保基金，社保基金填不平，社保制度不完善，就只能靠原来的企业；而企业破产的钱如果用于偿还"欠账"，遵从市场规则的破产制度就永远建成无望——因为破产法的实质在于保护债权人的利益，从而形成企业运行的市场约束。事实上，这个恶性循环怪圈内的新破产法之屡屡受挫，让我们看到了当前改革面临的两难困境：涉及弱势群体基本利益的重大改革决策艰难，反复不定，最终影响了其他改革，益发损害了弱势群体利益。

改革，从本质上说是个利益调整过程。在"一部分人先富起来"已经成为事实且传统意识形态障碍逐渐淡化的时候，把维护弱势群体利益放在改革战略决策的高度去考虑，已是当务之急。因为弱势群体尽管人数众多，却因其社会角色的"边缘化"，难以像强势群体那样便于对政策、舆论产生直接影响力。而一旦与后者在利益上有了冲突，弱势者经常只能继续处于被损害的地位并进一步弱势，其利益损失也只能越来越大。从道理和大局上说，没有人会公开表示不重视或不愿意维护弱势群体的利益，但在实践中保护这部分人的利益非常难，因为保护会面对利益冲突。事实上，要真正考虑弱势群体利益，就不得不伤及各种强势群体利益——在各种改革权衡之中，这其实是非常难的。

例如现在已成为各项改革之基础的社会保障制度改革。早在1993年，就有学者与经济工作者提出，应当切出一部分国有资产划入个人账户，以补偿国家对老职工的社会保障欠账。但因为种种原因，此建议一直未得到有关部门接受，以至于1997年国家建立统一基本养老保障体制后，一直入不敷出，目前个人账户亏空已经高达1000亿以上。至2000年上半年，有关方面终于统一认识，决定划拨近2万亿国有资产存量保障个人账户，然而计划制定之后至今无法真正落实，其中显示的各种利益之间的冲突显而易见。

当然，中国的改革走到今天已经非常具有可操作性，每一步的最大成功与最小成本均系于细节之中，并不仅仅是简单的利益再分配过程。且改革中要考虑和照顾弱势群体利益，并非必须损害强势群体利益，因为改革的艺术就是平衡、协调与共赢。但应当承认，以往许多改革决策中对弱势群体的利益考虑不充分确是事实；而当弱势群体利益受到损抑已经相当严重、其与某些强势群体的利益冲突难以避免时，决策者应当较多地考虑弱势一方，下大决心及时推出保护其利益的根本改革措施。其成本，无论如何小于因这方面拖而不决、最后不得不延迟其他改革所作出的退让；更小于无视弱势群体利益最后可能招致的社会后果。亚洲金融危机，特别是印尼的教训，已经极而言之地说明了这个道理。

公平与效率，在任何社会都是需要认真权衡的社会经济问题。西方经济学家有一个生动的比喻：为了把蛋糕分得更加均匀，要牺牲蛋糕的多大一部分？不过，对于从计划经济转型并选择了渐进式改革的中国来说，这个命题有着不同于市场经济国家的特殊内涵。当前，中国面对的关乎弱势群体利益的公平问题，不仅涉及政府的政治信誉（例如归还老职工"欠账"）和基本责任（例如农村的一般医疗保障），也涉及市场制度的全面推进，亦即涉及效率本身。从这个意义上说，我们没有任何理由漠视弱势群体的利益，关键只在于怎样做起来，朝向正确的方向。

-2002年第10期-

改革：市场化与就业机会

> 应当继续原定的改革和调整，依靠市场化改革创造新的更多的就业机会。

就业越来越成为当前舆论关注的重心，这是一件非常好的事情。然而，在讨论如何促进就业的时候，有个方向性的问题还是需要明确，就是靠什么来增加就业机会？答案应当是继续推进市场化的改革而不是相反。

对于有13亿人口而且有9.34亿农村人口的中国来说，增加就业历来是一项重大而且艰巨的任务。就业压力一度集中于农村，20世纪90年代中期以来，中国农村富余劳动力在原有1.3亿人的基础上，每年又以1600万人的速度增长，1/3以上处于就业不充分状态。这些年，随着国有企业改革和产业结构调整的加速，大量国有企业产业工人下岗失业，加上每年城镇新增劳动力的增长，更加剧了整个就业市场的供求失衡。截至2002年6月，中国下岗职工已达2611万人，他们中九成以上先后在本企业的"再就业中心"领取微薄的生活补贴，相当一部分处于隐性失业状态，而实现持久再就业则困难重重。

新情况的出现使人们对就业压力加剧有非常切近的感受，亦使关系下岗职工前途和命运的"再就业"问题显得格外重要。

然而，究竟应当选择什么样的途径，来解决下岗职工和其他失业人群的就业问题呢？一个办法是放缓或停止国企改革和结构调整的步伐，维持旧有的不符合市场要求的就业岗位，或是靠行政之手来"增加"新的就业岗位；另一个办法是继续原定的改革和调整，但又努力消除现有体制中不利于就业的因素，依靠市场化改革创造新的更多的就业机会。理性的选择当然应是后者。

就业从来就不是孤立的问题，而是整个经济发展的一个重要环节，其状态与经济发展的模式紧密相关。中国的就业不可能与西方福利国家具有同一内涵，也不可能继续传统模式，靠行政之手统筹安排。最有效的解决办法就是通过推进市场化改革来扩大就业空间，逐步实现良性循环。由于受传统思维范式的影响，中国过去在相当时期内对于增加就业缺乏充分自觉的认识，在进行经济战略与政策选择时未能充分考虑就业含量，这不能不说是一种遗憾。但20

年来的市场化改革为中国提供了巨大的新增就业机会毕竟是个事实,不仅1亿多农村富余劳动力借此解决了就业问题,而且数以千万计的城市新增劳动力与下岗职工,也主要通过市场途径获得了就业的机会。中国在20世纪80年代后的几年,曾出现过GDP每增长一个百分点可拉动增加就业岗位240万个的可喜局面;90年代以来这个增势却有减缓,因而令人担忧,但还是能够维持在70万个岗位的水准。这已说明改革、发展与就业之间积极互动的关系。现在需要的只是对这种互动有更主动、积极的把握。

当前一些传统国有企业正在进行的结构调整力度很大,的确带来了大量下岗和失业。但旧有结构下的就业岗位本来就已经难以为继,而调整是顺应市场潮流的必要举措,有利于资源的合理配置,说到底还是会为产生新的就业机会创造条件。我们所需要的不是放慢甚至停止调整的步伐,而是从调整带来的失业冲击中体会到在其他领域加速改革的压力,以较大的力度从方方面面降低就业门槛,消除计划惯性导致的价格、税收等各种扭曲,从而创造出更好的外部环境以催生更多新的就业机会。

从辽宁等地的实际情况可以看出,结构调整在资源枯竭型城市可能表现得非常残酷,而仅仅依靠本地新成长起来的产业来解决再就业难度非常之大。恰如有识者已经指出的那样,面对这类问题,比较可行的办法是加快劳动力流动,而劳动力能否有效流动,又依赖于住房、医疗、养老等一系列社会保障制度的改革是否到位。这就要求中国正在进行的各项保障制度改革加大力度,能够形成比较完善的跨地区安排机制,并要求进一步推进户籍改革和加快城市化进程。在任何情况下,兼顾全局、目光长远的改革举措,都会更有利于克服眼前的困难,也有利于未来的就业前景。

中国在经济调整和国企改革中出现的再就业难题的确非常痛苦。尽可能妥善解决矛盾以减轻痛苦很有必要,中央的各项相应政策、政府支付的亿万资金,都体现了这种必要的努力,其精神就是兼顾公平和效率、发展和稳定。然而,缓解痛苦的同时,改革的手术还是要继续下去,而且要加快速度。除了继续并扩大市场化改革,我们其实别无选择。

-2002年第18期-

"祝均一案"警示社保转轨风险

社保弊案折射了个人账户基金积累制所面临的困境。

2006年8月,上海社保局长祝均一被"双规"引发的舆论震荡,一直在海内外持续。官方消息已经表明,此案与违规动用社保基金直接相关。目前,多方舆论集中于祝案的性质及人事冲击波;而我们以为,以此次震荡为契机,也到了对于社保体制改革进行再审视和再抉择的关键时刻。

"祝案"具体情节知之不详。然而,长达八年任职上海劳动和社保局局长,祝均一正是当地上百亿养老基金的掌管人,其犯案或多或少会对老百姓"救命钱"的安全性发生影响。特别是祝氏多年来一直被视为"社保专家",据称在社保基金管理中常有"创新",追求"保值增值"的姿态极为进取。而"创新"有时与违规仅一步之遥,后者又极易成为腐败犯罪的温床。因此,在发现重大违规乃至涉嫌腐败的事实之后,纪检部门及时出手,对掌管社保基金的责任者进行调查和必要惩处,都是必需的。

要紧的是,"祝案"就其性质而言或许相当严重,但事情本身并不新奇。中国在近年来建立社保体制的过程中,一直准备推行以个人账户为基础的基金积累制,以期解决往昔由企业"现收现付"引致的巨大养老金支付缺口和激励不足等问题。然而,随着积累的增加,围绕社保基金的违规犯法案件也在不断增多,且大量发生在地方社保系统。相关违法违规案件从2001年以来便屡有报道,至2006年4月召开的全国社保局长会议和社保基金监督座谈会更传出消息,称近七年来全国清理回收挤占挪用社保基金达160多亿元。这个数字,已经相当于目前我国社保基金累计节余总量的5%。可见问题之普遍!

如今,"祝均一案"爆发,显示这类违规滥权事件不仅发生在内地欠发达地区,而且发生在上海这类公认管理水平较高、社保基金较为充裕的大都市,令人备生忧患之心。更重要的是,与这种现象相并存,中国的养老金还存在过于分割、覆盖面狭窄、统筹赤字过大、个人账户过小及"空转"等现实困难。资金的短缺,使积累部分的基金"保值增值"压力增大,更成为基金主管者们高风险运作的借口;高风险运作的损失,又引致资金加倍短缺。如此循循相因，后果会相当严重。因此，确保社保基金的安全运转与有效使用，除了加强专业监管与纪律检查，还需要从完善制度着手，寻求降低转轨风险的治本之道。

养老保险制度专业性很强。幸有海内外专家学者们近一年来深入广泛的交流与探讨，寻求专业性的制度答案并不很困难。一如识者所指出，中国十余年来逐步建立的公共养老保障制度已经确立了三支柱模型（社会统筹、个人账户和自愿养老金），这一模型仍应继续。但在具体操作中，考虑到基金积累制遭遇的现实困境，可考虑改为记账式个人账户制（NDC，即 Notional Defined Contribution）。这是在瑞典等一些西方国家实施多年、行之有效，而且更适合中国国情的养老制度优选方案。

尽述 NDC 之运作，需要引述大量专业性文献。简要说来，这一方式与基金积累制相似，仍以个人账户制为基础，使工作者现在的缴费和未来的养老金享受之间形成直接联系，正是一种有利于提高劳动市场效率的正向激励。而两者的差异，在于基金积累制相当于私有的投资账户，缴费做实后由专项基金运作，未来投资收益取决运作成果；记账式账户更像银行账户，缴费后国家担保一定收益率和未来支付，养老金则集中使用于当期支付和购买资产。前者更倾向于分而治之，后者更适于全国统筹；前者极易形成风险偏好，后者可确保稳健诉求。

很显然，同样是按照市场机制引入个人账户，记账式个人账户（NDC）较之基金积累制，对中国更具现实可行性，更便于操作和管理，而且与当前正在创建中的养老体制完全可以有机衔接。这一选择，意味着因建立积累制而难免的当期支付"巨大缺口"不复存在，也意味着"做小做实个人账户"引致的种种疑虑从此消失。

实行 NDC，当然也需要许多基本条件，其中包括大量信息记录和财务核算；也包括以立法形式制定全国统一的强制性养老金规则，实行全国统一的养老金管理系统。此外，由于中国社会的老龄化已经是一个现实，因此，退休年龄应严禁提前，并考虑逐步推后，按国外通行做法延至 65 岁。这对于养老保障的可持续、广覆盖至关重要。总之，社保体制改革很难，"祝均一案"在上海发生，再次折射转轨风险之巨。当此，NDC 或许正是柳暗花明之路。莫若再作考量，然后当断则断。

-2006 年第 16 期-

社保改革的真正难点

> 要从观念层面厘清社保基金的产权主体，结束地方政府强势介入、集行政管理权和经营权于一身的局面。

显然应拜赐2006年秋天的"社保案"冲击，2007年伊始，上海市关于社保的两项措施都成了新闻：其一是《上海市社会保险基金财务管理办法》（下称《办法》）正式施行，其二是上海市即将组建社会保障监督委员会。在中国社保体系危机频现的今天，上海的两项举措虽算不得重大创新，却提醒我们对社保体制改革之本进行再思考。

《办法》于2006年10月30日的上海市政府常务会议上通过，类似的全国性法规是1999年由财政部、劳动和社会保障部颁行的《社会保险基金财务制度》（下称《制度》）。相隔七年，两相比较，发现差异并不很大。除《办法》规定纳入社保基金的财务管理的"养命钱"概念更宽泛，有关基金预决算、筹集和支付，基金结余管理，以及财政专户管理等内容，均与七年前出台的《制度》几同。至于上海即将成立的社会保障监督委员会，则从2001年始就在全国推广，当年5月劳动和社会保障部为此颁布了两项命令，各地随即展开行动，至2005年年底已有27个省（区、市）建立了社保监督委员会。上海在2006年经历了社保风波之后，痛定思痛，有意亡羊补牢，确实值得肯定；但上海市有关行动多年来居然在27个省份之后，却是新闻的另一面。

其实，无论"监督委员会"还是"基金管理办法"，都并不意味着治本，否则就无法解释为何多年来一直有这样的制度安排，但违规违法事件连年不断。近期国内关于社保基金管理之弊有许多深入讨论，综合其中识者观点可以得知，当前除弊兴利正是百端待举，但关键还是要从观念层面厘清社保基金的产权主体，结束地方政府强势介入、集行政管理权和经营权于一身的局面。

中国自1991年养老保险改革起步，已逐步形成了强制性的基本养老基金（包含社会统筹基金和个人账户基金）、企业补充养老金（企业年金）和个人自愿性养老储蓄为特征的"三支柱"型社保体系。在这一体系中，尊重参保者的产权极为重要，但现实中对个人产权的漠视却无处不在。

在基本养老保险领域，1993年提出、1997年在全国推开的"个人账户制"，政策动因是借其个人产权性质增加缴费积极性，形成国家、企业和个人分担的养老制度。但多年来种种原因使个人账户长期空转，政府挪用个人账户填补当期统筹支付缺口习惯成自然。由是政府已从统筹基金的代理人扩张至个人账户范畴，已经成了基本养老金的实际主人；而个人作为产权主体出于自身利益本应行使的外部监督也就荡然无存。

此外，第二支柱企业年金的个人产权性质亦无可置疑。由于这部分补充养老金并不用于当代支付，先天具有投资和保值需求，本可按职工及企业的自身意愿进行市场化管理，由所有者自由选择年金的投资和管理机构。但许多地方政府在控制基本养老金的同时，也牢牢控制了年金的管理权。例如，上海社保局于2002年同时设立了社保中心和年金中心两大事业机构，后者掌控了几乎上海所有企业的年金。在2006年"上海社保案"爆发后外界方始看清，政府统管的企业年金长期以来与基本养老基金形同一体，相互混用，挤占挪用、盲目投资无处不在。

劳动和社会保障部等中央部门从2004年起先后推出《企业年金试行办法》等一系列规章，确定了年金运营信托模式的市场化框架，规定了年金主要运营主体的职责和资质。2006年9月，在"上海社保案"爆发后不久，劳动和社会保障部再行发布《关于进一步加强社会保险基金管理监督工作的通知》（34号文）。这些政策措施都是为了在年金的投资、管理中引进各类合格的市场参与主体，建立相互监督制衡机制，打破长期以来政府社保部门大权独揽的局面。按34号文规定，2007年年底是政府移交年金管理权的大限。

但是，至少在政府年金中心规模最大的上海，年金管理市场化的进步并不显著。据上述1月17日的新华社消息同时披露，上海一个新的企业年金管理机构的筹建工作已开始启动。"上海市劳动和社会保障局将选择在沪金融机构中有实力、有信誉的单位及大型企业集团共同出资，单独组建一家企业年金管理机构；在履行有关报批手续后，承担企业年金管理的法定职责，并整体接收原来由企业年金发展中心经办的企业年金。这一机构有望在2007年年底前完成组建，实现企业年金的整体移交"——现在还无法窥知"新中心"的进一步细节安排，不过官方报道显示的做法，显然与中央主管部门主张由企业自主选择年金管理主体的做法并不一样。政府不愿放弃控制权的意向则相当昭然。

这就是16年来中国社保机制改革的艰辛所在：尽管有好的制度设计，尽管市场化的力量正在逐步增大，但政府并不甘心在本该退出的领域退出或退后。在改革带来的各种利益较量中，最主要的较量是政府和市场的较量。而只要强大的、具有先天垄断特性的政府权力继续横亘于市场竞争之中，则推进包括社保体制改革在内的一切改革便又难上加难。

-2007年第2期-

"三农"首重民生

> 丢掉"便宜"幻想，打破历史循环，致力全面改革，方是正路。

农历春节假期刚过，新华社就播发了《中共中央国务院关于 2009 年促进农业稳定发展农民持续增收的若干意见》。这是从 2004 年起，连续第六个涉农的中央"一号文件"。自 1978 年年底改革开放以来，已经有 11 个"一号文件"锁定"三农"，足见在中国改革进程中解决"三农"问题之重、之难。

2009 年"一号文件"出台的背景，较往年更为复杂。世界经济已陷入一场既深且广的衰退之中。在工业化国家"去杠杆化"的大趋势下，中国和亚洲国家依靠外需形成的高增长难以为继。在中国国内，短期经济维稳需要与中长期的结构调整压力相叠加，农民工就业困难和农民收入持续提高的困难相缠绕，政府干预与市场调节的力量相交汇。中国特色的"三农"问题，也因之面临新的挑战。农业、农村、农民，"三农"之中何者为重？这个多年来在政策面争论不休的问题，今年其实有了明确的答案：既然广大农村是未来中国内需增长最强有力的"发动机"，农村消费蕴涵无穷潜力，则农民问题成为"三农"问题之首已是必然的政策取向，农村政策的新思维需要实现从重生产向重民生的转变。

以时点收入情况看，农村人均收入不及城镇人均收入 1/3，农村消费水平也仅为城镇消费水平 1/3。从纵向看，城乡收入与消费支出存在差距扩大的趋势。从改革开放发轫到整个 20 世纪 80 年代，城乡消费水平对比平均为 2.5∶1。从 20 世纪 90 年代到 2006 年，这一比例则变为 3.58∶1，显示出农村收入和消费相对比例下降之势。这既是城乡差距的写照，也是中国经济分配不平等的体现。显然，提高农民收入在整个国民收入分配中的比例迫在眉睫，缩小城乡差距任务尤为艰巨。农村改革成败与否，直接关乎农民最终能否分享中国经济改革的成果，出发点和落脚点均为使农民收入增长与经济增长速度相一致。为此，一系列关键领域制度变革和创新应当提上日程：

第一当是放开价格。长期以来，政府对农产品价格实行管制政策，对农产品贸易实施干预政策，剥夺了农民充分享受价格上涨好处的权利。尽管政府给予农民的补贴已经达到了创纪录的水平，但补贴再巨也难以解决数亿农民收入持续增长的难题。结果,在粮食连续增收的情况下,农民收入增幅依旧低于城镇居民收入提高速度。

第二是放开户籍管制。减少农民数量,允许愿意并有能力成为新市民的农民进城,既可以加快城市化步伐,也可以增加农村人均要素拥有量,缩小城乡差距,扩大农民人均收入。面对目前农民工失业的严峻考验,急功近利的做法是令其"扎根"在农村或"离土不离乡",以换取城市的社会稳定。实质上,这是将农民工简单作为稳定经济的"蓄水池"。失业的农民工返乡,减轻了政府的社会保障责任,却使农民工承担了经济放慢的苦果,民生问题不进反退。

第三是保障农民的土地权益。政府应该确保农民的土地承包权,树立其在土地交易、征用中的主体地位,保障农民收益权,避免地方政府借用流转制度剥夺农民的土地。不仅应该保障失地农民的权益,也应保障自愿放弃土地进城的农民有一个合理的补偿机制。"一号文件"明确要求土地承包经营权流转"不得损害农民土地承包权益",主张"坚持依法自愿有偿原则,尊重农民的土地流转主体地位,任何组织和个人不得强迫流转,也不能妨碍自主流转"。面对部分地方政府出于不同目的"强迫流转"的现实,这些主张可谓有的之矢。

第四是加快建立农村社会保障体系。除了加快建立完善农村基本的合作医疗保险制度,还要建立适当的农民养老机制。社会保障体系的建设属于二次分配,应当加大政府在二次分配中投入的力度,以部分消除一次分配领域的不公平现象。

20世纪80年代,在连续出台五个有关农业的"一号文件"之后,"一号文件"转换了主题。主持其事的中国农村改革的领袖人物杜润生老人后来解释说:"中国农业的进一步改革,受制于城市国有经济改革和政治体制改革。当时我们认识到,中国的农村改革,一切'便宜'的方法已经用尽;如果不触动深层结构,就很难再前进一步。正是因此,农村改革一系列'一号文件'的历史使命告一段落。至今,中国农村改革并未终结,必须从全局改革中寻找前进道路。"

杜老的话意味深长。中国农村改革归根结底须从全局改革中寻求出路,而改革成功的基本标志就是"三农"不再成为问题。从这个意义上说,丢掉"便宜"幻想,打破历史循环,致力全面改革,方是正路。以农民为首、以民生为重看"三农",不在疏财而在制度变革,不在局部而在全局运作,意义正在此。

谨防医保改革刮"共产风"

<blockquote>"全民医保"的口号喊得越动人,越容易把我们引向歧途。</blockquote>

在 SARS 之灾过后两年,一份有关中国医疗体制改革的课题报告,重新燃起舆论对医疗改革的迫切之情。应当承认,这份由国务院发展研究中心课题组写就的报告,言辞大胆,分析尖锐,某些具体看法亦不无道理。不过,此报告提出"建立覆盖全民的一体化医疗卫生体制"的结论性建议,并由此掀起了舆论风潮,我们对此无法保持沉默。

"全民医保"很可能一时获得掌声。但我们认为,讨论医疗改革与医疗保障体制建设,必须实事求是,符合中国国情,谨防刮起"共产风"!"共产风"后遭灾荒的痛苦教训,是永远不能忘却的。

目前广受追捧的"全民医保说",主要有两大依据。其一,称中国经济近年来有极大发展,因此国家可以为此拿出足够的钱;其二,称覆盖范围可以局限于"公共卫生"和"基本医疗服务",因此支出有限,所以"全民医保"是可行的。这种看法缺乏起码的医学常识和事实依据。

须知,所谓"基本医疗服务",实践中根本无法以"服务包"进行有效界定。简单地认为医治重病就是浪费医疗资源,假使不是缺少人道主义,至少让人感到是一种无知。重病不等于绝症。如果真的按照他们"重病不治"的说法去做,有多少人因病致贫,因病返贫,因病致死,且中国的医疗水平至少要倒退几十年。事实上,中国 13 亿人实行"全民医保",以现阶段发展水平,政府根本承受不了。即使富甲天下的美国,2004 年的医疗总开支达到 1.8 万亿美元之巨(超过了中国 GDP 总量),仍有 4000 万人没有享受医疗保险。香港只有 600 多万人口,政府的医疗卫生拨款达到每年近 400 亿港元,现在已显负担沉重,难以为继。

据估算,我国目前城镇职工基本医疗保险每人每年平均约 1000 元,此外还有个人自付部分。如果此福利推至全民,以人均千元计,则高达 1.3 万亿元,等于全国财政收入的半数。如果包括所有"公共卫生"和"基本医疗服务",同时考虑低收入者的支付能力,则人均每年至少 2000 元,那么我国现有的财政收入全部用来吃药也未必够。只要有起码的数学知识就可发现,"全民医保"完全是脱离实际乃至哗众取宠的口号。

当然,我们也认为,现存不均衡的医疗资源布局必须改变。改善基层医疗供给情况、实现尽可能广泛的覆盖,应当成为改革的目标之一。当前,首先体现为向城镇职工提供基本医疗保险,并在农村建立起新型合作医疗制度。为落实此基本目标,不仅需要政府增加财政投入,还要在医疗领域引进竞争机制,形成医疗供给多方参与的局面。然而,对于这样一个既定的改革思路,"全民医保"论者的态度是全面否定。这显然是毫无道理的。医疗界目前弊端丛生,本身并非改革或"市场化"之过,皆因改革没有到位,甚至根本没有启动。2000年的医疗改革部署中,提出要把医疗机构分为非营利性和营利性两类进行管理,鼓励社会办医,形成非营利性医院和营利性医院同步发展、相互促进的局面。这本来是一项具有根本意义的良策。但由于卫生行政部门坚持维护原来直接办医院而非管医院的角色定位,改革根本没有有效推进。

当前,把经济生活中的任何消极现象都简单地归因为"市场化改革"并加以谴责,似乎正在成为一种时髦;而一些主管部门官员本来对改革就是半心半意,如今也来跟着赞同放弃"市场化方向改革",这种倾向值得警惕。

医疗体制改革牵涉面极广,种种原因造成了今天严重滞后的局面。中国改革20多年中,医改话题常常被高高举起,却又被轻轻放下。不过,自2000年以来,随着社保体制改革的推进,这一改革在政策层面已经有了比较完整清晰的思路。2000年年初,由国务院体改办联合卫生部等八部委下发的《关于城镇医药卫生体制改革的指导意见》,此后2001年夏季召开的中央农村卫生工作会议及中央《进一步加强农村卫生工作的决定》,以及2002年10月19日中央《关于进一步加强农村卫生工作的决定》,都是历经艰难、引起业内震动的改革纲领。

改革大政方针出台后,实践中推进格外缓慢,显示了医疗改革特殊的艰巨性。对此应当深入分析原因,调整完善政策,更应当坚定改革的决心。离开此基本轨道,"全民医保"的口号喊得越动人,越容易把我们引向歧途。社会福利模式的探讨是一个严肃的学术问题,更是一个重要的治国方略问题。对待这样重大的问题,以轻率甚至盲目的"民粹"倾向博得廉价掌声的做法是不可取的。

-2005年第16期-

医改需要"人和"

> 冷静辨析体制之弊，公正地看待医生的贡献、作用与职业困境，当为启动医疗改革的重要起点。

整个 2007 年，医疗体制改革可谓最为炽热的话题之一。经年余酝酿，乘今年财政大幅增收之良机，我们预计医改总体框架性方案将很快公之于世，相关具体操作方案也极有可能在下一年年内相继出台。当此之时，应强调改革需要"天时，地利，人和"，而"人和"之本即在医患之间。我们不知道，目前人们尚知之难详的医改方案，究竟凝聚了多少医务人员的贡献、主张和期望？我们想强调，能否激发和依靠医务人员的积极性，是未来医疗改革成功的关键之一。

中国的问题素来复杂与多重，在现代化过程中面对如此局势，情绪偏激极易成为常态。缘此，随着公众对医疗体制不满的抒发，2006 年来种种舆情激荡升温，竟将医院和医生作为主要责难对象，医患互信缺失渐次升级。而医疗主管部门的某些应对失当、短期行为，亦为医疗行业增加了不应有的整体压力。资料显示，2002 年，全国医患纠纷有 5000 多起，2004 年上升到 8000 多起，2006 年则超过了 1 万起。不久前，北京发生了导致孕妇和胎儿双双死亡的"拒绝签字"医疗悲剧，更从一个侧面映现了当前医患关系的紧张程度。

冷静辨析体制之弊，公正地看待医生的贡献、作用与职业困境，当为启动医疗改革的重要起点。必须承认，多年来医疗领域问题丛生，盖因制度失灵，其背后是经济学所说的"政府失灵"。在中国急剧现代化的市场改革进程中，政府未能承担医疗事业的投入责任，人为扭曲医疗服务的价格信号，"以药养医"，资源错配，于是有了中国医疗体制的路径迷失。

当前的医疗改革百端待举。虽然改革方案尚未公之于世，但官方人士已经阐释了未来医疗体制改革"四梁八柱"（四大体系、八项机制——编者注）体制框架，各种消息亦表明政府即将注入大量财政资金，建立完善公共卫生体系，构建基本医疗服务体系和医疗保障体系。由此，我们更觉得在未来改革中应尊重医生的贡献，肯定医生的价值，调动医生的积极性，并使之成为改革的获益者，造就"医患和谐"的人和局面。

从这样的思路出发，在医改中就应当坚持医疗市场的服务定价原则，把医生的激励搞对。众所周知，医生的人力成本投资和形成周期之长，堪称社会专业之最；其工作更是以强度大、风险高著称，让医生获得高于社会中等水平的公开合法回报理所当然，亦是世界各国之通例。唯如此，才能够期望真正具备约束力的医生自律体系建立，从而形成医生的名誉维护和败德惩罚制度——外部监管固然不可缺少，但在医疗这一需要对"人的生命的热情"的行业，道德自律与行业自律显然比任何其他行业都更为重要。自律的基础，应当是珍惜名誉；而让一个行业的绝大多数人珍惜名誉，则需要让他们看到足够的长期回报。当然，让医生获得与其职责相称的、高于一般中产的回报，关键不在政府如何补，而在于承认医疗服务的应有价值，以及形成与之相对称的制度安排。其中既包括政府的钱怎么花，也包括结束"以药养医"、医院的微观机制再造等。这将是一整套综合改革的系统工程。

在中国的医生群体中，必然有一批具有企业家或社会企业家(social entrepreneur)素质的人才。未来改革应当在放开准入的意义上，给这些人较为宽阔的施展才干的天地，其中包括建立合伙人式的各种医疗服务机构的机会，也包括人力资本与社会资本结合进入医疗领域的空间。可以预计，让医生中具有企业家才能的人进入医疗市场，自由创业，成为医疗企业制度创新的核心力量，必然会带来多赢的局面。

与此相同步，围绕着医生的相应制度安排至少还应有四方面：其一，建立类似于行业协会那样的自律组织。即使医疗行业出现个别"害群之马"，也不要扭曲价格信号，而可以通过制度来约束，比如发挥行业组织的自律作用，而不是对整个行业动破坏性手术。其二，尽快建立医疗责任保险，保障医生因发生医疗事故、医疗差错及医疗意外而造成的经济损失，降低医疗行业的职业风险。其三，建立具有足够公信力的医疗成本审核委员会，定期发布指导价格，以之相配合新的基本医疗服务需求方案。其四，建立有效的外部监督机制，迅速有力地建立医疗行业规范。将这一切列入改革部署本身，就有利于改变目前中国扭曲的医患关系。而一个宽松和睦的医患关系环境，是推进医改的前提要件。须知，中国的300多万医务人员，是今天中国医疗事业的主体，更是明天医疗改革的主力。

务实看医改

> "新医改方案"提供的医疗服务与保障不会是"普及公费医疗",也不会是"全民大包干"。

春城无处不飞花的时节,"新医改方案"终于公之于众。这套国人翘首经年的方案包括两份文件,一为《中共中央国务院关于深化医药卫生体制改革的意见》,一为《医药卫生体制改革近期重点实施方案(2009—2011年)》(下称《方案》),共计2万余字,可称既具纲领性又有操作性,舆论反应相当积极。

我们为"新医改方案"出台感到欣喜和欣慰,但同时认为,需要强调对于医改期待的理性态度。须知,人的就医机会与权利,涉及生与死,是很容易情绪化的话题。而理性务实既是"新医改方案"获得执行力的保障,也是未来构建更理想的医疗保障体系的前提。

相对于中国目前的医疗保障和服务水平,"新医改方案"无疑将带来显著的进步。虽经改革开放30余年,中国取得经济上的巨大成就,但是,民众医疗保障面过小,卫生总费用中个人支出比例过高,医疗卫生服务供应不足,已成公认的制度性缺憾,由此形成的"看病难、看病贵"近年来更使人诟病不已。

此次新医改启动,强调健全基层医疗卫生服务体系,逐步实现公共卫生服务均等化,并明确医保覆盖将遍及城乡;政府将以8500亿元新增资金,主要用于补充城镇普通居民和农民的医疗保障,用于县、乡、村和城市社区的医疗卫生设施和人员队伍建设,且将向中西部重点倾斜,确属重大改进举措。方案制定得具体,有步骤、有指标、有时间表,完全可以想见,经2009年至2011年三年落实后,公众享受基本医疗保障和服务的局面会有明显改观。

纵如此,仍不可期待过高。这不仅因为"新医改方案"的落实本身仍需耗时耗力,更重要的是,纵使方案按第一阶段计划全部落实,其提供的医疗服务与保障仍然只能是有限的,与某些人主张的"普及公费医疗"、与某些舆论热炒的"全民大包干"差得很远。

以医疗保障为例。中国目前实行四种形式的医疗社会保障,即"公费医疗"(主要适用于公务员和部分国有事业单位)、"城镇职工基本医疗保险"、"城镇

舒立观察

居民基本医疗保险"和"新型农村合作医疗"。除"公费医疗"系指国家出资外，职工医保是由企业和职工共同缴费，而城镇和农村居民的医保均以受保个人自愿出资、国家补贴的方式完成。因种种原因，目前后三者，特别是城乡居民的保障覆盖面相当有限。

"新医改方案"注重完善医疗保险制度、扩大覆盖面，提出三年内城镇职工和城乡居民的参保率达到90%以上。在实践中，城镇职工参保具有强制性，能否达标在于参保规定的执行力度和广度以及政策本身的可操作性；城乡居民参保继续遵循自愿原则，国家从明年起将增加补贴至每人每年120元，不过参保仍需个人缴费，可能还会有一些人不愿加入。也就是说，实施"新医改方案"，保险覆盖面将得以扩大，但还会有一部分人留在社会保障体制之外。

进入医疗保障制度，当然意味着看病可以报销。但除公费医疗的受益者外，其余三类保险的对象都将面对报销上限约束。《方案》提出，要"将城镇职工医保、城镇居民医保最高支付限额分别提高到当地职工年平均工资和居民可支配收入的6倍左右"，而"新农合"则可"提高到当地农民人均纯收入的6倍以上"。目前，全国农民的人均年纯收入仅4761元，西部地区约为3000元，以此推算，农民，特别是贫困地区的农民遇有大病重病，医疗费用的缺口仍然相当巨大。

现在还有一种舆论偏差，将"看病难、看病贵"归咎于医院及其营利动机，幻想医改方案一旦出台，能有个办法"管住"医院，从而让看病的价格迅速降下来。

医院运行机制、医疗资源布局乃至医疗定价，都是复杂的话题，此处不展开谈，不过从"新医改方案"也可以知道，"以药养医"是看病贵的主因之一，但"药品加成"是国家大幅降低投入后让公立医院自谋出路的办法，怨不得医院本身，"解铃还须系铃人"。此次《方案》只能"逐步将公立医院补偿由服务收费、药品加成收入和财政补助三个渠道改为服务收费和财政补助两个渠道"，而且在逐步取消药品加成后，医院由此减少的收入还要"通过增设药事服务费、调整部分技术服务收费标准和增加政府投入等途径解决"。如此一增一减，医改方案没有也不可能承诺医疗服务的费用会有大幅下降。

其实，只要承认医疗技术进步意义重大，就应当承认，医疗费用的上涨才是必然趋势。健康经济学表明，医疗费用的上涨是一种特殊的产业现象，其技术进步往往带来费用的增加而非节约。在西方，医疗费用的上涨超过国民收入增长是一种常态。立足中国国情更应当看到，解决看病的难与贵只能是相对的；而唯有加快推进多元办医格局，确保医疗卫生服务的充分和竞争，同步建立合理有效的监管框架，医疗费用的合理化才是可期的。

  细心人不难看出，"新医改方案"将分两步实施：至2011年，可"明显提高基本医疗卫生服务可及性，有效减轻居民就医费用负担，切实缓解'看病难、看病贵'问题"；至2020年，将"人人享有基本医疗卫生服务，基本适应人民群众多层次的医疗卫生需求，人民群众健康水平进一步提高"。我们期望改革目标能够顺利实现，这意味着十年乃至更长时间的不懈努力。缘此，我们越发主张今天的医改期待能够理性而务实。

-2009年第8期-

勿忘"住的呼唤"

> 城镇国有单位的住房改革恰如社会保险制度的建立，必须打破单位乃至"系统"的壁垒，以社会化的方式加速完成。

至少已经有年余，曾经引起那么多冲动的中国城镇住房体制改革，已经不再是媒体的热点。然而，我们很难相信这是一个能够忘却或忽略的题目。一则，房改直接牵动城市中亿万民众的切身利益；二则，房改与中国经济支柱产业房地产业的市场化发展密切相关，其成败之于改革全局的影响必然十分重大。有道是"行百里而半九十"，既然房改仍未竟全功，房改就仍是大任务、大挑战。

观察中国城镇住房体制改革可以划定多种时段。从1980年4月邓小平关于住房问题的讲话开始算是一种，从1988年国发11号文件提出住房商品化实施方案开始算是一种，从1998年前总理朱镕基将房改列为新政府五大目标、7月国发23号文件正式确定房改方略开始算又是一种。即使按最后一种算，这项全面启动、部署周密、目标明确而且得到各方认同的改革，也已经进行了五年余。

1998年年初，国务院决策层提出的时间表，本来是1998年7月1日停止福利分房，后来推迟至当年年底，再至次年年底，最后的截止期是2000年12月31日。然而，距彼时到2003年已经近三年，福利分房似无还有，货币化分房走走停停，改革的末班车迟迟无法进站，这不能不使人深感遗憾。

住房改革在本质上是社会分配体制的产权变革。此项改革未达目标，很容易使原来国有单位福利分房时引致的社会不公平加倍扩大。在当前，多数地方各类国有单位大量存在货币化分房未兑现的情况，但直接原因却截然相反：富单位借口货币补贴标准太低、补贴不足，不予下发；而穷单位则怨货币补贴标准过高、财源有限，无力支付。如是，则富单位拿出让受益者满意的方案，无论称为准福利分房抑或特别经济适用房，其结果都是"富者更富"；而穷单位迟迟无法给职工应得补贴，无论选择集资建房还是贴息贷款都难以实施，其结果只有"穷者更穷"。

在这里，穷富之别并非市场经济体制的产物，与按劳取酬的方向不一致，从市场改革的角度看，不仅不存在任何合理性而且明显有害。特别是无力兑现货币补贴的穷单位，主要是大批当年对国家作出重大贡献、现在处于巨大困难中的老牌国有企业，其需房、盼房的众多老职工属于社会弱势群体，房改进展不顺的后果就更为严重。更不用说当年福利分房曾是不正之风的渊薮，而今天的各类"过渡性住房分配"也极易成为寻租温床了！

城镇住房改革不能尽快实现货币化目标，还会严重影响中国经济的支柱产业房地产业市场化发展。有统计称，中国近年来的城镇住宅投资中，房地产企业投资所占比例不过五六成，而相应的竣工面积不过四成，足证"双轨制"存在对产业发展的严重挤压。特别是城市土地供应的不公平成为群众诟病的普遍问题，贪污腐败已经屡见不鲜，倘城市住房建设继续双轨运行，将直接影响土地市场的规范和公正，其负效应更是多重的。

中国城镇房改迟滞不前，很大程度上与最初的战略方针选择相关。当时除贵州省等少数地方以"全面改革"发端，全国绝大多数地方都选择了"老房老办法、新房新办法"的渐进改革。此办法照顾了"单位所有"的现实，或许有利于在前期减少既得利益者带来的阻力，加速改革铺开。但以往福利分房时期所形成的国有单位之间苦乐不均，本来是绕不过去的矛盾，更在"渐进"过程中急速扩大，增加了后续改革的难度。若要改革前进，不应当也不可能一味让步，总要在关键时刻当机立断进行突破。在这里，重新明确"货币化分房"的改革目标、坚定改革的决心、加强改革的紧迫感，都至关重要。而从根本上说，则应认识到城镇国有单位的住房改革恰如社会保险制度的建立，必须打破单位乃至"系统"的壁垒，以社会化的方式加速完成。这才是考虑大多数人利益的政策方向。

2002年《财经》记者在采访贵州省省会贵阳市房改时，曾面对市房改办办公室墙上"住的呼唤"四个大字伫立良久。记者还发现，越是走进基层，越是可以真切地听到这种声音，越是期望造福于大多数人、适应市场体制的城镇住房新制度早日建立。于今反思中国房改五年来的得失成败，其实还可以想得更多更远，而民众"住的呼唤"犹在久久回旋，是挥之不去的。

-2003年第23期-

也看"房地产新政"

> 在房地产市场上,经过多年的改革,明确政府与市场定位时机已经成熟。但在利益的驱动下,地方政府的越位与缺位并存,不能保障房地产业的平稳发展。

在中国的改革历史上,恐怕还没有哪个行业能如房地产业这样受到中央政府政策层面的"垂青"。从3月初,《政府工作报告》将"调控房价"列为政府工作重点,至5月11日,建设部、发改委等七部委《关于做好稳定住房价格工作意见的通知》出台,中央各部委一系列政策措施频频出手,效果可谓"立竿见影"——近来作为"风向标"的上海房价出现显著下降,就是重要标志。

颇有舆论对房价的下行趋势感到欣喜,"房地产新政"好评如潮。但我们认为,中国房地产业的现实要复杂得多。直面房地产泡沫、采取政策手段化解风险是必要的,但此次出台的措施中仍伴有行政性指令,甚至明确规定地方政府领导人要对当地房价上涨负责,使人对"新政"的长期效应感到不安。事实上,在房地产领域,恰如在其他经济领域,摆正政府与市场的关系,纠正因错位导致的经济损害,才是产业健康成长的治本之道。

在这里,格外应当强调推进房地产业的市场化。房产是一种比较特殊的商品:一方面,它是人们生存之所必需;另外一方面,它又是提高生活质量的一部分。因此,政府应明确自己在市场环境中的角色,一方面通过对低收入群体的购房补贴、兴建廉租房等措施,保障居民的基本居住条件;另一方面放开房地产商品市场,不与民争利。此外,由于土地供给的有限性,房地产价格很容易炒高并进一步带来金融风险,这时政府就需要采取调节需求、增加供给等措施,抑制市场风险,稳定经济。这又决定了政府不宜成为土地市场上的"运动员"。

实践证明,这样"有限"和"有效"的政府,才是房地产市场健康发展的有力保证。

2005年来上海等城市房价高企的现象引起了公众的不满与识者的焦虑,而政府政策频繁出手,多在需求一方做文章,"打击投机"为目标之一。其实,房地产市场出现的畸形现象有着更具根本性的原因，其中心就是政府在供给方的过度参与和角色错位。在房地产利润丰厚的一级市场和二级市场，地方政府或主控其中，或热情参与，获取了土地出让和房价上涨的双重收益；而全国的经济适用房投资比重近年来持续下降，2004年甚至降到了 4.61%，恰显示政府远未能履行应尽之责。

明确政府与市场的关系，要求政府在房地产一级市场和二级市场中找准自己的定位。恰如学者们所建言，政府在二级市场上应当放弃其"运动员"的角色，做好市场的"裁判员"，执行保障房地产业健康发展和稳定经济的职能；在一级市场上，则首先要建立一个统一的土地市场，将目前三种土地交易方式统一为"招标、拍卖或挂牌出让"（简称"招拍挂"），并对现行的土地制度作出调整，建立农用地进入非农用地市场的交易渠道，进而通过开征物业税等办法，减少地方政府对土地一次性转让收入的扭曲激励，鼓励土地的供给。

土地交易收益的分配不当，事实上是造成政府行为失当的激励因素。《财经》最近在浙江省的调查即显示，政府以土地收入"经营城市"，最终可能带来种种弊端。事实上，改革走到今天，已经到了对土地交易收益重新进行规范的时候。识者已经提出，土地出让收益应当首先用于弥补政府在房地产市场的缺位，作为增加经济适用房、廉租房等保障基本居住条件的补贴支出，而不宜作为不纳入地方政府预算的财政收入，致使政府在房价—地价的联动中患得患失，成为一种不当激励。

减少政府直接干预，扩张市场调节范围，概括了中国1978年以来改革的全部内容。在房地产市场上，经过多年的改革，明确政府与市场定位时机已经成熟。但在利益的驱动下，地方政府的越位与缺位并存，不仅不能保障房地产业的平稳发展，而且对房价的上涨起到了推波助澜的作用。如今，要让"上帝的归上帝，恺撒的归恺撒"。是时候了！

-2005年第11期-

房价猛涨与政府缺位、错位及越位

> 期待中国的商品房价既能够保持稳定、稳中有升,又能够缓解社会的不满情绪,转变政府职能仍然是关键。

在2005年12月12日召开的"《财经》年会:2006预测与战略"上,讨论新一年房地产趋势的圆桌会议,成了参与者最为踊跃的分会场。当时便可从中感悟,经过了2005年近一年指向"调控房价"的"房地产新政"之后,业界人士对新一年的房价仍充满迷茫。

果然,2006年开春之后,房价在国内一些城市出现翻升之势。3月间,北京期房均价较上年上涨19.2%的地方统计消息公布,因领先于上海而引起震动;5月初,深圳市公布了当地一季度的官方统计,深圳关内商品住宅价格同比上涨35.46%,平均房价在全国首次冲破万元大关。

对于宏观经济来说,房地产价格上涨并非坏事。比如过去五年中房价上涨,对美国经济的持续发展起到了重要的支持作用。但中国毕竟与美国不同。十余年来,中国房地产业的发展和市场化,使"居者有其屋"的梦有了现实基础;但由于市场的不完善、不规范和欠公平,实现梦想的路仍然遥远。在多数家庭已经拥有房产的美国,房价上涨的动因是消费者扩大住房面积,而房价上涨则使多数人受益,从而刺激内需。在中国,房价抬升过快,不仅使得大多数潜在买房者不得不压缩其他消费需求,而且会引发公众不满,造成不良社会影响。深圳市民邹涛启动的"三年不买房运动"肇始于4月底,至今参加者已数以万计,网上调查公布的支持比例更高达79%,这正是广大公众与"高房价"形成对立情绪的一个例证。由此可见,房价上涨过快,给中国社会带来的负效应可能远超其正效应。

因此,期待中国的商品房价既能够保持稳定、稳中有升,又能够缓解社会的不满情绪,正是一种理性诉求。然而,在继续选择市场模式的情况下,这种期待如何才能变成现实呢?我们认为,政府的作用仍然是关键。

2005年政府"房地产新政"出台后不久,我们曾经在本栏目发表评论,明确提出必须继续推进房地产业的市场化,政府应在此过程中明确自己的角色,纠正以往的缺位和错位。在这里，纠正"缺位"，系指政府应"通过对低收入群体的购房补贴、兴建廉租房等措施，保障居民的基本居住条件"；纠正"错位"，系指政府在房地产的一级市场即土地市场和二级市场即房地产商品市场上，都必须找准定位，结束"与民争利"与"经营城市"等失当之举，"从运动员变为裁判员"。当前，我们仍坚持这一原则性看法，且提出更具体的建言：

其一，把解决中低收入阶层的住房问题纳入公共选择程序。经济适用房和廉租房的选址、兴建规格及适用人群，本质上是政府究竟将以多少资源用于买不起商品房的弱势群体的问题。这正是一个公共选择过程，应当在广泛征求意见的基础上，通过听证会或地方人民代表大会等程序，寻求一套公平合理的解决方法，最终使多数公众能够接受并感到满意。同时，廉租房还是房地产供给的重要组成部分，通过廉租房数量和地点选择，可以起到防止房价大起大落的作用。

其二，增强商品房市场信息的透明度。在中国新生的房地产市场，信息是一种公共品，政府应当在维护透明度上付诸更大努力。中国房地产市场的成熟和规范化，牵涉到诸多配套的制度设施的完备，须假以时日；但有一点目前就可以看得比较清楚，即必须加强市场信息的透明度，帮助购房者根据较为真实的信息，作出自己正确的判断。首先，政府在土地市场上处于完全垄断的地位，土地规划、供应量、闲置土地存量等等直接影响房地产价格的一般性指标，并不易为公众所知，因此，市场信息的透明首先是这些一般性指标的透明化；其次，政府应当利用二级市场的信息优势，加强房地产投资、楼盘销售、房屋空置率、房价变动等信息的披露机制，为公众决策提供一致的、真实可靠的依据。经过一年多来的"房地产新政"，房地产投机成本大大增加，而投机的特性又要求短期内套现，因此，增强商品房市场信息的透明度，不仅有利于公众对房价走向作出正确判断，而且可以防止房地产开发商和投机者利用信息优势哄抬房价。

其三，利用土地市场调节房地产供求，需要加强政府的独立和公正性。在英联邦国家以及前英国殖民地，通过一级市场的管理和调控有效地调节土地二级交易市场，保持房地产市场供求基本平衡的做法比较常见。香港特区在这方面的政策运用上也有先例。因此，内地不少城市存有采用"香港模式"之想。然而，这种模式需要以政府的独立、公正和信息透明为基本前提；如若不然，政府可以从高房价拉动的高地价中获得大量财政收入而又不受监督,必然不会真心平抑房价,甚至会对高房价推波助澜。而这也正是我们一直担心的政府在房地产市场的"越位"问题。

-2006年第10期-

"房地产新政"方略需调整

应停止"抽刀断水"式的行政性微观手段,从治本着手进行调控。

全国各地的房价罔顾中央"调控政策"一路大幅上升,再度引起多方关注;而自2005年上半年房地产"新政"启动,且调且涨、收效甚微的局面已持续了近两年。我们自2005年来曾两度在此栏发表评论,对"新政"的政策实施表示批评和担忧。现在我们进一步认为,直面"新政"不尽如人意的后果、下决心调整政策方略已是当务之急。当前房地产市场出现这种"且调且涨"的局面,有多重原因。中国近年经济繁荣和城市化脚步加快,本身就产生出对于房地产业的大规模需求;加之住房体制改革的催动、资本市场不完善等制度性因素的影响,都是房地产热的经济发展内因,也说明房地产价格上涨具备一定的合理性。与此同时,宏观经济状况也影响了房地产业。过低的利率水平导致的流动性过剩已经成为世界性难题,中国因"人民币因素"而资金越发充沛,银行有强烈的放款冲动,外资有强烈的流入欲求,必然进一步支持强大的需方购买力。

不过,经济发展的内在需求只可引导而不可压制,中国资本市场和金融制度亦在完善中;利率对宏观经济影响极大,即使在房地产社会保障体系和金融体系较为完善的美国,美联储对提高利率调节房地产市场也极为慎重。因此,政府之于房地产本身的政策导向和调控手段选择,就成了可以影响产业发展的主要可控变量。"调控"的意义正在于此。

关键在于如何掌控这种变量。正如我们曾经指出,作为一种特殊商品,房地产具有必需品和投资品的双重特征,政府首先应从必需品的特性出发,在解决中低收入阶层的住房问题上明确自己的角色。从1998年7月启动住房改革之初国务院颁布的《关于进一步深化城镇住房制度改革加快住房建设的通知》(23号文),到2005年年初的"国六条"等一系列"新政"政策,可以看出政府对承担这一角色在道理上是清楚的。但在执行中,如此重大的政策取向,没有也无法进入各级政府的公共选择程序,而强势利益集团的影响却极易左右决策;加之土地市场迟迟不放开,中央和地方政府在土地收益上的分配机制,也强化了地方政府在房地产发展中的利益驱动。因此,纵在"新政"之后,落实这一基本政策也是效率低下，进展缓慢。政府缺位一时难以补足，错位和越位却在增加。因为过分追求"调控"的短期效果，政策文件中虽然对政府与市场的关系有正确阐释，实践中却往往"头痛医头，脚痛医脚"，误区重重。两年来从中央到地方的许多"调控举措"，都是行政微观干预与宏观调节交错运用，模糊了政府与市场的边界；而且，因缺乏对于需求结构的准确把握，有些措施甚至加重了中低收入层的负担。国内的房地产业不可谓不兴旺。但一方面是"经济适用房"、公寓房、别墅房事实上全盘市场化，房价全线上涨远超中低收入层负担能力；另一方面是一些权钱地齐备的中央机关部门、事业单位继续盖房、分房，且标准越盖越高，以"经济适用房"之名对本单位员工行准福利分房之实。各方盖房购房资金其实绝大部分来自银行，房价轮番上涨后的风险高度集中于银行体系；往昔路径越来越固化，政府实施调控难度更成倍放大。

危害是多重的，现在必须对"新政"方略进行调整。在认清总的态势及政府位置之后，我们认为，具体的调整可从供求两方进行。在供给一方，所有"抽刀断水"的行政性微观手段均应停止，宏观面则应让土地政策、廉租房和经济适用房建设政策等进一步明晰化、制度化，以形成市场有效预期，为级差利得税、利率调节等市场化的调控政策提供社会基础。土地市场改革的未来制度安排对于房地产市场影响深远，早下决心、明确方案，更是至关重要。在需求一方，调整要着重分清需求结构、管理预期，以防中低收入阶层承担投机行为的财务后果。在市场热度升腾之时，更应当向公众讲清房地产长周期、低流动性的道理，告以投资房地产的高风险特征，承认租房和买房其实是"居者有其屋"的不同形式，以使中等以下收入者量力选择，高收入者慎重决定。为挤压泡沫，使购房者的需求与实力真正匹配，以较大力度提高首付比例，应是有效的政策选择。无论供方还是需方调整，都不应无视当前新一轮政府机关事业单位"盖房分房热"对房地产和金融市场的潜在冲击。这种变相的"福利分房"利益极大且后果不可逆，目前仅建设部出台文件表示"停止审批"难以迅速收效，中央政府应尽快决策明令制止，并将相应供需两方的实力导入市场。此外，当前房地产调控仍然存在政出多门的情况，部门利益往往成为正确政策议而不决的主因。在相应领域建立专门的监控机构或各部门间相对稳定的协调机制，也是制定房地产长期有效调控政策的制度性保障。

-2006 年第 23 期-

第四章
经济大势
Hu Shuli: Critical Horizon

PP.137~158

多年来，中国宏观经济称得上一路高歌。虽有自身固有的周期性起落，但在外人看来，多年保持10%以上的GDP增长率，誉之为"奇迹"当属实至名归。身处其中的我们却既深知取得这一奇迹的艰辛不易，看重这份业绩对于中国进一步改革提供的物质基础和民意基础，更知晓这奇迹背后的代价，无论是社会的还是环境的，都难以尽述。

这辑中的"观察"没有详尽提供对中国经济增长趋势的技术分析，它们密切关注和尽可能细致地评析着增长过程的制度性因素。从调控方式着力点的转变，到统计数据如何更真实可信，再到全球经济危机下的中国改革突破口，这些文章都紧紧扣住当时最火热的话题，并尽可能言他人之未言。因为我们深知，如果没有彻底的制度性变革作为支撑，漂亮的增长数字可能只是过眼云烟，可持续发展只能停留在字面和口头。

单从这些文章的标题，读者也不难看出作者十余年来一以贯之的呼吁："行政性调控须淡出，市场化调控当跟进"，将相对充裕的资源投到更能撬动旧有刚性体制的领域。把价格搞对、把激励搞对，是这些文章不变的主题，绝不应该在所谓"战略产业"、"国计民生"的旗号下，让行政行为对市场经济中最重要的资源配置信号——价格施加任意的干预、扭曲，相反，越是重要的产业，越应该自觉服从市场这只无形之手，当然，自然垄断行业除外。

在政策评价上，治标与治本的关系成为频繁出现的主题。作者坚定认为，绝不能"医得眼前疮，剜却心头肉"。文章也反复发出警示，宏观调控不应沦为某些权力部门顽强实现集团利益的工具。

也许，作为一名观察者，有时候作者会感到些许无奈：虽有不停的呼吁，现实的进步却如此缓慢，有些方面甚至原地踏步，甚或有所倒退。但是，只要宏观调控方式的市场化取向是中国经济改革的"母题"，作者将不停地呼吁下去。

要什么样的 8%

> 8%不可成为一种"情结",唯坚持既定的改革和发展目标,我们才会见到有质量的8%。

中国1998年上半年经济形势的数据是在7月中旬公之于世的。按一贯直言的宏观经济专家宋国青教授的看法,这些数字"没有大幅度调整的迹象,比较确实"。而国家统计局的新闻发言人邱晓华博士坦率承认:上半年经济增长"不尽如人意"。

"不尽如人意"之后,仍是对全年实现8%的信心,这当然大有道理。不过又有些专家学者言谈和报刊评论文章,重新大谈8%之于中国的意义,其话里话外的意思就相当耐人寻味。比如有一种看法说,经济发展就像骑自行车,快了会撞车,低于8%也不行,唯8%能支持中国经济发展的信心,解决当前就业等发展难题。还有经济学者用相当绝对的语言来讲话,直称"事实上中国经济不能容忍增长速度低于8%,一旦低于这个速度,大量结构性问题和社会问题就会出现。"

8%的必要与8%的可能,我们已经听了和谈了半年多。现在听这样的有些莫名的、夸大的重新强调,就不大愿意苟同了。我想,所谓增长要实现8%,确实表明了一种战略目标,正因其目标含义,这个8%就是个有一定弹性的数理概念,并不像古之美女,"增一分则太长,减之一分则太短"。8%当指一种标准,一个区域,增长在8%上下,都属达标。把这个8%僵死绝对化,好像哪怕少了0.01%,就会在中国出大乱子,"不能容忍"了。其谬误又岂止言过其实?中国的经济毕竟不是放在保险箱里,我们总有可能遭受如上半年所历那种国际环境之不测,或是老天之不测(如邱晓华语)。所以如果真是这样,为了防止万一低个零点几,我们得付出什么样的"保底成本"?实践中的结果是不是会使改革让位呢?

最近在一些地方省份,已经看到为保证增长,"银行可以为经营不善的企业贷款"的政策抑或主张出山;已经听到了放缓国有企业重组破产进程的消息抑或主张问世。在与一些地方领导和国企首脑的交谈过程中,可以看到最强烈的期盼之一，就是希望商业银行能够降低放贷条件。如果真的往这个方向走，莫说金融改革的前进和深化，我们是否能够保住商业银行改革的已有成果呢？

进一步说，还想明言，8%是当前经济工作的目标之一，但不是唯一目标。不可以为，有8%就有了一切。纵然8%已经胜券在握，我们也需要继续通过改革求得健康发展。比如解决就业，如今在国人大都为大规模下岗现象而烦恼时，有些分析总在说，国民经济每增加一个百分点，就业就能增加多少如何如何，似乎8%可以创造"就业神话"。其实，在就业与经济增长速度之间，并不存在这种简单的对应关系。劳动经济学家早有计算，在过去的十几年中，中国经济增长带动就业的数字在明显递减。1986年至1990年期间，我国GNP每增加一个百分点，社会总就业增长151万人；但1991年至1995年期间，仅为85万人，下降44%。道理很简单，社会总投资构成不同，经济增长所借以成长的基础不同，发展战略不同，所带动的就业就很不相同。解决就业与其单纯凭借速度，莫如调整发展战略，发展要素市场，为国民经济中吸收就业能力最强的部门——私人经济与三资企业创造更好的公平竞争环境，等等。归根结底，出路在速度更在改革。

还有许多方面，都可以谈出相关的道理。比如吸引外资与建立开放环境，比如住房改革与增加固定资产投资，比如基础设施建设与发展基础设施的市场化制度安排，等等。而谈来谈去，是想讲清一个问题：增长与改革对中国的发展具有同样的重要意义。而有质量的、长远的增长，离不开改革的大步拓进。在我们为上半年来之不易的7%增长进行种种乐观或不很乐观的分析时，不该有意或无意地对"保8"陷入一种偏执之中。

恰如经济学家吴敬琏教授不久前对笔者说的，"8%不可成为一种情结"。如果化解"8%情结"，坚持既定的改革和发展目标，或许，我们能够得到有质量的8%。

-1998年第5期-

检讨增值税

> 一项新税制推出已有经年,而大案要案层出不穷,说明制度本身以及与制度适配的现实环境仍存有问题。

1998年11月几乎是中国的"税案月",一连几起偷骗税大要案曝光,动辄涉资数亿至数十亿,足以使国人警醒。

几起大案中最抢眼的当属浙江金华和河北南宫两地的虚开增值税发票案,分别涉税金9.2亿元和1.37亿元,行为辐射全国30多个省市。"南宫案"的司法处理结果尚未公布,而"金华案"已将22名税务人员和党政干部送进监狱,其中一名县国税局官员还被判了死刑。足可见国法对虚开增值税发票之难容。

其实,中国自1994年税制改革推出增值税之后,虚开增值税发票一直是涉税罪案的重大题材,因增值税被判死刑的罪犯已大有人在。早在1994年10月,最高人民法院就曾经公布了人民法院五起涉及增值税专用发票犯罪案件,并核准将六名犯罪分子判处死刑。1995年6月,在深圳、肇庆鼎湖的三起虚开案中,又有六名罪犯被判死刑,十余名罪犯被分别判处死缓、无期徒刑或有期徒刑。在1996年和1997年中,至少在江苏、陕西、山东和上海等地,都有因虚开案执行死刑的公告,人数在九人以上。近至今年4月,媒体仍披露了浙江一起虚开大案被查处、三人被判死刑的消息。

有一种说法给人印象很深刻:伪造、倒卖、盗窃增值税专用发票,比伪造国家货币犯罪还有过之而无不及。

尽管严刑峻法,几十颗人头已祭了新制度的旗帜,但增值税发票的犯罪活动却屡禁不止,甚至发展到政府组织、集体犯罪的层次。这种情形实在使人感喟也发人深省。强大的利益驱动,普遍的纳税意识薄弱,自然都是增值税罪案频频发生的原因。而且,偷骗税和反偷骗税的斗争是世界各国的普遍现象。但一项新税制推出已有经年,而大案要案层出不穷,确实也说明制度本身以及与制度适配的现实环境仍存有问题,需要较大改进。

增值税是世界上广泛实行的一种先进税种。它属于间接税,税基较广,有助于保障财政收入的稳定;它又有利于克服一般间接税重复征税的弊端,有利于公平税负、促进竞争。增值税在中国实施，曾经历了十多年的引进试点，至 1994 年始全面推开。1997 年年底，增值税收入占到工商税总收入的 55.6％，可见其在中国税制改革中举足轻重的作用。

然而，具有重大意义的新税制与转型期的中国经济相磨合，的确也付出了不菲的成本。长期以来，我国的整个行政管理体制积累了大量矛盾，地方保护主义干预税收、干扰税法执行的情形大量存在。像金华和南宫县委县政府那样为地方利益践踏税法的行为得以在较长时间内存在，而且不约而同地提出"引进税源"这种冠冕堂皇的口号，本身就说明无视税法的"政府犯罪"未必是个案。此外，我国现有的税收征管稽查水平有限，税务人员的整体综合素质和技术装备欠佳，也使犯罪分子增加了逍遥法外的机会。

现存增值税制度本身也存在一些不足。专家们曾经提出，目前增值税一般纳税人认定办法不够完整，划分标准也不尽合理；增值税征收采取"以票管税"的办法，专用发票和普通发票并行使用，也使偷逃骗税者有可乘之机。增值税的管理具有"链条型"特征，非常讲究完整性，环环相扣。不仅某一地方的管理不规范必然影响全局，而且现实的税制链条本身不完整、某些抵扣环节中断，也增加了征管难度。

完善新税制，创建与之更为适配的经济环境，需要税务部门和税制专家付出更大努力，也有待于中国市场化改革的全面深入。在此过程中，加强舆论监督是件可以马上做起来的大事。中国近几年来查处的亿元以上的增值税案已有几百起，众多国内新闻媒体鲜有机会像此次金华、南宫等案那样予以详细报道，不能不令人感到遗憾。为推进新税制大业计，税务部门改变往昔对于媒体的封闭态度，实行信息公开化，增加透明度，实在是当务之急。

－1998 年第 9 期－

行政性调控须淡出　市场化调控当跟进

> 行政性调控正在窒息经济的活力，应及早退出；而市场化的调控措施应当适时介入，以避免经济出现反弹。为中国经济健康发展计，现在到了抉择的时刻。

2004年7月2日国务院专家座谈会之后，徘徊在十字路口的中国经济或有更好的机会看清前进方向。国务院总理温家宝在会上将当前经济工作的指导思想确定为"稳定政策，继续观察，巩固成果，防止反复，结构调整，区别对待，深化改革，完善体制"。此中至少可以确定的是，中央政府短期内不大可能有进一步的紧缩措施出台。

对于亟待休整的中国经济而言，这的确是个令人宽慰的消息。此次"宏观调控"虽然被诸多相关部门认为"成效显著"，但实事求是地讲，仍给人们留下了太多的遗憾。为中国经济长远发展计，值得反思和调整。

当一个经济体处于超常增长时期，中央政府对经济实行一定程度的调控，是为了熨平经济波动。因此，宏观调控与其说是政府的权力，不如说是其义务。在各种可能的调控措施之中，政府需要选择成本最小的有效组合。

历史和现实已经证明，市场经济制度是经济长期发展最为有效的制度；与此相对应，在市场经济条件下进行宏观调控，也以调整各种价格变量为主的市场化调控效益为最高。惜乎，中国虽选择了市场经济道路，但遇到需要加强宏观调控的关键时刻，却动摇市场理念，重走以行政性手段紧缩经济的老路。近来流行的"利率无用论"，即是这种计划式思想的集中体现。

利率是资金的价格，无疑是最为重要的市场变量之一，直接影响经济主体的利益，从而引导其行为，以"中国经济尚存在结构性问题"来否定利率在宏观调控中的作用，是毫无道理的。事实上，在改革开放以来的历次经济周期中，利率都起了举足轻重的作用。这次的经济过热同样也不例外。

投资之所以急剧增加，甚至地方政府不惜与中央政府博弈，其根本原因在于投资预期收益与资金成本之间有巨大差额，投资可得丰厚报酬。此次投资过热，正是利率水平偏低而且没有及时调整的结果，因为在偏低的利率水平下，许多投资回报率较低的不良项目也会变得有利可图而大肆上马。投资水平持续居高不下就会拉动物价全面上涨，从而形成通货膨胀预期，使得真实利率进一步降低。在极端的情况下，如果利率保持固定不变，就会形成恶性通货膨胀。

从这个意义上说，本轮经济过热在很大程度上恰恰是坚持"利率无用论"所造成的。利率向上调整的过程，其实就是筛选优良项目的过程，不但能够抑制投资规模，而且客观上起到改善经济结构的作用。利用调整利率和汇率等价格变量来进行宏观调控，不但是市场经济的题中应有之义，更是提高中国经济效益的内在需要。

相比之下，以审批、控制贷款甚至行政处分等手段进行调控，固然可以起到立竿见影的效果，比如说可以严格控制总量规模，但这种调控的成本非常高。行政命令没有筛选机制，不但难以起到去芜存菁的作用，而且很可能适得其反。此外，行政性手段无法把握分寸和力度，稍有不慎，容易窒息经济的活力。其实，中国经济过去"一放就乱、一乱就收、一收就死"的现象，正是因为没有形成价格调控体系，一味依靠行政性手段的结果。

在当前，中国实行市场化的宏观调控已经具备了条件。自从1995年以后，中国的银行系统从多级法人制改革为一级法人制，实行垂直管理，并通过商业银行法、中央银行法，以法律和制度的形式杜绝地方政府对商业银行经营的干涉，改变了以前那种经济调控分权化的局面，将宏观调控的权力收归中央。这个基本框架的确立，已经使中国的宏观经济调控局面发生了质的变化。遗憾的是，我们在很大程度上并未借此进行市场化的调控，却选择了成本更高的行政性调控。

在利率和汇率两种最重要的价格变量不能调节的情况下，颇有主张否定市场化调控的效果，更进一步拒绝以后的利率和汇率调整。而实践中行政性调控大行其道，恰使中国经济出现了硬着陆的风险。中央政府想要竭力避免的大起大落，恰因调控方法选择不当，而有可能成为现实。

行政性调控正在窒息经济的活力，当及早退出；而市场化的调控措施则应适时介入，以避免经济出现反弹。为中国经济健康发展计，现在应作出正确抉择。

统计数据误差的制度反思

> 为增加统计的可信性,不仅最后产品必须透明,而且统计全过程也应昭之于众。

2004年7月中旬正是人们最为关心前一段经济紧缩措施对经济有何影响的时候,而国家统计局公布的数字却使人备感困惑:数据说二季度GDP同比增长9.6%,相较去年SARS影响后的基数显得过低;而统计局又对去年二季度的数字进行了修订,GDP由原来的6.7%改为7.9%。相应的修订,还牵涉到第三产业为主的许多领域。

尽管国家统计局有关官员就去年发生误差的原因进行了解释——据说与SARS影响的快速统计调查相关,而且很有舆论为之辩护,称修订统计数据是常有的事情,"中国在1994年修订过,而国外也曾有过类似行为",云云。我们注意到,在经济学界、业界乃至相当一部分政府经济官员中,仍有激烈批评和指责;更有许多识者指出,权威部门对统计数字这种揉面团式的修改并非偶一为之,国家统计数据的可信度和严肃性受到很大的挑战,应当认真反思数据统计的整体制度安排了!

我们觉得,这些看法很有道理。

细想一下,国家统计局是在2004年7月公布去年同期统计错误的。那么,既然去年出现误差的原因在于SARS期间的所谓快速调查法,因而可靠性不高,那为什么不及早公布进行修订并公布结果,偏要拖到2004年7月?而且,2003年二季度的错误数据对2003年的年度数据造成了什么影响?如果说一步错,步步错,那么去年来究竟有多少数据要因之进行调整?这些数据,是否和如何影响了关键时期的宏观经济决策?

国家统计局坚称自己虽然出现失误,但完全是技术性原因,绝非考虑外部影响。而有消息称,事实上是由于最初公布的二季度数字甚至引起了国务院副总理曾培炎的质疑,认为2003年SARS基数那么低,2004年同比增长9.6%不可信,统计局才被迫进行了"修订"。两种说法何者更为准确一时难以求证,但人们普遍怀疑统计数字过多考虑外界因素却是事实。特别是2003年年底,统计局本来已称全年 GDP 增长的数据为 8.6%；统计局人士更是频频接受媒体采访，坚称"中国经济身体健康"，反对"过热"的说法。但是对于这个数据的可信性，质疑的声音此起彼伏，及至 2004 年 1 月，一些高层领导公开表示出对过热的担忧，统计数字也随之微调，1 月中旬正式公布时已改为 9.1%。

中国经济的官方统计数据是否可靠，是个久已有之的问题。而国人一直倾向于相信其可靠性，信任统计部门的诚意，纵有误差出现也理解统计工作的实际困难。但时至今日，随着中国经济所有制结构的多元化，各种利益主体开始依据统计数据进行理性预期，作出经济决策，而统计数据出现重大偏差造成的潜在损失也更为巨大。特别是加入 WTO 之后，中国经济和世界经济进一步接轨，国内国际对于统计可靠性的要求都大为提升。统计制度的改革应当尽快提上议程。当前的统计修订事件促使人们进行反思，目前学者们已就是项改革提出一些很好的建议：

其一，应当在政府发出统计数据的同时，支持和鼓励非政府部门和学术机构建立非官方统计系统。必须看到，统计并非只能由政府提供的公共产品，更非只能独家公布的垄断产品。民间力量在一定财力支持下，科学操作，认真求实，完全有可能推出具有可信度的权威性统计数据，为决策依据提供新的选择。结束垄断，提倡竞争，有助于增强统计工作的独立性，提高其工作质量。

其二，应当作出增强统计透明度的制度安排。当前统计数字能做到定期公布，当然是一种进步，可谓具备透明度。但为增加统计的可信性，则不仅最后产品必须透明，而且统计全过程也应昭之于众，其中包括统计方法采用、数据采样操作，都应使公众及时了解。过程透明，是数据可信的重要保证之一。

其三，应当建立统计工作专业化原则。在这里，专业化系指统计队伍人员素质必须提高，从管理者到基层调查员，都应有较高专业水平和职业道德水平；专业化还指统计机构应当集中精力进行统计，不再进行经济预测，以避免利益冲突——事实上，这也是国际的通行原则。

-2004 年第 15 期-

调控应治本

> 放弃那些过去使来简便易行、得心应手，或许还可从中渔利的调控方式，虽极艰巨，却是避免中国经济无休止大起大落的必由之路。

步入 2006 年 9 月，中国的宏观经济形势亦进入相当微妙的阶段。

一方面，经济过热的阴影挥之不去。来自央行的数据表明，信贷扩张的速度依然居高不下。7 月末人民币贷款余额增长了 16.3%，比 6 月末高出 1.1 个百分点。在固定资产的投资中，来自银行的贷款增速也略有加快，从 6 月底的 29.8% 增至 7 月底的 30.1%。

另一方面，中国经济虽然仍保持强劲增长，但似乎已经出现了放缓的迹象。根据国家统计局公布的最新宏观经济统计数据，全社会固定资产投资的同比增长速度由上半年的 31.3% 下降到 7 月的 26%，工业生产同比增长率由 6 月的 19.5% 回落到 7 月的 16.7%，消费者价格指数也由 6 月的 1.5% 减缓至 7 月的 1%。一些前瞻性的指标也在提供佐证，比如，制造业采购经理指数（PMI），从 6 月的 54.1 下降到 7 月的 52.4。

针对控制投资与信贷的过快增长，最近几个月来各种紧缩政策密集出台。加息、上调法定存款准备金率、发行定向票据、央行窗口指导、限制房地产投资、清理建设项目、处罚违规企业与官员……所有预料之中和预料之外的措施几乎都已经被采取之后，是该静观其变，还是继续加大调控力度？调控应该使出几分力道，在不同的调控手段间，又该如何配置？这是专家们当前争议不休、业界人士最为关注的重大问题。

我们以为，根据过往的经验和已有的数据，紧缩政策的作用正在释放，应当是可见的事实。在当前，不仅应当悉心了解经济运行新的基本数据，进而对调控力度做出更准确的把握，更需要理清思路，准备对调控手段在结构上作根本性的调整——须知，以市场化为主导的调控手段不仅是大势所趋，更是当务之急。

资金成本过低是当前流动性泛滥、投资猛增的主要根源。正是由于资金成本过低，即使投资过热、产能过剩，企业仍然能够保持相当高的利润，全社会固定资产投资的冲动也抑而不止；也正是由于资金成本过低，商业银行所掌握的流动性才会大大增加，从而具有强烈的放贷冲动。而改变资金成本或价格过低的局面，就意味着对利率与汇率的调整。决策当局出于种种考虑，迄今尚未能有更根本的措施出台。其实无论早晚，这样的调整都是不可避免的，关键在于审时度势，选择恰当时机。在当前经济形势下，调整的收益正日益加大，而潜在损失却不会波及经济整体，可谓时机。

不过，资金成本过低并非经济过热的唯一根源。当前中国整个要素价格体系（包括资金、土地、自然资源等的价格）都存在相当程度的扭曲，说到底是市场机制的缺失。面对这种状况，如果只追求宏观经济一时的"降温"，那么选择继续加大行政调控手段力度或许可收立竿见影之效。但理论和经验都表明，这种手段不但成本极高，而且无法治本。中国所需要的并不仅仅是年内的经济"安稳"，而是长期、健康和可持续的经济发展。滥用行政手段，只会让经济在非市场的轨道上越走越远，逐步远离最初的目标。

当然，如果投资与信贷如此快速增长的局面不能得到及时有效的控制，同样会伤害中国经济的健康成长。宏观调控的必要性当无疑义。但我们认为，行政性的调控手段纵无法立即弃之不用，也必须有步骤地淡出。在行政性手段从中淡出的领域里，市场作用应及时跟进。这对各级政府而言，就意味着放弃那些简便易行、得心应手，或许还可从中渔利的调控方式。此举极为艰巨，却也是避免中国经济无休止的大起大落的必由之路。

此外，市场调控手段必须多样化。除了使用央行货币政策的各种工具，调整财政政策并让其发挥作用，包括进一步理顺中央和地方之间的财政关系，给地方政府以适当的财政激励，完善政府间的转移支付制度等，也是值得考虑的选择。总之，尽可能减少对市场主体自主选择的限制，使其依价格信号做出正确反应，当为选择调控手段时应遵循的主要原则。

对宏观经济形势的讨论，需要回到"十一五"规划中所强调的转变增长方式和转变政府职能的主题上去。因一时形势所迫而取消或放弃了在正确方向上的努力，最终只会得不偿失。

-2006年第18期-

税收再创纪录之后

既然税收形势乐观，则加速财税领域的相关改革更不应迟疑。

虽然引发了很多争议，还是应当承认，2006 年中国税收增长 21.9%、创下 37636 亿元的新纪录，算是一个好消息。因为一年毕竟已经过去，税收已经发生，而今天正是通往未来的起点。与其为当前税收超 GDP 增长正常与否、税负是否过重争得面红耳赤，莫如认真思考在新起点上能做些什么：既然税收形势乐观，则加速财税领域的相关改革更不应迟疑。

相关改革中居首位的是税制改革，关系到税收与 GDP 的协调与可持续增长。

在当前企业所得税改革方案已经落定之后，增值税改革就是税制改革的重中之重。增值税是中国的主体税种，其收入占到整个税收收入的一半。但中国多年来一直实行生产型增值税，企业在购进机器设备时缴纳了进项增值税之后，不能从企业销售产品的销项增值税中得以抵扣。这种重复征税不仅加大了企业负担，而且对企业技术进步和设备更新形成负激励。因此，将生产型增值税改为消费型增值税，允许企业在销售产品后，从所获销项税中抵扣当初购买机器设备的进项税，已经是势在必然。

然而，增值税改革自 2004 年在东北八大行业（石油化工，冶金，装备制造，船舶制造，汽车制造，农产品加工，高科技，军品）试点起步后，至今无法全面推开。2006 年以来，随着中央政府关于"中部崛起"战略的部署，增值税转型总算即将迈出东北，可能被施用于中部地区若干"老工业城市"。但明眼人不难看出，这种分区实施更多的是一种"税收优惠"，于税制改革全局积极作用有限。因为增值税作为流转税和主体税种，必须在全国统一实施，长期搞差异化只会割裂税收链条，加大税收征管成本和纳税成本，导致市场不公平。这与改革的初衷已经离得太远。

增值税转型举步不前甚至路径偏移，直接原因就是担心税收减少。是项改革在东北试点第一年，税收即减少了 40 亿元。有分析据此推算，认为增值税转型在全国推开后，仅八大行业就可能使财政收入减少 400 亿元。这一测算在专家中虽有争议，却已然在相当范围内引起了震动。普遍的看法认为，中国财政难以承受如此巨大的潜在减收风险。不过，据量 2006 年税收总额 37636 亿元、增收 6770 亿元的数字，得知中国近些年来税收超 GDP 一倍左右的增速，应当承认，在当前这种担心是不必要的。

改革总有最佳时机。1998 年亚洲金融危机之后，中国处于通货紧缩时期，固定资产投资相当有限，曾被认为是增值税改革成本较低的良机。种种机缘巧合，这一时机已经错过。今天，中国税收已创历史纪录，应被看成增值税改革成本支付能力较强的良机。如果不存幻想，则应当承认这一次亦是机不可失，时不再来。

如果说税制改革属于收入方向的改革，那么支出方向的改革也已迫在眉睫。在这一指向财政体制的改革中，我们最关心的是财政体制转型和财政预算管理改革，亦即钱花在何处与怎么花。很显然，这关系到税收的合理性与使用效率。

中国从 1998 年即宣布从"建设型财政"转为"公共财政"，但八年来公共支出所占财政支出比例不升反降，而政府投资与行政性支出占比双双提高。当前，借财政收入再度大增之机，必须防止各级政府主导型投资升温，避免财政无端为政府和利益团体的经营失误埋单，并进一步加快财政体制向公共财政的转型。这意味着应当尽快归还本应由政府支付的、属于公共支出范畴的经年"欠账"，逐步加大义务教育、基本医疗、社会保障等公共领域的支出。与此同时，因为经济周期终难避免，整体财政安排仍应量入为出、居安思危，避免在短期内增加过多刚性支出，为未来埋下隐患。

财政支出还必须考虑效率提高，否则税收收入超 GDP 增长只能导致社会财富的巨大浪费。中国预算管理制度的改革早已全面启动，如部门预算、国库集中支付、政府采购、收支两条线等，正是把预算管理纳入法制化、规范化管理轨道而进行的制度建设。但近几年国家审计署报告中，预算资金使用中的违法违规现象频频发生，显示出执行者距最基本的合法合规使用财政资金尚有距离。

2007 年开始正式运行的预算科目改革，彻底改变了计划经济体制下"建设型财政"的管理框架。从新科目体系可以看出政府的每一笔钱从何处来、每一笔支出由哪个部门花、做了什么事以及如何做，社会公众也可以清楚地读懂政府预算。这就为预算管理的透明度和科学化提供了可能。然而，这些技术性举措不能等同于制度变革本身。新科目体系的改革带动性如何，社会公众能否真正参与预算过程，还取决于制度变革的深度推进。

税收丰盈，百端待举，最忌忘乎所以。从这个意义上说，当前多一些对税负的质疑正是好事。批评者都是纳税人并会影响更多的纳税主体，他们对财税体制的关注与审视会带来改革的压力，而且会成为改革的原动力。

-2007 年第 1 期-

过热、价格与改革

> 决策者应当断则断，在当前通货膨胀势头显现之时撬动价格改革杠杆，完善宏观经济政策，有效遏制经济增长从偏快转为过热。

只要细读2007年7月26日中共中央政治局讨论经济形势的有关报道便可明白，对最高决策当局来说，经济过热已经成为当前中国宏观经济面临的主要风险。否则，便不足以解释何以近来官方精心表述的"防止经济增长由偏快转向过热"，在政治局会议上被强化为"遏制经济增长由偏快转为过热"。

形势变得严峻起来。在学者争论纷纷、数据相继说话之后，最高当局已然直面过热之虞。从"防止"到"遏制"，表明对于经济过热威胁的判断和政策力度选择发生了重要变化。

此前的7月18日，国家统计局公布，2007年上半年，中国国内生产总值同比增长11.5%，比上年同期增加0.5个百分点；其中，一季度增长11.1%，二季度增幅高达11.9%。这些数字，均远超过政府年初设定的全年增长8%的目标。经济高位运行本无悬念，但如此高的增长还是出乎大部分财经官员和专家学者的意料。中国经济又走到了一个紧要关口。

是偏快还是过热？如果是过热，是局部过热，还是全面过热？不同的研究人士按照不同方法，依据不同指标，自然会得出不同的结论，但遏制过热已经成为共识。在当前局势下，怎样才能实现遏制过热的宏观政策目标呢？中共中央政治局会议提出了"坚持标本兼治、远近结合，用改革的办法推进深层次矛盾的解决"的方针。然而，何者为标，何者为本，在实际中有不同的理解。

由于在现实经济生活中，过热容易使人想到涨价，遏制过热就会使有些人联想到对具体物价的控制。这当然是一种极大的误解。须知，遏制过热，旨在防止总体物价过快上升，故其标本兼治之道，在于及时调整和完善宏观经济政策，进行深层次改革，最终离不开推进价格体制市场化改革的大文章。

细察GDP的各项构成，投资与净出口为增长的两大龙头，其中外贸顺差更是屡创新高。这当然是产业结构不尽合理所致，但说到底还是与价格形成机制有关。很显然，当前的汇率机制并不能反映真实的国内外价格之差，不仅直接造成巨额的外贸顺差、外汇储备，导致流动性过剩的困局，并在更深的层次造成了经济整体的对外、对内结构失衡。正如失真的汇率价格信号引导经济资源向对外经济部门倾斜，偏低的资金价格（利率）也使得企业倾向于过度投资。加快汇率形成机制的改革以及审时度势调整利率，无疑正可在宏观经济政策的意义上收标本兼治之效。

一直困扰中央决策层的节能减排难题，其实也植根于能源价格过低，污染的成本未能内化于企业的生产。国内市场能源价格过低，长期受到政府的管制，无法反映能源资源的稀缺程度，其结果只会促使人们过度使用能源，并促使高耗能产业从国外到国内的转移加速，预期的节能减排任务则难以完成。因此，调整能源价格机制，正是控制高耗能、高污染"两高"企业兼收远近期之效的最好办法。国家有关部门打算在下半年力推资源性产品价格改革和环保收费改革，绝不可再行犹疑。

我们主张通过价格改革完善宏观经济政策，同时反对动用行政权力对市场"价格调控"。当前，部分商品价格的快速上涨，很容易成为遏制过热的直观对象，而行政手段又极易成为政府部门的"集体无意识"。近期以来，少数地方政府部门制定了价格干预措施或紧急预案，对一些生活必需品的价格进行不当干预，有些做法公然与《价格法》相违。还有些省份出台"粮食价格应急干预预案"，准备一旦出现"抢购"便进行价格干预。我们并不怀疑有关政府的善意，但仍然认为，以行政手段干预价格不仅不是治本良方，而且在治标的意义上很可能也只是扬汤止沸，给市场传递不准确的信号。关键还是要从解决结构和体制问题入手，通过加速改革疏通价格管道，使供需恢复均衡。

应当承认，中国经济当前问题丛生，盖因改革已经进入"深水区"，改革推进难度加大。许多人对价格机制仍持怀疑态度，对于金融、能源等国民经济"命脉"部门的市场化改革尤其忌讳，而正是这些领域改革进程的缓慢，影响了中国经济高速平稳运行。当前，决策者应当断则断，在通货膨胀势头初显之时撬动价格改革杠杆，完善宏观经济政策，有效遏制经济增长从偏快转为过热。而因为担心通胀，对必要的深层次改革犹疑不前，甚至重祭行政性价格控制手段，都是不可取的。

莫让"回暖"遮望眼

> 继续以信贷大扩张的方式疗经济之伤显然并非上策，更多地考虑长期行为，才是危机中求生存、谋发展之道。

随着2009年一季度经济数据公布，国人尽可听到一派"经济回暖"之赞。从夏日常在的海南博鳌，到春意盎然的京城，热烈的肯定压倒了冷峻的质疑，"中国率先复苏"的兴奋感浸染着政商学界，仿佛危机已离中国而去。我们对这种乐观情绪断难苟同，深以为"回暖"只是现象不是实质，只可观望不可夸大；尽管信心仍在，我们以为，在当前，基于现实的忧患之心比过去任何时候都更为重要。

应当看到，当前的经济状况只是"回暖"为表，冷热不均为实。

从宏观指标看，有经济刺激计划在先，近来采购经理人指数（PMI）持续上升，汽车和房地产市场回升，对外贸易额降幅连续三个月收窄，确实呈现出若干企稳回暖迹象。但不少数据依然令人担忧，有的出现了反复甚至在继续恶化。例如，用电量同比增长自3月中旬以来由正转负，钢材价格先涨后跌，央行公布的企业商品价格指数迭创新低，显示通缩压力犹存；非政府部门投资意愿不足，或意味着市场对现有巨额刺激经济方案消化不良；等等。

《财经》记者近日在基层调查，发现外向型经济和民营企业占主体的城市在刺激计划中受益不大，目睹诸多中小企业仍深处困境之中，对这种冷热不均感触尤深。显然，从宏观经济走势来看，现在是最具不确定性的关键时期，远未到可以长舒一口气之时。

其实，市场是有预期的动物，它看重的不只是政策的眼前效果，还要看其后果及影响。只要承认非政府部门的投资有效增加才是未来稳定可持续增长的关键，就应当倾听理性的市场人士对经济刺激计划后效仍有的诸多担忧——

担忧之一：现有信贷主导的刺激经济模式不能持续。从刺激经济计划落实的情况来看，仅新增财政资金和信贷资金两部分，总量或许已经接近当初两年支出4万亿元的计划。仅今年一季度即新增贷款4.58万亿元，占全年5万亿元新增贷款这一最低目标的90%以上，显然后三季度信贷支持力度难以与一季度匹敌，明年也难以保持今年的信贷增速，这意味着信贷刺激经济的力度可能逐渐疲弱。除非外部环境有明显改善，否则，经济增长完全取决于已有投资的效果，而现有投资在拉动非政府部门投资和创造新的就业机会方面均是短板，投资难以形成良性的乘数效应并维持经济回暖的势头。

担忧之二：产能过剩。有一种看法称，只要投资基础设施，就只会创造需求而不会增加新的产能。但是，基础设施同样会形成新的供给。如果没有人使用高速公路、铁路或机场，投资同样会出现亏损，也会形成新的不良贷款。没有需求配合，产能过剩就是过度投资的必然结果，鲜有例外。

担忧之三：通货膨胀。假设经济果真持续回暖，则通货膨胀将成为非常现实的重要威胁。过去一个季度极度宽松的银根将推动CPI等关键指标快速回升，并迫使货币政策当局采取行动。进一步控制通胀、回收流动性的工具有限，极易因下药过猛导致项目建设中断和银行不良贷款上升，政策调整的时间点选择不当还会引致滞胀。

担忧还有许多，不应简单地视作杞人之忧。纵使将实施经济刺激计划后的经济回暖估计得再充分，也应当承认，这只是减缓了经济短期内的下行风险，并不能确保维稳，更不必然带动经济持续回暖。其实，治标主要还是为治本赢得时间。在未来的时日里，继续以信贷大扩张的方式疗经济之伤显然并非上策，更多地考虑长期行为，才是危机中求生存、谋发展之道。

无论从哪个角度看，这场国内外合力导致的经济危局都形成挤压，把中国逼到了从旧均衡向新均衡转变的当口。美国的过度消费，的确是这次全球危机的始作俑者。但除了抱怨、暗自庆幸，中国必须考虑：如果美国逐步接受教训，提高了家庭储蓄率，我们该怎么办？外需如果结构性地降下来，内需如何结构性地升上去？

在这个层面谈结构调整绝不是空话，而意味着深化改革的一系列基本措施。结构调整只能靠市场来主导，最主要的就是打破垄断、开放市场、放松管制、搞对价格。已出台的一系列相关改革措施应当切实推进；决策层酝酿多时的改革措施，应当尽快出台。就政府宏观政策而言，推出减税措施远胜信贷激增。中国企业增值税和个人所得税与国际水平相较偏高，减税空间显著，此举对民间投资和个人消费的持续带动是完全可期的。

2008年，中国人均GDP首次超过3000美元。以发展的国际经验看，产业升级和经济结构转型都将进入白热化阶段。人均资本、技术和人力资本的积累，为结构调整提供了最佳的物质条件。同时，中国经济规模的扩张也提醒我们看到，资源和环境约束导致的未来发展瓶颈，而新能源和高科技产业必是中国长期成长的主要动力。

历史表明，没有一次旷世危机不是凭借新产业、新技术和新经济体的崛起而宣告结束，并迎来新一轮经济景气的。中国经济正站在这样一个十字路口。不满足于传统模式带来的一时"回暖"，才能看到结构调整的战略机遇期，我们必须作出选择。

-2009年第9期-

绸缪刺激政策的退出机制

> 在市场对通货膨胀担忧抬头之时，建立刺激政策的合理退出机制反而能够稳定市场，增强企业和投资者对中国经济可持续增长的信心。

近来，全球经济渐渐扫去阴霾，略显秋高气爽之象。多种数据显示，美国经济很可能已接近危机尾声，法、德等国的经济恢复也堪称"出人意外"。中国经济较之全球其他主要经济大国更是先行一步：最近集中公布的 7 月宏观经济数据显示，中国复苏持续有力，有望实现全年 GDP 增长 8% 的目标。

有此景象，则政府主导的经济刺激政策何时退出，已成国际上政商两界的关注焦点。就中国而言，积极财政政策和宽松货币政策如何"动态调整"、适时退出，也牵动着市场的神经和民生的冷暖。当前，国内许多分析都是在宏观政策的"变"或"不变"上做文章，而我们认为，当务之急应考虑现有刺激政策的可能退出机制，做到未雨绸缪。

刺激政策本身可以增强市场和投资者的信心，刺激政策的退出同样重要。明确未来政策退出的机制，可以改变投资者对未来经济走势的预期。退出机制越有效，市场对未来通货膨胀的预期就会越平和，投资者对资产价格的追逐也会越理性。确保在保持市场信心的同时稳定市场预期，关键是要处理好刺激政策进入与退出机制的关系。应该看到，在市场对通货膨胀的担忧抬头之时，建立刺激政策的合理退出机制反而能够稳定市场，增强企业和投资者对中国经济可持续增长的信心。

一般而言，财政刺激政策不需要专门的退出机制，因为财政预算资金使用完毕，刺激政策的直接影响便逐步消失。但在中国却有所不同。中国的财政刺激以政府投资为主，同时超配银行信贷，政府预算与银行贷款一起，变成了中长期的项目投资。尽管财政资金不需要退出，但银行贷款最终需要全身而退。财政与信贷的捆绑运营，使得中国的财政刺激政策也需考虑财政与信贷政策退出的协同效应。

在中国，货币政策的退出同样棘手。目前，各国对美国的货币政策退出机制颇为关注，中国人民银行二季度货币政策执行报告即对美国退出机制有所评论。遗憾的是，央行报告并未提及中国"极度宽松"的货币政策应该如何退出。事实上，尽管各国普遍担心美国"量化宽松"货币政策可能引发恶性通货膨胀，但是，美国的资金供给主要是通过市场机制来实施的。在美国商业银行"惜贷"行为改变之前，大量的流动性表现为存款和现金，因此，美联储可以比较容易收回市场中的流动性。中国却大为不同，政府充当了市场流动性的"主泵"，银行信贷变成了项目投资，一旦货币政策退出过快，就意味着"半拉子工程"激增和银行不良贷款上升。因而，建立财政政策与货币政策相协调的中国式退出机制具有现实紧迫性。

机制明确之后，实施中还需要考虑刺激政策退出的策略原则。我们赞同某些学者的建议，退出的第一步应该是停止上马新项目，以遏制产能过剩，并避免增加新的不良贷款。同时，考虑化解商业银行的融资风险也至关重要，这包括通过资产证券化等方式为中长期项目融资，也包括鼓励银行调整资产结构，出售贷款资产给其他金融机构，改善其资产与负债结构的不匹配问题，缓解商业银行可能面临的流动性风险。

此外，政府可以考虑发行长期建设债券，将短期存款转换为长期融资工具，置换银行贷款。在任何情况下，降低门槛，允许民间投资参与基础设施项目，分散政府投资风险，都是必须优先考虑的治本之策。

回顾经济史，政府对经济形势的误判史不绝书。因此，选择退出方式和退出时机须慎之又慎，当前仍不可贸然退出。当然，不退出并不意味着不调整。在经济企稳后，宏观政策当转向增加就业、调整结构和转变经济增长方式。

于财政政策而言，政府投资节奏当放缓，并由基础设施建设更多转向改善民生和促进就业，进而改革税收制度，采取能够持续刺激消费的税收政策；就货币政策而论，则"极度"宽松当尽早回归真正的"适度"宽松。我们看到，7月新增信贷规模大幅回落，显系政策"微调"的结果，应当给予肯定。

调整的同时，仍然需要为退出作准备。宏观政策的成功与否，系于决策者的预见性和决断力。如果政策滞后，或者市场认为退出政策不可信，都有可能推高资产价格泡沫和通胀预期。决策者仍面临严峻考验。

-2009年第17期-

第五章
产业观潮
Hu Shuli: Critical Horizon

在飞速发展的背后,中国诸多产业蕴藏着深重的危机。在本轮全球经济危机中,中国企业,特别是民营企业的日子不再像过去那样好过了。潮起潮落是经济内在的规律使然,不过,只有在低潮时认真反思,才能迎接未来的腾跃。

今日中国企业,或说产业之弊有三:一为若干关系国计民生的企业垄断未破;二是大部分企业粗放发展;三为公司治理仍是"形似神不似",难以与国际企业比肩。

回望来路,有必要重温一些老生常谈的命题,回归原点,才能更好擘划未来。

如以产权改革为例。近几年,不分国有还是民营,中国企业总体上取得了长足的发展,这极易给人一种错觉,以为中国经济已到"自动滑翔"的境界,从而放松了对制度的反思和改进。于是,我们多次看到了以宏观调控的名义周期性出现的"国进民退",进而被有的经济学家称作"第二次国有化";在一些垄断部门,企业改革要么裹足不前,要么出现鲁能集团这样的"异型改制"。此外,我们近来再次看到,在国内经济下行周期和国外需求转弱之时,首当其冲的总是民营中小企业。只要产权改革不推进,垄断不打破,公平竞争便无从谈起,中国经济增长方式转型也无从谈起。

中国欲实现增长方式转变,还必须在提高制造业竞争力的同时,大力发展服务业,但令人遗憾的是,金融、能源、电信、铁路甚至传播媒介,无一不在国有资本控制之下。更令人忧虑的是,在政企不分、部门利益坐大的情形下,各主管部门凭借手中的"政策资源"划分领地,以邻为壑,争夺不已,手机电视国标大考中的乱象不过是其中一例。

企业是经济的细胞。没有企业的扩张、产业的升级,当今中国经济的发展将成为无源之水、无本之木。中国要实现经济上的领先,试金石便是引领世界潮流的新兴产业能不能在中国产生、壮大,靠模仿、紧跟,是绝然成就不了一个经济强国的。

新浪们为什么搭不上 NASDAQ 快车

> 新浪们至今得不到海外上市的"恩准",关键在于其出身不佳。倘是有来头的国企或半国企,或有机会网开一面,可惜走在潮头的恰恰是以个人创业者为主导的民营新兴企业。

近来总从"小道"上听说各家知名网站行将海外上市的消息,但经多方证实才又发现,并没有一家公司获得了国内主管部门首肯,可以堂而皇之地公募了。自1999年秋以来,美国证监会已相当谨慎,民营互联网公司在经严格盘查逼近 NASDAQ 门槛之时,最后还被要求直接或间接得到中国有关方面认可。这时候,有关公司由于欠中国电信主管部门放行之"东风",其上市便面临被无限期搁置的局面。最典型者即如新浪。

如今大洋彼岸的中国互联网概念愈炽,去年6月捷足先登的"中华网"沾了独家之光,股价已经增长了十来倍。但以新浪为代表的若干家本土民营背景的、生机勃勃的、但目前嗷嗷待哺的中国民营互联网企业,只能痛苦地望洋兴叹。

原因何在呢?官方冠冕堂皇或是公司们对外安抚的解释都是说,政府还在研究,新规定很快会出来。因为互联网业无论是 ISP 还是传统传媒网站之外的 ICP,目前均被划归电信部门监管(吴基传部长明确表示"不管 ICP"的说法不知何故并未实现),而电信业的对外开放要受中国加入 WTO 进程的影响,法律法规有待建立,有关外资占股还要研究。

这种说法显然不通。改革走到今天,电信业开放的大道理早有共识。如果说基础电信业务领域迟开早开、大开小开或还需踌躇,在发展新兴的互联网业方面及时抓住国际资本市场机遇则根本不应迟疑。特别是在去年11月中美 WTO 谈判成功之后,中国"入世"大局已定,互联网业限制外资进入甚至已经失去了"充当谈判筹码"的策略性理由。何况中国互联网公司虽然如雨后春笋,但真正像新浪们一样可能让国际资本市场接受的仍寥若晨星。国内就此亮出绿灯,从哪种角度都不至影响电信业有序开放的大局。

其实,虽然中国电信业属于管制行业,早有基础电信业务与增值业务不许外商投资的规定，但这个规定本来就不是刚性的。远的如1997年，还在中国加入WTO希望渺茫之时，电信主管部门就已经将"中国电信"一部分最优质资产放进海外资本市场，允许境外投资人持股比例达到了25％。近的如今年2月中旬，当国内排名第一的新浪上市受阻之时，持有排名第七网站21CN的广东邮电管理局却与港商联手在香港买下一家上市公司，以借壳上市，港商占股76％。可见，在电信系统内部，无论"自上而下"还是"自下而上"，政策掌握都完全可以弹性十足，而弹性恰恰显示了开明和开放。

据此就可以明白，新浪们至今得不到海外上市的"恩准"，关键在于其出身不佳。倘是有来头的国企或半国企，或有机会网开一面，可惜走在潮头的恰恰是以个人创业者为主导的民营新兴企业。门尽可能不从新浪开，NASDAQ 快车不该让新浪先上，在主管部门某些人中恐怕心意已决。现在以宁拖不放、宁慢不快的做法待之，不过是开放大局下的官僚式策略罢了。

电信主管部门如此行事，直接原因无非有二，一是不懂，二是偏心。在这里，不懂已不可恕，而偏心尤令人愤懑。因为这使人吃惊地看到某种上意识或潜意识的想法，以为国际资本市场也是应当被用来"拯救国企"的，因此重要如"中国电信"系统的国企可优先放行，而拖一拖新浪之类的民营企业就有了"必要性"。殊不知国际资本市场成熟老练而阴晴难测，绝无我们伸手"调控"之半分可能。一厢情愿地厚此薄彼，短期内也未必达到目的，长远而论是必然失败的。

中国的互联网业在20世纪90年代中期本来是从国有电信部门起步的。但几年走下来，"中国电信"系统"正规军"主持的互联网业务除ISP接入部分因垄断优势尚占有较大市场份额，其他方面均拓展缓慢，远不如新浪等一大批个人创业者兴办的新兴网络公司发展迅速、前程远大。即使在不平等竞争之中，"中国电信"的体制性劣势已相当昭然。网络时代的期望很大程度上寄托在体制灵活的、主要是民营背景的创业型企业身上。然而，市场能够给予中国网络企业的机会也是有限的。从这个意义上说，当前继续有意或无意地阻碍有条件的民营互联网公司海外融资，伤害的不仅是某些公司或是某些个人，而可能是中国互联网业迅速崛起的重大机遇。历史也许不会仅仅将这种行为称为"失误"。

-2000年第3期-

3G 选择：技术最优还是制度最优？

> 当前，要在新技术的选择与投资决策过程中去除"审批"、"立项"等行政性限制，让国内外设备提供商充分地平等竞争，由运营商从市场出发自行决策。未来的 3G 运营牌照发放，也应通过拍卖或其他竞争方式进行。

虽然大幕尚未拉开，不过，关于中国第三代移动通信（3G）发展的种种动向，已经成了世界级新闻热点，直接影响着国际股市相关板块的起起落落。眼前的问题是相当技术性但又为业界广为关注的：中国在未来发展 3G 时将采用什么技术标准？

在国内电信界可以听到相当激烈的争论，但多是倾向于说明哪种技术更优、成本更低，似乎由国有电信监管部门及早进行"优选"、颁布统一标准是理所当然的事情。而我们却主张，"部颁标准"缓行甚至不行，放开竞争、多头实验，让市场去作判断。

这种主张乍一听相当"冒险"。牵涉到移动通信升级换代的 3G 技术投资额极为庞大，动辄以千亿美元计，怎么可以让市场来左右呢？"巨额投资浪费"和"规模效益损失"的后果由谁来负责？在可能的诘问面前，我们就"竞争选择机制"的主张列出三条基本理由：

其一，目前世界正处在电信技术快速发展的时代，3G 及其相关技术目前并不成熟，其未来走向更具有高度的不确定性。这个领域里本没有"唯一的最优"，而由行政手段过早确定某一标准，极易形成路径依赖，使技术信息无法得到充分交流。相反，充分开放市场，由设备商、运营商、消费者构成的各层次市场在竞争中择优汰劣，通过分权决策机制比较充分地利用信息，正是分散风险的最佳办法。

其二，中国电信业目前面对三种可能的 3G 技术选择，即主要是欧日电信商开发的 WCDMA、美国高通公司开发的 CDMA 2000，以及中国电信企业大唐电信与国外合作开发的 TD-SCDMA。选择何种技术，关乎巨大的商业利益。在如今加入 WTO、电信市场放开的背景下，应当让这三种技术均获得比较充分的实验机会，这也是对内和对外最起码的市场公平。

第五章 产业观潮

其三，中国电信业长期处于垄断封闭的状态，电信监管部门与中国电信垄断主体实际上是政企一家。虽然经过年来的改革，电信业已初步实现了政企分开与有限竞争，但昔日的"中国电信"仍在市场上占据压倒之势，电信主管部门与旧部属之间血脉关系也未完全厘清。在这种形势下，由电信监管部门确定统一标准，不排除其有意或无意地"倾斜"于某家超大型电信运营商局部意愿之可能。特殊国情进一步决定了中国应更多地借力于市场。

电信技术是否需要和应该如何确立标准，在世界领域也属探寻已久的大问题。美国主要是采取自由放任的竞争模式，最终在市场上形成主流应用技术，同时保持一个整体开放的框架；而欧洲天然具备以国界分割的相对较小的市场，各国电信企业通过竞争与谈判现已逐步统一了 3G 标准（WCDMA）。这两种模式孰优孰劣还待见分晓。不过，我们更要看到，中国电信市场的成长和电信业本身的发展水平都处于相对的初级阶段，具体情形与欧美差别极大，没有理由用传统的"计划思路"来解读别人的某一做法，以为欧洲既已确定统一标准，中国监管部门更不遑稍让。

中国现在至少有五家经营电信业务的全国性大公司，但真正持有移动通信牌照、能够形成商业化运营的企业只有中国移动和中国联通两家，而被允许在经营 GSM 网络之外经营 CDMA 网络的仅联通一家。这种偏严的管制格局，本身就不利于 3G 标准"竞争选择机制"的建立。当前，首先要做的事情就是扩大移动通信市场的牌照发放，让其他企业，不管是股份制企业、民营企业还是外资企业，都有机会入局；同时，在新技术的选择与投资决策过程中去除"审批"、"立项"等行政性限制，让国内外设备提供商充分地平等竞争，由运营商从市场出发自行决策。至于未来的 3G 运营牌照发放，也应通过拍卖或其他竞争方式进行。制度最优将成为技术最优的可靠保证。

在中国 3G 的发展问题上，尽管实力集团游说纷纷，但中国电信监管部门以及相关部委至今未作出任何正式表态。我们更愿意从这种谨慎的姿态中领会积极的含义。看起来，中国加入 WTO 的大势，新技术革命的冲击，以及现有的和潜在的电信市场利益集团之间的博弈，正在形成一种合力。或许，在这种合力的作用下，中国电信业有望最终走出垄断和计划的阴影。

-2000 年第 8 期-

棉花放开、粮食放开与农业自由化

> 既然中国只能走农业自由市场经济的道路，那就走得越早越主动。

2001年9月间中国经济生活中的一项大事是棉花放开。在这个新的"棉花年度"里，国务院已经正式出台了一系列政策，核心就是打破旧的、以供销社为主体的垄断经营体制，建立起依靠市场调节的、多元结构的棉花购销新机制。

如果用专业的语言描述新的政策及其意义，可以进入非常操作的技术层面。不过，我们在这里还是想讨论此次改革更本质的意义：对于中国的粮食体制改革，棉花放开有什么推动性？进一步说，棉花和粮食都放开，对中国的农业发展又意味着什么？

第一层问题，答案很明确。棉花放开之后，粮食放开已是接踵而来。其实在8月20日的国家粮食工作会议上，"放开销区、保护产区、省长负责、加强调控"的说法较过去已经有根本性突破。在具体做法上，现在的"放开销区"，其实包括了京、津、沪三市和江苏、浙江、福建、广东、海南五省，八个省市在粮食收购、价格、渠道上全部放开，步骤不可谓不大。"省长负责"，当然是新政策的根本局限性之所在，但可以推测，市场的力量一定大于省长，粮食销售在销区的放开必然会很直接地冲击产区，估计粮食的全面放开在实践中已是时间问题。

其实，此次"棉改"所体现的比较彻底、比较坚决的思路，也应当是适用于粮食改革的。粮棉两者当然是产品性质不同因而"战略地位"也不相同的农作物。特别是中国真正适宜棉花种植的土地不过7000多万亩，涉及农民也不过两亿左右，比起播种面积达到17亿亩以上、涉及人口超过八九亿的粮食，政策变迁的冲击力和长远影响都不很一样。但棉花与粮食也有非常相类的地方，二者同样属于大宗农产品，属于土地密集（而非劳动密集型）产业，而且同样具有"战略地位"随着经济发展会逐步降低的特点。据专家介绍，在那些倾向于实行农业补贴的发达国家，但凡补贴粮食一般也会补贴棉花（当然，补贴的目的主要是使农民获得与城市人口相若的稳定收入，而非考虑粮棉的消费者）。中国传统体制也将粮棉置于相似的地位，当年都是国家统购统销的对象，改革开放以来也主要采取垄断经营的模式。

既然粮棉二者在中国农业体制演变的意义上相似之处更多，棉花的管制或放开，对于粮食的参照性应当是非常直接的。借"棉改"的经验来规划操作"粮改"，借"棉改"的冲击来推动"粮改"，完全是有关决策层可以主动做起来的事情。

对于上述第二层问题，回答也不很复杂。粮棉的彻底放开对中国农业发展是有着关键意义的事情，正表明中国农业最终脱离计划之手，从此走上自由市场的道路。

中国农业究竟该走什么道路是个争论已久的题目。20世纪70年代末全面推开的包产到户是改革的第一步，承认了农户个体经营、生产自主的模式；随后蓬勃发展的乡镇企业是改革的第二步，承认了农民可以离开土地，也可以离开农业生产自由择业发展。在这之后，农村改革曾徘徊了很长时间，关键是整个农业生产究竟采取什么模式想不清楚，而政府高层的相关决策又很容易承袭惯性，具备农村问题专家们所说的"城市偏向"。从1985年开始，粮棉流通体制的改革走走停停，一直没取得堪与早期农村改革相比的重大突破。到90年代前中期，还有一种补贴农民或是补贴农业的说法出来模糊视线，每提中国农业发展即与欧洲、日本做范例，更为粮棉流通的国家垄断经营蒙上了奇怪的合理色彩。

中国经济的发展和市场化改革的全面推进，最终还是要逼出农业的市场化。到本世纪第一年，国家拿出真金白银"补贴"农业，已经使财政背上了粮食收购亏损7000亿元以上、棉花收购亏损450亿元以上的沉重包袱，而农民并未从巨额补贴中承接显著实惠，反是对放开粮棉价格和经营期待殷殷，而且身体力行地去争取。国家的巨额补贴也未有显著地转化成其他经济部门的效率或是利益，倒是大量沉淀于垄断制的流通环节，很是得不偿失。时至今日，有识之士已经认识到，所谓欧日式的大规模农业补贴在农民众多的中国既不可能也不合理，事实上更未真正实施。而如果补贴与经营统制的目标正是粮棉生产或者说农业生产本身，市场之手一定是更经济也更强有力。

至2002年，中国一定会成为WTO的成员国。农业的国际竞争已近在眼前，无法回避也无法推延。既然中国只能走农业自由市场经济的道路，走得越早越主动。既如此，粮棉放开的一大步必须尽可能坚决地走出去。对于中国农民、农村和农业，这是关乎未来命运的一大步。

-2001年第11期-

问责中石油

> 必须在"问责中石油"的同时"问责体制",建立符合市场经济原则和中国国情的新型石油生产监管体制。

几乎可以肯定,2003年岁末发生在中国重庆市开县的"12·23"气矿井喷特大事故,系属世界石油天然气开采史上最惨重的事故,亦是人类工业史上最大的悲剧性事件之一。这起事故发生在环境和人的价值被越来越看重的新世纪,而且受害者主要是事故现场方圆数里的数万名普通民众——其中惨死者即有230多人,更表明其性质之严重,已经到了万难宽宥的程度。

国务院于2003年12月27日宣布组织了26人参加的事故调查组,专项调查已经展开;而对事故查清具体责任、吸取深刻教训、进行全面反思,会是个长过程。不过时至今日,通过前一时期新华社等媒体相当充分的报道,有一个事实已经相当清楚:"12·23"特大事故的主要责任方正是中国规模最大的国有企业中石油集团(CNPC,下称"中石油")及其下属企业,"问责中石油"将不可避免。这是一个令人痛心却不得不面对的事实。

谈及这次事故本身,无非是两个关注点:其一,井喷为什么会发生,而且如此严重,难以控制;其二,井喷发生之后为什么会造成如此重大的人员伤亡,而且不仅伤及当班工人,还伤及成千上万驻地百姓?两者之间互相关联,问题直指事故主角中石油。

前一个问题技术性很强,一时难有完整解答。虽然不少专家提出,承担此项钻井工程的中石油集团川东钻井公司无论是钻井技术还是设备都属一流,如果操作得当,气井井喷完全有可能避免,或是控制在萌芽状态;但也有说法指称,发生事故的川东北16号井地形复杂,勘探难度大,井喷事故的出现及恶化实属人力难以控制的意外。

不过,纵使此番事故主要是意外,仍然需要解答钻井公司何以对意外没有必要的、充分的防备。防备包括使意外不致变成特大事故,也包括井喷出现后对井队工人及驻地周围群众的基本防护和有组织的撤退准备。在这方面,我们看到的是一片空白。

天然气开采，特别是含有高硫化氢（下称 H_2S）的天然气矿井开采属于高危工程，这本属石油天然气勘探行业的常识。正因为如此，中石油集团建立了一系列安全操作规范，其中包括井台为每个当班钻井工人配备专用呼吸仪，并配有公用呼吸仪，还包括一旦有井喷发生，应有消防车、救护车、医护人员和技术安全人员在井场值班等，可谓相当全面。然而，安全措施在纸上说来容易，真正落实却需要投入实实在在的成本。显然，落实这部分成本并不容易，因而"12·23"井喷事发，人们既没有看到钻井工人们面戴呼吸仪自救和救人，也没有见到消防车、救护车飞驰而来，这当是灾祸继续扩大的直接原因。

还有一些基本防备，未见诸中石油现有安全规则，但恰恰显示了这家特大型企业与国际通行标准之间的距离。中石油选择方圆数里驻有上万居民的地方开采 H_2S 气井，或有生产效率方面的合理考虑。但既然作出这样的选择，企业对当地的居民安全和环境保护便负有不可推卸的责任。在这里，最起码的责任便包括在当地一定范围内安装 H_2S 检测仪，对居民进行防 H_2S 的安全教育，并且制定和落实在意外发生时组织居民迅速撤退的应急方案。在当今世界，石油企业应对环境承担责任已经是业内外共识，中石油在自己的网页上专辟健康与环境板块，显示公司已经有了与国际接轨的意识。而从此次"12·23"重大事故正可折射，从意识到行动其路也遥遥，因为当地从干部到农民事先均对可能的危险、甚至对 H_2S 一无所知，有序的应急撤离更是无从谈起。

当然，企业行为离不开制度环境。中石油在"12·23"事故中所暴露出的安全管理重大失误，正与我国目前的石油天然气安全生产监管的严重缺位直接相关，其根源深植于多年来政企合一的传统石油工业体制。始于1998年至1999年的中石油重组和上市对于旧体制固然是脱胎换骨的大手术，但企业的艰难改革转型仍在继续，新的行业监管机制建立和完善更需时间和契机。由是，"12·23"事故或可成为一种推动，在"问责中石油"的同时"问责体制"。而符合市场经济原则和中国国情的新型石油生产监管体制的最终形成——当前纷纷建言中即包括能源部的成立，亦可为中国石油企业的未来良性发展创造条件。

2003年12月28日，事故发生五天以后，中石油集团副总经理苏树林到开县人民医院看望受伤群众并表达了"深切的歉意"，并表示将"通过地方政府对受灾群众造成的损失给予赔偿"。虽然新华社报道中显示的口气并不很重，而且集团公司兼上市公司一把手马富才未曾出场,但此举其实意味颇深,显示中石油高层已知对234人丧生的井喷惨案难辞其咎。

可以想知,走出这一步并不容易,但还得继续往前走。在朝向现代企业的转型路途中,中石油唯有接受多重挑战。

-2004 年第 1 期-

中航油：重组还是破产

> 我们认为，此次重组应有更高层次的国有资产管理者代表参加，由国资委在重大问题上严格把关。

自在新加坡上市的中国航油股份有限公司［下称"中航油（新加坡）"］申请破产保护之后，市场上一直在分析公司重组将如何进行。2004年12月7日，最高法院已正式发出通知，要求这家上市公司在14天内拿出重组方案。2004年12月10日，这一时限按中航油（新加坡）一方的要求被延长6周。目前还无法知晓重组准备之详情。我们认为，此次中航油（新加坡）石油期权市场狂赌失败，公司严重资不抵债，重组谈判必然非常艰难。中国国有大股东应当避免匆促上阵，强行推出带有浓厚行政性色彩的重组方案，更应在重组和破产两种选择中保持灵活性。中航油（新加坡）巨亏毕竟已成定局，倘重组的市场机会过小、所需成本过高，以长期而论纯属得不偿失，则破产可能是更理性的选择。

中航油（新加坡）本身主要是一家石油贸易公司，又是其具有垄断地位的母公司中国航油集团伸向海外市场的唯一通道。虽然近年来的几项收购使中航油（新加坡）成了几家石油服务公司的小股东，但投资者属意于中航油（新加坡），看中的仍是其在中国航空用油进口业务中的垄断寡头地位。那么，如果中航油（新加坡）在破产威胁当头之时寻求重组和解，是否会有市场上的重组参与者坚持要求中国方面维持中航油（新加坡）的垄断性特权呢？

如果直接或变相做此承诺，则后果将非常严重。其一，中国加入WTO的协议已经承诺，中国将分步开放成品油市场，中国航油集团对航油供应的行政性垄断必将结束。其实，2001年11月中航油（新加坡）上市之时，其承诺也无非是在两至三年间保持垄断地位；其二，纵在对外开放前的过渡期，中国航油集团也并没有理由以行业次级垄断的方式独霸中国航油供应市场，导致航油价格居高不下，其对内开放本是理之当然；其三，中航油（新加坡）濒于破产、一些有关石油公司停止供油的严峻现实已经表明，如中国航空业用油采购这样具有战略意义的重大业务，绝不能由单个公司长期独揽，唯数家公司共同承担，方能规避供应链中断导致的恶性后果。

舒立观察

除了垄断权的筹码,未来重组谈判中最直接、最关键的还是现金,也就是母公司究竟能拿出多少钱来挽救上市公司。海外对中航油(新加坡)的重组有种种猜测,还有一种说法,称中航油(新加坡)是中国国有企业,其母公司能否拯救公司、偿还债务,关系到"中国国有企业在海外的整体信誉";其潜台词,无非是主张中国以国家承担无限责任的方式来还钱。

必须指出,中航油(新加坡)此次失陷石油衍生品市场,损失惨重令人痛心。但中航油(新加坡)毕竟是独立公司,片面夸大单个公司失败之"国际影响"并不可取;为"挽回面子"无原则注资,更难以容忍。中国的国有企业既然在海外上市,即应按国际惯例和市场法则办事,其种种违法违规行为应受到谴责和处罚,债权人也只能按既有游戏规则承受损失。如果无限制地以国家资金救援单个公司,只不过是海外观察家们批评过多年的"China Inc."重现,绝不是什么可以鼓励的事情。

自中国化工进出口公司1989年进入伦敦金融交易所以来,中国一批国有企业在国际期货市场上的大手笔交易已经进行了多年。其间跌过不少跟头,几乎每一次惨重损失都使人叹息不已。较之前车,中航油(新加坡)此次在石油期权交易中的失败可谓如出一辙,唯手法更简单,判断更愚蠢,拖延更漫长,损失更惨重。仅从目前已经披露的事实即可看出,不仅由于中航油(新加坡)总裁陈久霖本人,亦因中国航油集团管理层整体的严重违规、铤而走险、连续决策失误,致使上市公司的损失高达5.5亿美元,最后面临破产。其间,由集团管理层决策,竟在隐瞒上市公司财务风险的情况下出售所持股份套现补仓,更是涉嫌违法内幕交易,情节令人悚然!

巨大损失已经铸成。当前,中国航油集团正全力对中航油(新加坡)进行重组。我们认为,此次重组应有更高层次的国有资产管理者代表参加,由国资委在重大问题上严格把关。此外,纵使此事最终能够按市场原则削债重组或平稳破产,仍不能减轻中国航油集团管理层此前渎职重责于万一。仅将集团副总经理兼中航油(新加坡)首席执行官陈久霖解职乃至处以刑责,是远远不够的。身为国有资产的授权管理人,中国航油集团管理层其他责任者亦应受到解职处罚;此一事件之原委,应由国家权威机构全面调查并将结果公之于众,这才是对市场、对公众、对国家的最起码的交代。

-2004年第24期-

阜新矿难再逼煤矿改革

> 以老牌国有煤矿企业的机制、实力和现有的监管方式，极难做到煤炭生产与安全的两全。

2005年春节初六，阜新矿难发生，次日即报有203人遇难。新中国煤矿史上这起空前惨剧不仅使正沉浸在节日祥和中的国人震惊且悲恸，也引起国际舆论的关注和议论。CNN、BBC等媒体均将此事件列入"当日要闻"播放评说，矿难频仍的2004年则成为新闻背景，使人愈感心头沉重。至本文截稿，死者已升至213人。

鲜血在报警，愈显"以人为本"的治国方略意义深远。仅2004年10月以来，中国已有郑煤集团、铜川煤矿和阜新煤矿三家大型国有煤炭企业相继发生大型灾难，分别死亡148人、166人、213人，一次又一次突破纪录。在2004年全年死亡6027人的煤矿安全事故中，国有大矿的比重明显加大，"大矿大难"已显现为一种趋势。2004年年底，《财经》曾郑重选择此题材为"2004年度话题"，发表调查分析性报道《矿难探源》。新年方至，阜新矿难的发生，恰不幸证明了这一趋势的存在。

每一起灾难当有其具体原因情节，但大矿大难如此频繁，绝非偶然，在某种程度上正折射了国有煤矿企业在生产压力与安全保障之间的两难。阜新煤矿的现实处境就非常典型。必须看到，包括阜新煤矿在内的大批国有煤矿在安全保障方面，固然远胜于前些年造成大量险情的"小煤窑"，但绝非无懈可击。考虑到其生产满负荷甚至超负荷状态，以更高也更严谨的安全标准衡量，恐怕相当一部分企业均难属于现代煤矿意义上的"具有安全生产能力者"。

当前，"严防同类事故发生"已成为中国政府高层和民众的一致心愿。但如何"严防"？如何"治本"？则需要以改革的思维认真思量。

眼前的选择并不多。中国是个能源紧缺的国家，煤炭在一次能源消费中的比重占到2/3强，专家们更普遍预测今后几年煤炭需求会继续上升。同时，中国上万家国有大中型煤矿企业所开采的，大多为深置于地下的"井工矿"，常伴有较高瓦斯含量，要确保安全势必成本大幅提高。更严峻的是，众多老牌国有煤矿企业既面临资源枯竭的威胁，又肩负赡养老职工、保证就业等多重责任，经济实力相当有限。

面对现实，寻求兼顾生产与安全的解决之道，必须寻求突破性的改革措施。我们认为，关键在于尽快结束国有垄断煤矿资源的局面。从此思路出发，一方面，应在多数大型煤矿企业实行"国退民进"，以出让国有产权所得统一妥善解决老职工安置；另一方面，应由政府集中精力进行安全监管，负责合理规划开发煤炭资源，从而逐步建立起现代煤炭企业成长的制度环境。

应当指出，从政策面上看，中国煤矿行业多年来对于外资和民间资本进入并无障碍。但实际上，煤炭生产至今仍是国有煤矿企业占大头，绝大多数资源较为充分的大矿好矿均系国有，外部资本兼并重组困难重重。造成这种情况有外部原因，包括煤炭价格的半管制和采矿权转让市场远未发育；更有主观原因，特别是"政府办经济"的惯性仍在发生作用。中国煤矿企业长期实行政企合一的体制，转型时路径依赖度较高，不少企业经理人对于"国退民进"尚缺乏深刻理解和诉求；而地方政府面对所掌管国有煤矿企业的复杂局面，又缺乏改革的勇气和动力。在实践中，政府往往在煤炭行情不好的时候不敢退出，担心产权转让金不足以解决安置职工等相关问题；在煤炭行情大涨时又舍不得退出，"大干快上"、"做大做强"的冲动难以抑制，归根到底还是不能正确选定自己的角色，不相信市场的力量远胜于政府。

改革的道理可以讲出很多，但要真正迈出关键性步伐，其实都是"逼上梁山"。阜新煤矿三年来致力于在国有框架下依托"政策支持"实行"转型自救"，当地政府、企业管理层及广大职工不可谓不倾心尽力，也已有所成，却终难避免此次空前的流血事故。事实正表明，以老牌国有煤矿企业的体制、实力和现有的监管方式，极难做到煤炭生产与安全的两全，亦证明了政府"一手抓生产，一手抓监管"旧有模式的失败。政府在经济活动中应选准自己的角色，做自己该做的事情，把不该做的事交给市场来完成，这个原则同样适用煤炭行业。

当前中国煤炭业行情较好，正是改革的良机；而国有煤矿企业安全事故接连不断，恰为改革的告急之声。重新调整思路，大力推进煤炭行业的市场化改革，现在已经到了"逼上梁山"的时候。

-2005年第4期-

电力改革的推进、渐进及其引申义

> 中国改革走到今天，早已进入"攻坚战"的生死阶段，持续的、阶段性的推进策略正是制胜关键。为防止全面倒退局面出现，加大改革力度、谨防利益集团主导下的畸变发生已成为关键。从这个意义上说，电力改革能否继续推进会成为一个标志，判定中国近中期改革大业的走向。

始于 2002 年的电力行业重组，本来是中国近年来最重大、最令人振奋的改革步骤之一。正因为此，这一改革于年来出现的迟疑和畸变，虽然算不得全面大倒退，仍然是令人关注和忧心的事情。

中国改革特点，用专家们的语言表述，应当属于"渐进式"加"重点推进"。渐进，是为了防止过大震荡；但因为一味渐进可能导致改革停滞，为"中间利益集团"左右，所以某些领域，某些阶段，需要有大动作、大手术，这就是重点推进。

应该承认，改革进入 20 世纪 90 年代中期，需要重点推进的领域越来越多。一直处于滞后地位的电力行业即为其一。2002 年 4 月，历时两年、几经反复的电力改革方案正式出台，确定了电力改革三步走的方针，并于当年年底对国家电力公司进行横向和纵向切割，从而走出了具有实质意义的第一步。

根据决策层批准的既定改革方案，电力改革继"厂网分开"之后，应当实现"主辅分开"，接着是"输配分开"（输送电和销售分开），最终建立起规范、公正和高效的电力市场体系。然而，在原有的国电公司被分拆，两大电网公司和五大发电公司的格局建立之后，改革的推进一直相当困难。不仅"主辅分开"至今仍在纸上争论，原有的"厂网分开"也出现了倒退迹象。

最典型者，就是部分省级电网公司所辖发电资源日益发展壮大的局面；最新近者，就是国家电网公司旗下新源公司的悄然发展——这家注册资金为 22 亿元的公司拥有 647 万千瓦发电能力，相当于三个葛洲坝。

在新的电力体制中，电网公司专司输送电之责，在所辖区有垄断地位。电力公司则是竞价上网的一组群体。电网公司持有发电企业，利益冲突毕现，全然与既定改革航程逆向而行。然而，这种局面迟迟未能扭转，当下更有愈演愈烈之势。

　　重大改革如此徘徊反复，原因自然是多重的，包括中国 2003 年以来电力紧缺的形势、中国电网建设长期滞后等。根据新的或事先估计不足的困难，对原有改革方案进行修改和完善是必要的；但无论何种困难，都不应成为改变既定改革方向的理由，这其实是个重大的原则问题，不应当有丝毫动摇。

　　反思中国电力改革，其根由实与改革策略相关：在初始的重点推进之后，改革主导者大幅度回归渐进模式，终于渐渐地不进而退。在重点推进中，外力与内力相结合，是一种具有强制力的改革；而渐进过程中，过多地采用内部人自我改革模式，却又缺乏足够激励，极易出现学者们担忧的"中间利益集团"软化改革的局面。

　　"行百里者半九十"的道理人人懂，由于渐进而半途而废的危险，我们无法视而不见。近十余年来的实践已经表明，重大领域的改革应当采用内外结合、阶段式推进的策略，亦即学者们总结过的"波浪式前进"。改革是不能靠激情去完成的，重大改革是一个长过程。如果在初始的强力推进之后，忽视以外力顶住既有阻力，放弃阶段性推进的策略，则极易出现强势利益集团主导下的博弈局面，最终使改革进入歧路。决策层作为中国改革的领导者，对此应当有清醒的认知和坚决的行动。其核心，在于强烈的改革决心与使命感。

　　在中国，电力改革较之金融改革、证券市场改革、国有企业改革，或是较早前进行的电信改革等，因为具有某种专业性而且与公众利益似乎并非直接相关，并不属于大众舆论频繁关注的热点。但反思电力改革出现的新曲折，就改革策略而言，对全局有极大的引申义。中国改革走到今天，早已进入"攻坚战"的生死阶段，持续的、阶段性的推进策略正是制胜关键。为防止识者所担心的全面倒退局面出现，加大改革力度、谨防利益集团主导下的畸变发生已成为关键。从这个意义上说，电力改革能否继续推进会成为一个标志，判定中国近中期改革大业的走向。这就是我们高度关注电力改革进程的原因。

-2005 年第 17 期-

成品油价格接轨不可迟疑

> 是忍受油价一时冲击,还是继续扭曲油价、搞乱信号,现在只有"两害相权取其轻"。

酷暑将过,国人对于所谓"油荒"的担忧却在继续蔓延。不少媒体刊登文章,在详述南方一些省份加油站长龙之场面之后,还就此"荒"之原因和趋势大加分析,形成一时之舆论热潮。

当然,南方的"油荒"无论情势如何,眼下还只是局部和暂时现象。中国的成品油市场现在尚未形成整体性的过度短缺局面。真正令人担忧的,主要是导致这种局部"油荒"的原因——国内成品油内外倒挂的价格机制。

中国目前的成品油价格远较国际市场为低,差价至少在每桶10美元以上。作为一个石油净进口国,这种严重的价格扭曲极不正常。控制价格造成市场扭曲,抑制了供给而放大了需求,不仅导致"油荒"频仍,还以持续的错误价格信号误导经济发展方向,使高能耗高浪费成为趋势,其后果相当严重。在国际上,20世纪70年代后期的美国,今天的印度尼西亚,都因人为压低国内油价,在经济上付出重大代价。而放开成品油价使之与国际价格接轨,由"看不见的手"进行调整,才是实行市场经济模式的石油进口国的唯一正确选择。

当前不少舆论在谈到国内的"油价控制"时,虽强调改革之必要,却又将现状视为基于国情的一种必需和必然。这是不了解中国成品油价格机制改革的基本历史。在20世纪80年代,中国曾经实行过成品油价格的计划内平价与计划外高价"双轨制"。但1993年成为石油净进口国后,中国朝向成品油价并轨的改革即已经开始;至1998年6月,正式引进了与国际油价挂钩的定价机制。国内成品油的价格最初是与新加坡市场价格挂钩,每个月调整一次。至2001年,这种定价机制进一步完善,定价挂钩对象也变更为新加坡、鹿特丹和伦敦三地综合加权的"一篮子价格";调整时间则视上述油价累计上涨幅度而定。虽然新的价格信号仍不免迟滞,还不属于实时价格,但已经正式步入与国际接轨的市场化之路。

改革中止始于2003年春的SARS事件。为确保灾难之后的经济复苏,国家发改委有关部门选择了"暂时终止油价挂钩机制"。而此后国际油价步步上涨，中国经济又面临"过热"之虞，成品油定价即"一步被动，步步被动"，在"有形之手"的操控下与国际市场越差越远。由是，一项未经深思熟虑、未曾广泛讨论的权宜性举措被固化，最终引致成品油价格市场化的重大改革无疾而终。当前，中国所实行的人为的成品油定价机制，事实上已经退到了1998年以前，与处于大规模转型的中国经济体制根本错位了。

人为的价格控制求得一时平稳，最终却使经济发展面临极大的不稳定。在吸取教训的同时，政策纠偏已经是当务之急。由于油价问题牵涉面广，我们认为纠偏行动可分为几步走：其一，重回改革轨道，使成品油与国际油价挂钩，给消费者发出正确的价格信号（这里又可分从基本接轨到实时接轨的诸阶段）；其二，在石油领域深化改革，特别是在产业下游放开市场，引入竞争，避免出现消费者替国企垄断和低效率埋单的局面；其三，在牵涉基本能源消费的领域，例如供暖、供电、农用等方面，对低收入者和弱势群体进行补贴，同时切记这种补贴不应采用价格手段；其四，适时推出燃油税，以推动节约型社会成长，缓解石油需求压力，等等。诸项措施当中，重新接轨是第一步也是关键一步。

今年以来，有关主管部门官员对于成品油价与国际价格挂钩已有多次宣示，但迟迟未能行动。究其原因，无非是面对国际上油价高企局面有些无奈，顾虑重新接轨可能对下游厂家和消费者带来过大冲击。而对于通货膨胀的担忧，更是近两年来控制油价的理由之一。其实，成品油消费在决定通胀指标的CPI中比例甚小，且惟油价放开，CPI才能更准确地反映通胀程度。至于油价冲击，则是作为石油净进口国本来无法回避的现实问题。是忍受油价一时冲击，还是继续扭曲油价，搞乱信号，现在只有"两害相权取其轻"。既然中国已经选择了市场体制，就应当尊重市场法则，直面市场风浪，以市场之手调节供求，解决各种难题。油价问题如此，其他能源产品的价格问题如此，在中国经济的其他重大问题上也如此。在既定改革道路上犹豫倒退，首鼠两端，最终的代价会十分惨重。

—2005年第18期—

自主创新的土壤是什么

> 应营造以企业主体进行投入、企业自担风险和收益的制度环境，谨防出现"政府投入主导的技术创新"。

春节刚过，国务院两个关于自主创新能力的重要文件发布，使人眼前一亮。文件之一，为2月6日公布的《国家中长期科学和技术发展规划纲要（2006—2020年）》（下称《纲要》）；文件之二，为2月15日公布的《关于实施科技发展纲要若干配套政策的通知》（下称《通知》）。企业自主创新——这一关系国家经济成功的关键性因素被提到如此高度，又迅速落至细则，对业界人士无疑是喜讯。

当前需认真思考两个基本问题：何谓企业自主创新？自主创新的土壤是什么？自主创新属科学技术范畴，因此提及自主创新，很容易使人想到关系国家战略发展的重大科技攻关项目，例如人们熟悉的"两弹一星"。中国政府集举国之力，在应用已知技术攻克尖端项目上屡有建树，正是可以引为自豪之处。然而，我们理解，这一方面的科技活动，并不是亟待突破的"创新瓶颈"。在当前，谈企业的自主创新而且谈中国的缺憾和担忧，当指成千上万潜藏于经济活动中的未知技术的发现和发明，是指具有极高商业风险和商业利润前景的企业经济创新活动。这是一些无法由政府规划和设计的自主创新过程。如果不是市场肯定了微软，谁也无法塑造出成功的盖茨；如果不是市场培育了Internet，谁也无法制造出网络雄霸世界的今天。美国的硅谷有3200多家公司，雇用了200万人，绝大多数都在做一些尖端的技术。据估算，硅谷公司的价值总和在1万亿美元以上。而"硅谷之魂"，就是不休止的自主创新过程。

中国的众多企业，无论民营企业还是国有企业，现在"拿来"者多，自有核心技术者少；有些企业侵犯"知识产权"官司不断，有些行业在不断变更的国际标准面前徘徊。痛定之后也在呼吁自主创新，当然明白自主创新的内涵究竟是什么。尽管中国经过27年的改革开放和经济高速发展，综合国力已有了前所未有的提高，但未来的可持续成长仍有赖于经济结构的调整和增长方式的转变，其中自主创新正是无法回避的重要挑战。

谈及千百万企业的自主创新而非"两弹一星"式的尖端攻关，则必须关注推动创新的制度土壤。著名经济学家波特在其1990年的著作《论国家的比较优势》中，把创新和发展能力作为一国经济成功的最主要因素；并从更深层次上，把完善的经济制度归纳为确保自主创新的前提。历史的经验证明，近现代世界各国的经济兴衰无一例外地与技术创新相关联，而技术创新优势的前提是制度优势。17世纪英国的宗教改革、自由市场制度和知识生活的市俗化，催生以航海、能源和通信为主的第一次工业革命，奠定了英国长达一个半世纪的世界经济主导地位；而西班牙、意大利等国的宗教狂热则扼杀了创新。到20世纪前半叶，美国开发出了新型职业化的企业管理制度和金融市场制度，在技术创新上迅速超越英国。20世纪90年代以来，各国的技术创新竞争实质上是科技制度和产业政策转型的比较。比如日本的产业政策集中于新材料、软件、环境和生物等基础部门，而美国在信息和通信技术领域实行了全面开放、取消许可证管理等非排他性措施，其结果反而是信息产业在美国的持续繁荣。这些经验，对我国自主创新的借鉴意义是极有价值的。

制度的第一要素是主体。恰如《纲要》和《通知》所明确，自主创新的主体是企业。以此为前提，则应当营造以企业主体进行投入、企业自担风险和收益的制度环境，谨防出现"政府投入主导的技术创新"。后者导致资源的错误配置，已经是计划经济数十年血的现实；而由于政府投入的非营利性特点，更可能使创新成果不具备市场实现意义。

制度的第二要素是激励。自主创新依赖于有效的市场制度。市场的基础性作用是竞争对创新的激励。同时，良好的市场制度要求完善的产权保护对创新的激励，知识产权保护是市场运行中的一种规则。中国在这方面目前虽有意愿，实践中仍是缺漏甚多，在观念上对"过度保护"的担忧远胜保护不足的担忧。这本身就表明了法治建设的差距。

制度的第三要素是政策。自主创新需要激励相容的科技创新政策。企业是创新主体，政府具有政策引导的职能。《通知》列示了充分利用税收、金融支持、教育、知识产权法律保护等鼓励企业实施技术创新的政策主张，值得细细体味。而唯有从制度建设的角度理解政策的实质性含义，明确政府角色和市场角色，才能使政策发挥最大功效。

-2006年第4期-

医治"石油瘾"的选择

> 中国需要自己付出真诚的努力,也需要凭借大智慧在国际博弈中找到有利支点。一个没有"石油瘾"的发达的中国,在未来一定是走在前列的。

随着原油价格突破每桶70美元关口并直奔80美元,对石油的关注成了美国连日来的舆论焦点。纵使重大外交事件,例如中国国家主席胡锦涛访美,"石油视角"也成了第一主题。2006年4月20日,就在胡锦涛与布什白宫晤面当天,《纽约时报》的社论谈的就是石油,说:"这需要什么样的勇气?一个国家领导人警告另一个国家领导人不要锁定世界石油资源,而前者的日石油消耗量为2000万桶,后者只有650万桶。"

美国人期待着布什政府的能源政策能有根本性改进,但白宫目前的做法还是引来更大的失望。世界原油价格在4月21日达到75美元一桶之后,美国国内的油价连日上升,85号标准油的油价已跃至每加仑3美元,等于10年前的近3倍。面对越来越大的压力,布什于4月26日发表演讲,宣布了一系列在短期内缓解油价升势的政策。其中最为显著者,包括政府暂停石油储备采购以减少需求,等等。较之往昔单纯刺激供给的方针,眼下的布什从政治需要出发,已经多少调整了能源策略主张。不过,观察家们对他的政策选择仍不看好,认为尚未找到治本的方向。

作为一个"生活在汽车轮子上"的国家,美国承认自己已经深陷"石油瘾"难以自拔。而中国经济的崛起,其实又发出了严峻的警告。中国现在已经超过日本,成为世界第二大石油消费国。据预测,中国2006年的需求量比2005年会增加5.5%,达到每天约700万桶;而有关分析认为,到2020年,需求量增幅会跃升50%,达到每天1000万桶。这还不包括经济勃兴的另一亚洲大国印度未来在石油需求上的爆炸性增长。

趋势已经表明,石油供求关系的紧张极有可能成为长期现象,其后果对于"用油成瘾"的美国几乎是不堪设想。目前在美国,人们获得共识的治本之道,就是必须戒除"石油瘾"。

由是，能源使用效率被提到极高的地位。2006年4月初，布什政府迫于各种压力，公布了新的耗能标准，首次规定包括 SUV 在内的大型家用车到 2011 年必须达到每加仑可行车 24 英里（mpg），而且政府将给予每个汽车制造商在特定的售车组合中一个平均耗油指标。此计划较之以往，可谓一大进步。不过，这个"重大步骤"在美国还是招致大量批评。专家们说，这算什么医治"石油瘾"呢？"不过是让人从一天吸 50 支香烟改为吸 49 支，以防患肺癌！"《华盛顿邮报》为此发表社论，标题为"起步和停滞：布什政府终于对 SUV 有所限制，但尚且不足"。

由是，发展石油替代产品的呼声日高，趋势愈显。美国最大的石油公司埃克森—美孚目前以 3400 亿美元年销售额登上了《财富》500 强榜首，但其企业战略与壳牌、雪佛龙等其他石油公司不同，长期坚持"只做石油和天然气生意"，公然表示对替代能源"没有兴趣"。这一立场受到业内外广泛指责，近日甚至蔓延到一贯支持石油大亨的共和党。就在 2006 年 4 月 26 日美国各大石油公司即将公布年报的一周内，布什在演讲中发出呼吁，要求石油巨擘将其利润用于石油提炼和替代产品研究。共和党民意专家也公开指出，埃克森—美孚前主席雷蒙德因退休补偿金高达 4 亿美元受到舆论攻击是"自找"。

由是，节能取向的汽车获得"政策支持"。为鼓励节能，美国曾确定了一项激励措施，最初 6 万辆混动型汽车的销售将获免税优惠；布什近日又提出，取消 6 万辆的限制数目。无疑，这一回底特律汽车商再度受到冲击，率先成功研制混动型汽车的日本丰田公司，很可能成为首先突破 6 万辆的最大受益者。

由是，石油开采继续环保取向并不动摇。美国阿拉斯加北极圈储油丰富，据估计有 100 亿至 160 亿桶原油产量，但这里又是北极熊和 160 种候鸟的栖息地。出于环境保护的考虑，美国多年前就已经立法确定，不在阿拉斯加州北极圈生态保护区进行能源开发。布什上台后，以石油供应紧张、立足国内为由，多次在讲演中提出废除有关法令，共和党参议员也提出正式提案。但美国参议院今年年初仍投票否决了这一主张。布什在最近的讲话中仅对此事稍有提及，立即被舆论紧盯，予以抨击。

现实表明，美国国内目前对于摆脱"石油瘾"的理性诉求已极为强烈，但"石油成瘾"之后的利益纠缠又复杂难解。具体到国际间的合作、具体到中国，其实已经面临着抉择。美国舆论提出，"美国没有权利为了自己的利益，让中国回到自行车时代",为此,其主张是在两国能源合作中,美国做出表率也作出牺牲,实现已有的节能先进技术共享。

中国如果不想染上美式"石油瘾",理性的选择应当是跨过"石油依赖"经济,直接进入节能时代。以此为目标,中国需要自己付出真诚的努力,也需要凭借大智慧在国际博弈中找到有利支点。一个没有"石油瘾"的发达的中国,在未来一定是走在前列的。

-2006 年第 9 期-

"国标大考"考什么

> 手机电视标准乱象的实质症结，是公共权力部门化、垄断化。

在纷繁的当代中国经济活动中，手机电视标准进入国家测评，本是一桩专业性很强、关注度较低的事件。然而，在国家测评大考前夕的 2007 年 11 月 9 日，本当"应考"的广电系统相关机构突然宣布不参加此次测评；至原定测评日 11 月 14 日当天，国家广播电影电视总局又发出紧急通知，继续推行自己选定的行业标准（CMMB 标准）第四部分。"国标"受阻、"行标"挺进以如此显著且不合常情的方式出现，吸引了业界诸多人士的视线。

手机电视——未来全球规模可达上百亿美元的新兴产业——究竟以什么样的技术标准来发展，牵涉多方复杂利益纠葛，其间的曲折可想而知。不过，手机电视"国标大考"，意味着力求在公开、公正的平台上对标准作出选择，其中所体现的国家利益和制定国家标准的法定程序相当清楚。我们认为，在此手机电视产业化的关键时刻，有关各方应当尊重国家业已建立的程序，秉持价值无涉原则，以科学精神求得客观公正的测评结果，以国家利益最大化为准绳来确定国家标准，并尽快推进手机电视商用进程；切勿因部门利益而罔顾奥运会转播和发展中国信息通信产业之大局，又一次错过中国信息产业与全球同步前进的难得机遇。同时，政府应该深刻检视如何完善程序，严肃纪律，禁绝"政令不出中南海"的怪异现象。

手机电视是一个横跨电信和广电两个行业的新兴产业，其技术标准理应依循国家统一标准之路。早在 2006 年 10 月，国务院负责人就要求尽快制定手机电视国家标准；今年 6 月，中共中央主要领导又明确要求有关部门支持是项国标评审。国家标准化委员会已经建立了由多方专家组成的评议组和测试监理组，包括多名科学院和工程院院士，也有来自广电系统的专家，并商定了能够保证"三公"的工作程序。然而，国标测评年来推进艰难，在清华大学、新岸线公司等四家机构拿出方案报名参加后，握有业内影响较大的 CMMB 系统的广电系统所属机构，行动迟缓，讨价还价，直至在最后一刻宣布不参加测评，致使原定 11 月 14 日举行的"国标大考"流产。这种做法显然极为不妥。

广电一方如此行事，当有可陈的"理由"，无非是认为自己主张的CMMB最为先进，而担心"国标大考"或有"不公"结局。但应当看到，国标的制定经过多年的实践，已经有了相当正规的程序；具体到手机电视标准，国务院已明确授权国标委主持测试。这一制度安排理应得到尊重。据此，则各参评方案拥有平等的地位，任何方案没有资格要求得到凌驾于其他方案之上的特权；种种"内定"、"走过场"的做法更是于情不合，于法无据。即便对测评有异议，亦应当按照测试监理小组事先的约定，通过正规程序和正式渠道提出。

在当前，一起走到参评台前是第一步。现实紧迫，国标的制定已经着实拖不起。北京"申奥"时曾做出允诺，"随时随地看奥运"。即便如今标准得以制定，接下来，还有产业化项目以及频谱的分配等诸多工作，时间已经不多了。

手机电视标准乱象的实质症结，是公共权力部门化、垄断化。在过去信息网络数字化进程中，各种技术标准的制定和研发，往往采取行业主管部门与技术开发团队联合的模式，其弊端显而易见。各主管部门凭借手中的"政策资源"划分领地，以邻为壑，而涉及跨部门项目时，便争夺不已；即便达成妥协，也不过是在各部门间关门瓜分。体制外的公司，特别是民营公司被迫倚靠某权力部门，但难免被机会主义地利用或抛弃。这样的制度不改，对于中国建设创新型国家殊为不利。此次国家最高决策层责成国标委组织的手机电视标准评审，符合参与主体多元化的原则，正是政府在重大产业发展的问题上走向决策科学化、法治化的体现。我们希望以这次"国标大考"为新开端，建立起中国技术标准制定的法治程序。

就国家标准制定而言，纵在"大考"之后，仍应坚持标准的开放性，不可定于一尊，封锁创新通道。必须让市场继续拥有选择标准的权利。对于国外标准也应持开放心态，不应以保护国内技术为名，漠视消费者权益。

可以预料，手机电视标准僵局将会以高层领导决断的方式求得暂时解决，力避烦琐，尽快出台。而长远来看，还是应该努力治本，探索出既能促进技术进步也能推动产业发展，主管部门和市场主体分工明确、职责协调的国家标准的选择机制；更重要的是，要严肃国家纪律，维护正常的法治秩序，建设高效的、具有更强执行力的政府。

面向 4G 的 3G 反思

> 鉴往知来的反思则必须开始。国家对于 3G 乃至未来 4G 的标准，应遵循商业原则，坚持标准的开放性，让市场拥有选择标准的权力。

日前，"新一代宽带无线移动通信网"作为一项国家科技重大专项实施方案，获国务院常务会议原则通过。2008 年 3 月中旬人代会期间，这一方案将公之于众。据信，这个为期 15 年的方案，规划了中国移动通信技术从 3G 到 4G 的发展路径，其成败将影响中国甚至世界在 4G 时代的市场版图，颇引人浮想。

惜乎，眼前的现实依然严峻：中国至今仍受困 3G 标准之争后遗症，3G 牌照发放一推再推。中国尚未真正跨入 3G 时代，而 4G 标准制定即已迫近。或许可以说，在中国，3G 时代也许方生便向死。此时此刻，正应反思中国业界应如何吸取 TD-SCDMA 前车之鉴，厘清政府与市场的权力边界，以更务实的方式和开放的心态尽早顺利步入 4G 时代。

中国 3G 命途多舛，盖因电信标准政策多变成畸，电信改革路途不畅。早在世纪之交，中国电信业借"切开中国电信"的初步改革及中国加入 WTO 的契机，竞争格局本来有望形成；在 2000 年 5 月，中国拥有部分知识产权的 TD-SCDMA 标准被国际电联接纳为 3G 标准后，国内也已经形成了 WCDMA、CDMA 2000 和 TD-SCDMA 公开逐鹿的竞争局面。彼时虽有实力集团游说纷纷，但政府电信主管部门并未急于颁布"优选标准"，有意或无意地采取了放开竞争、多头试验的"技术中立"方针。其政策走向，本来是在技术不确定性的时代，通过设备商、运营商和消费者的分权决策机制，最终对 3G 技术做出市场化选择。

然而，市场选择机制需要依托于市场改革的推进。在中国移动通信市场上，最迫切的改革本应是以市场化方式发放移动及 3G 牌照，及早建立竞争化格局，并使民营与外资企业有机会入局。非如此，则"技术中立"的标准选择会失去有效配置资源的基础。令人遗憾的是，由于认识误区和决策犹疑，中国电信业改革迟滞不前，完全无法适应电信业特别是移动通信产业日新月异的局面。数年时光倏忽而过，旧的垄断格局尚未清理完毕，新的垄断格局又已经形成。

近年来，在复杂的局势面前，决策部门在 3G 标准政策上再生变故，从中立而偏倚，最终导致强手力推"国产标准"，为中国 3G 发展增添了诸多变数，更使人生出"早知今日何必当初"之惑。偏倚引致偏见，TD-SCDMA 甚至被不恰当地贴上了"避免受制于外国人"的使命标签，罩上了"民族复兴、大国崛起"的虚幻光环。在政策实施层面，主管部门也为所谓国产标准所"俘获"，不仅电信重组、3G 牌照发放必须为 TD-SCDMA 产业化让路，还以行政性指令责成"有实力的"主导运营商负责 TD-SCDMA 的商用推广。消费者的利益和选择权完全被置于脑后。

中国在 3G 进程中陷入被动失利，根本原因在于政府主管部门的角色错位。面对收益规模巨大的 3G 技术和市场，一场前所未见的利益博弈正在上演。而政府集所有者、管理者、仲裁者角色于一身，"人格冲突"至为激烈，决策原则断难清晰。回首来路，需要诘问之处多多：政府是否将消费者的利益最大化排在众多利益相关者的前列？是否给予民营资本平等的入局权利？是否在此过程中推进了国有电信企业市场化的进程？消费者、第三方专家以及媒体的声音是否被充分传递？

当前，中国 3G 的 TD 实验尚未画上句号，鉴往知来的反思则必须开始。我们至今仍坚持认为，国家对于 3G 乃至未来 4G 的标准，应遵循商业原则，坚持标准的开放性，让市场拥有选择标准的权力；应由设备商、运营商、消费者构成的各层次市场自主进行标准选择，服从风险最小的挑选方式。依靠行政命令强推运营商不认可的标准，不惟损害企业本身，而且必然损害消费者权益。在痛思标准之争的教训之时，还必须承认，只有坚持推进电信业的改革，努力建立富有竞争活力的电信市场，才是中国今天摆脱 3G 困境、未来顺利迈入 4G 坦途之根本。

不足一月，十一届全国人大第一次会议即将召开，其间关乎 4G 发展的科研技术方案将正式公布。而本月，国际电联将向各国发出提交 4G 标准的通函。中国电信业时间紧迫。鉴往当知来，我们期待这一次不再失去机会。

-2008 年第 4 期-

第六章
金融激流
Hu Shuli: Critical Horizon

PP.187~286

今日重读这些文章，过往诸多风云激荡的事件、载沉载浮的人物又鲜活地重现在眼前，令人深感世事如白云苍狗。再回首，中国金融改革已走了这么远：国有银行改组上市、金融开放、人民币汇改等，许多原本看似不可能之任务，竟也成行，这不能不给人以继续前行的勇气。当然，在许多方面，比如股市操纵，监管缺位越位，乃至官员贪赃枉法一如往日，甚至愈演愈烈。市场流风也无多大改变，如"救市"之议不绝于耳。所有这些，都不能不令人感到焦虑。

"金融无小事。"这样说，不仅由于金融是现代经济的核心，对经济运行有着"牵一发动全身"的影响，稍有不慎，便可能给经济全局带来意想不到的风险，这点已由发生在域外的亚洲金融危机、网络经济泡沫破裂作了生动的演示。而在此轮全球金融危机中，"百年老店"雷曼兄弟被迫寻求破产保护，投行版图彻底改写，更令人对金融风险的突发性、残酷性有了切实感受。中国迄今虽未发生全局性金融危机，但岂可掉以轻心？在中国社会经济转轨过程中，纷繁复杂的利益纠葛往往表现在金融市场，监管层处理起来也往往投鼠忌器，这正需要身处要津的改革者以壮士断腕的气魄推进改革。

这些文章也忠实记录了坚持"独立、独家、独到"报道方针时承受的压力、曲解和误解。"基金黑幕"之后，乃有《批评权、知情权，还有"新基金"使命》；《银广夏陷阱》之后，乃有《反思银广夏"造假工程"》。好在作者顶住了。时间已经证明，究竟怎样做，才真正有益于中国。

有一点误解需要澄清。不少人认为作者主张自由放任的市场经济，这一误解在《何必讳言"不救市"？》发表之后的汹汹诘难中表现得尤为激烈。事实上，只要细读该文，只要对作者的主张持续关注，就不难看出，作者一直不遗余力地主张"市场"与"法治"两手抓，政府在市场尤其是金融市场中绝不是无可作为的，问题恰恰在于，监管部门在维持市场秩序、打击操纵、改革行政许可方面有极大的改进余地，却对干预股指、审批产品等可以体现"权力意志"的行为情有独钟。这些才是我们不能不表示异议的地方。所谓"完全的自由放任"，过去没有存在过，今后也不会出现。

勿忘君安教训

> 君安的教训是属于整个中国证券业的。此一事件在直接引致国、君合并的现实积极结果的同时，还可引发中国券商制度创新的深层次课题。在当前，制度创新至少是与合并或增资同样重大和迫切的任务。

1999年8月，国泰君安证券公司挟37亿元资本金横空出世。传媒在一片庆贺声中，争先恐后地谈论券商规模壮大的必要、合并重组的好处，却不大提一个基本事实：中国证券业两次最重大的合并，无论是当年的申银与万国，还是今天的国泰与君安，其实都是在其中一家出了问题之后，由政府出面安排完成的。当然，很快便由合并寻出了关乎规模的重大意义，有了一种"坏事变好事"的欣慰，但历史的教训——最等闲也应称为"学费"——其实是不应忘却的。

君安曾经是国内最好和最大的券商之一。虽然以现在的眼光看，其7亿元资本金、175亿元总资产（按1997年年底算）的规模实在有些小，但君安出问题绝不是出在规模上，而是出在制度上——张国庆和杨峻等少数高层用公司赚的钱反手为自己买下了公司的控股权，还将一笔现金划出账外，总涉资金在10亿元以上。

情节很恶劣。因为君安对外是称"军"且"安"的，杨峻乘坐的奔驰车曾有军用牌照，张国庆号称有"中将"待遇。原来都不过是包装，公司已经披着绿军衣"私有化"了。一经曝光，实难宽恕，于是张、杨被查处，君安高层变故引起市场震荡。

不能不承认君安突发性变故导致的巨大损失。除了对市场的冲击、国家有关部门兴师动众查处这类外部性付出，君安内部也必然人心浮动，业绩大受影响。君安出事后与国泰合并，未来铸造券商航空母舰的前景当然非常壮丽，但毕竟不是市场驱动、自愿选择的行动；现在走"先结婚后恋爱"之途，也需付出诸多无形或有形的代价。痛定思痛，溯本追源，应当说君安的教训是属于整个中国证券业的。此一事件在直接引致国、君合并的现实积极结果的同时，还可引发中国券商制度创新的深层次课题。在当前，制度创新至少是与合并或增资同样重大和迫切的任务。

"君安事件"的制度性教训，首先表现在董事会受托责任上。君安的股东本来是几家国有公司，但公司的董事长和总经理却是行政之手的产物，由并非股东代表的张国庆一肩双挑。如此一来，股东代表虽拥有董事或监事的名分也主要是摆设，事实上被排除在公司治理结构之外。结果经营者轻而易举地实现了"内部人控制"，甚至调动公司的资产把自己变成了最大的股东，而其他股东利益竟一无知晓。这种情形表明，确保董事会能够代表股东利益履行受托责任极为重要。这就要求证券公司按现代企业制度的基本原则和公司法的聘任程序来构建董事会，由股东推选董事，并确实经选举产生董事会高层人员。此外，设立独立董事也很有必要。

成熟的市场经济环境中，经理层持股是证券业很重要的一项制度安排。不少知名券商本身就从100%经理层持股的"合伙人制"（partnership）发展起来的。这是因为在证券业，人们公认人力资本至关重要。而且由于此行业外部监管的普遍困难（"君安事件"不是由证券监管部门发现而是内部揭发的），高层经理持股还有助于内部监管机制的建立和公司的健康发展。人力资本在市场经济环境中寻求自己的价值充分实现有其合理性。张国庆们因为取财"无道"受到查处，但鉴引前车，铺出一条证券业人力资本得到合理合法体现之道，当是券商们面临的又一项制度创新课题。

君安当初算是多家持股的公司，但因为都系国有，始终有一元味道并受到一元局限，有些看不住资产，后来吃了大亏。此次国泰君安合并新设，有130多家股东，而且有20多家上市公司，有了些多元性，但还算是国有。新公司在此次招股时曾写明："凡在中国境内依法注册，且具有自负盈亏能力、守法经营的国有企业……法规设立的法人企业（含民营性质的企业）、外商投资企业和外国企业（须经国家有关部门批准），均可成为新公司的发起人。"虽然后来并未听说有外资或民资入股，但首次对外打开券商股权融资之门，确为重大突破。

当年深圳的平安保险公司在成立之初吸收了美国摩根士丹利和高盛公司各5%的股份并请双方派人加入董事会，最终在公司财务管理、风险机制建立方面受益匪浅。在此次的券商增资扩股、合并重组浪潮中，倘有哪家证券公司能循此途大胆创新，实现股权所有制的多元化，对公司自身、对中国证券业，也一定会带来制度创新层面的重大收益。

-1999年第9期-

对二板市场的期待与担忧

> 中国资本市场的高风险从来都不仅是一般意义上的金融技术风险，而是更深层次的金融制度风险。因此，明天的"立新"必须伴随着"破旧"。未来的"二板"虽众望殷殷，但也会步履维艰。

最近以来，证券监管部门的负责人就中国二板市场的建立有过若干次讲话，报上炒得很热。与此同时，也听到不少特别关心中国证券市场健康成长的学者和业者在公开谈论，并不十分看好据称年内即可问世的"二板"。"谨慎操作"这样的话都算是老套的，一些人更直接地问，"一板"都没有搞好，"二板"行吗？有必要吗？

论证"二板"的必要或不必要，如果要从技术上去讨论，值得开上几天几夜的研讨会。但其实用不着过多的辨析，就可以发现其中有非常明白、直接的道理。明眼人已经看到，在诸多对于未来二板市场的设想中，监管部门已经显示了一种"而今迈步从头越"的雄心。说"一板"问题那么大所以"二板"没希望是太绝对了。彼板毕竟是在20世纪90年代初硬闯出来的，当时"姓社姓资"的问题还在纠缠不清，绕道出来的股票市场虽然大方向还是对的、有意义的，但根子歪了也是真的；而此板则大大不同，新时期对资本市场有了全新的认识，新市场按监管当局的说法将基本按照国际惯例进行运作和管理，降低上市门槛，实行全额流通，发行上市核准全部由市场专业人员组成的发行审核委员独立判断——这样的"二板"，比起目前非常扭曲地存在着的"一板"应当健全得多，从实施战略看，明显地是中国20年来改革的惯常办法，在"增量"上做文章了。

还有个问题也应当多多琢磨，就是二板市场的服务对象。官方最新的说法已经明确："二板"是为"中小企业提供融资机会"，而且"二板"不等于"高科技板"——这种与前不同的提法实在大有深意。"中小企业"很明显地主要是指民营或混合所有制的企业。因此，中国未来的二板市场便不必扶持国有大中型企业，也不必以"政策倾斜"之心去扶持政府主导的"高科技企业"了，没有任何"政策性任务"。这样的市场应当更接近于完全意义上的市场，也更适合于中国经济发展的现实需求。市场主旨如此定位，也可使人对未来"二板"的可靠性多了一些期待。

但话虽这样说，对于二板市场，人们也完全有理由深表担忧。这里不从一般的意义上谈论二板市场的必然常见风险及其间之种种道理，只说一个最具"中国特色"的基本事实：谁是二板市场的主要玩家（market player）？从目前管理层的种种谈话中，我们已读到了"培育机构投资者"的迫切决心，但如何理解这里的"机构投资者"？含义好像还是不明。

中国股票市场一直是从双重意义上扭曲着的。除了被国有股、法人股、转配股折磨着的上市公司，还有统一姓"公"姓"国"、有着深厚的权力机构背景和巨大利益的券商与基金管理公司。而由后者组成的机构投资者与成熟市场的机构投资者相去甚远，其中有部分已相当堕落，与台湾那些直接或间接由国民党党营机构把持的证券界"黑金势力"颇为类似。认真想来，纵使在未来新的二板市场上，上市公司有了生机勃勃的新面貌，如果玩家还是今天的玩家，内部交易、市场操纵甚至内外勾结、"无轨搬运"，还照今天这样的玩法，那么以小盘股、门槛低为特色的"二板"，毫无疑问逃脱不了更容易被操控的厄运。再加上市场上散户多、机构少的局面短期内很难改变，风险畸高、过度投机几乎是必然的。"二板"再度套牢散户、进而套牢社会的后果，可能比今天的"一板"还要可怕。这种忧患之心，也实在不可视而不见。

在中国改革的诸项难题中，建立起健全有效率的资本市场一直属于难度较大的题目之一。十年来我们办过很多"市场"，有些自生自灭，有些被迫关张，其间的教训相当深刻。伴随着市场上主要角色的错位，中国还缺乏健全市场所必需的支撑系统，包括审计、法律、社会舆论监督、业绩评审机制等众多支脉。如今，抛开往昔失败和悔恨的车辙，更理性地走出一条新路，甫一起步便力求本正源清，有所为肯定比无所为要好。但中国资本市场的高风险从来都不仅是一般意义的金融技术风险，而是更深层次的金融制度风险。因此，明天的"立新"必须伴随着"破旧"，未来的"二板"虽然众望殷殷，但也会步履维艰。

-2000 年第 6 期-

正视机构投资者缺陷

> 机构投资者对于中国市场规范、稳定和发展的作用未必仅是正面的,在许多情形下,其负面作用很可能更大。

2000 年 8 月的大部分时间,中国证券市场是在一派喜洋洋的气氛中走过来的。报章上对于年来市场走势"碎步慢牛"的概括让众多投资者觉得很熨帖,而在解释罕见的长牛不衰时,便有诸多关于机构投资者支撑局面的分析,有报章进而公布了"机构投资者大举入市"的捷报:到 2000 年 7 月 31 日为止,沪深两市 A 股机构投资者数量已达 35.67 万户,比 1999 年年底陡增 26.49%,增幅明显高于个人投资者!

市场上的机构投资者多了,正符合管理层年初以来"超常规培育机构投资者"战略构想。机构投资者充当投资主体正是国外成熟市场的常态,种种益处无须赘述。然而,我们更想冷静地提醒市场上的方方面面,机构投资者在市场上的作用其实有正力也有负力,特别是中国市场情形特殊,"此机构绝非彼机构",不应一味祭概念的大旗,无视中国机构投资者的那些制度性缺陷。否则,基于理论的理想很容易被现实击碎。

与国外市场很相似,中国的机构投资者也是指的券商、证券投资基金,还有即将大步涌来的保险基金和养老基金等,但这只是形式和名称的相同。中国与其他市场经济国家的一个最大不同,在于我们的机构大都姓"公"、姓"国",产权归属同一。在这种产权框架之下,多数公司内部既无具产权约束力的法人治理结构,又无严格的内部监管机制。在目前违规流行、寻租普遍、腐败丛生而且监管力度欠强的大环境中,很难想象这些机构们都能够洁身自好,自觉守法守规;更难想象这些机构中的能人们都能够两袖清风,只考虑"国有资产保值增值"。所以,机构投资者对于中国市场规范、稳定和健康发展的作用未必仅是正面的,在许多情形下,其负面作用很可能更大。

眼前的现实就无法使人乐观。市场上人都承认,当前的股市大多数股都有"庄","庄家主要是一批实力雄厚的大机构,好听些说法叫"主力"。不少主力做庄时违规操作,其建仓、洗盘、拉升、出货的全过程,无论是"长线"还是

"短线"，每每通过与上市公司联手完成。制造假情报、事先买消息的内部交易比比皆是，在操盘中为自己及亲友创造机会的"无轨搬运"屡见不鲜。这些主力动向和主力做庄的办法，在市场上不仅不是秘密而且被视之当然，甚至堂而皇之地登在各类官方媒体上，毫无愧色也不畏查处。这样的情形，与"黑金政治"影响下的台湾股市其实已经非常相似，所不同的倒是人家时有监管当局"扫黑"、时有大众媒体"扒粪"，而我们却极少见动静、一派祥和。在如此市场现实面前，仅仅为机构入市欢呼实在太过简单了，所需要的还有强烈的忧患意识。

当然，市场的发展总不可能全无瑕疵，阴暗和曲折都包含着必然。但因为市场对于中国改革至关重要而且已经风险畸高，正视市场中的阴暗，正视中国机构投资者的缺陷便格外重要。从这个意义上说，当谈到对于机构投资者的培育乃至"超常规培育"时，就应当包含两个方面，亦即热情的、鼓励型的培育，以及严酷的、管束性的培育。具体而言，对机构投资整体应当更强调多种所有制结构，严格内部监管，并支持其改革内部机制，肯定管理层持股的方向；机构投资者所处的外部环境也需要法制意义上的严峻性。严格监管、持法不阿、信息公开、舆论充分缺一不可。中国证券市场在过去十年中已经历了太多的风雨，走了太多的弯路，现在走出的每一步，都须兼顾方方面面，在正本清源上更具力度。

证监会的周小川主席有一个最新讲话，专门谈到了监管部门要向加强监管和防范风险方面进行职能转换，而"不能以调控股票指数作为工作目标"。这种看法得到海内外业界有识之士的很大肯定。如果周主席说的是真心话，而且已经得到最高层的完全认可，就应当看到监管机构鼓励机构投资者的成长，并不含有让其支撑"碎步慢牛"（或"快牛"）的功利性目的。进而也就可以意会市场的铁律将如何发挥作用：机构投资者大举入市之后未必总是锣鼓声声，更严酷的局势还在后面。

-2000年第9期-

金融资产管理、银监会与深层次改革

> 我们很难以过于理想主义的态度对待眼下荆棘丛生的改革，只期待具有关键性的每一步都能走得更妥当。

时间逼近"两会"召开，国有资产管理体制的改革已经有了比较完整的框架性思路。不过，因为当前的相关讨论主要集中于国有非金融资产，于是，国有金融资产的管理体制是何走向，就引起了有心人的特别关注。

在中国的近11万亿元国有资产中，有7.3万亿元国有经营性资产，其中又包括了8300亿元左右的金融资产（均指净值）。这些资产，即为国家对于国有金融保险机构的股权。如果说中国的国有非金融资产过去是多头管理、"五龙治水"的局面，国有金融资产则主要集中于"二龙"，亦即由财政部负责产权、收益和费用控制（大费用），中央金融工委管人事。人们想知道的是，这回国有资产管理体制改革，"权利、责任和义务相统一，管资产和管人、管事相结合"的国资委建立之后，金融资产的管理权将如何划归？是否存在相应的理顺体制的重大变革？这关系到金融改革的前途和命运。

曾经有一种主张，倾向于金融资产与非金融资产一并交新组建的国资委管理。不过，这种主张现在已经遭到普遍的否定。理由很简单，金融机构，主要是银行，在很大程度上正是国有企业的债权人，如果由一家机构行使所有者权益，就会存在利益冲突。所有者还可能安排金融机构为国有企业发放定向贷款，最终延误企业改革。所以，正在策划筹组中的国资委，被认为将主要集中于管理国有非金融资产。

在百端待举的改革日程表中，金融资产管理体制的建立被置于什么位置尚不得而知。又因为当前金融改革中最引人注目的行动是银行监管体制的改革，亦即成立银行监管委员会（银监会），在机构整合中很可能是由现在的金融工委与人民银行的监管部门合并而成。所以，部分业内有识之士产生了一种担忧：目前由金融工委行使的金融机构人事权会不会随同银监部门的建立而带入，从而使未来的银监会集部分大型金融机构人事权与银行业监管者于一身呢？倘若如此，将是一种不很恰当、顺畅的安排。

这种看法不无道理。面对中国银行监管难以令人满意的现状，一些专家学者近年来一直在呼吁建立独立或半独立于中央银行的银行监管机构，被称为银监会或银监局。中国"入世"后，中国金融业的对外开放大幅提速，银行监管的局势也更为错综复杂。银监会（或银监局）的成立可谓正当其时。不过，成立专业银监机构独司监管职能，要义之一就是避免与央行的货币政策职能相冲突。如果新建立的银监会有了独立的对于银行业的监管职能，同时又承担着一部分国内大型银行和金融集团的"管人权"，便出现了新的两种职能的冲突，其直接后果可能影响银监会的监管力度和公正性。

倘如此，中国改革中久被诟病的"老子难管儿子"的情形，政府同时是"裁判员和球员"的场面，可能会以某种形式在银行业再现。在银行业开放大局已定的今天，银监会未来监管的对象不仅有内资银行还有外资银行，两种职能冲突的后果将非常负面。特别是金融工委的"管人权"不仅包括银行、金融集团，还包括保险公司和少数证券公司。如果这些非银行金融机构的"管人权"按同一逻辑划入证券和保险监管机构，则后果更令人忧虑。

从国有金融资产改革的角度来衡量，也可以看出由监管机构掌握国内部分大型金融机构的"管人权"并不合适。十六大明确提出的建立国有资产管理体制的重大原则不仅适用于国有非金融资产，也应适用于金融资产。特别是中国金融改革本来就较为滞后，按十六大要求理顺体制，建立起单一的金融资产管理体制就更为迫切。当前政府启用学术咨询机构深入研究国资管理体制，对于未来新机制建立的方方面面已经有了比较充分的探讨，改革方略已经成形。这些思路也可用于国有金融资产的管理。事实上，建立起统一的机构来行使独立的出资人资格，追求国有金融机构的价值最大化单一目标，正是国有金融机构深化改革的重要前提。在将来，或是建立独立统一的国有金融资产管理机构，或是在现有体制内集中国有金融资产管理职能，改革可以渐次而行，有急有缓，但前行的方向不难辨清。

改革总是越走越难，金融改革更是如此。我们很难以过于理想主义的态度对待眼下荆棘丛生的改革，只期待具有关键性的每一步都能走得更妥当。毕竟，一切尚在未定之天。往事已矣，来者可追。

—2003 年第 3、4 期合刊—

辨识"全流通"新说法

> 议论中的"全流通"新说法相当复杂，于理于法也颇为不通，可操作性几乎不存在。

2003年10月以来，本来在中国股票市场上差不多已经偃旗息鼓的"国有股减持"和"全流通"的大讨论，突然又掀起新一波强劲的"全流通不等于国有股减持也不等于国有股全卖"的市场舆情。目前我们可以见诸于报端的最后的也是最新的说法，不仅凸显"全流通"之极端重要与迫在眉睫，而且对如何实施已经有了相当具体的诠释。某些媒体明确宣称该重大利好方案得到了高层领导的首肯，整个决策程序已经接近完成。诸多观察者不得不将目光投向当前的"全流通"传言。进入11月中，市场日复一日地在期待和失望、理解或误解中大起大落。

这一次"利好"是真是假？一时难见分晓。但可以肯定的是：议论中的"全流通"新说法相当复杂，于理于法也颇为不通，可操作性几乎不存在。管理层是否真的会接受并提出这个方案，不由得令人顿生疑窦。

从2001年6月至2003年11月，中国股市已经下跌了近千点。拯救市场需要重拾信心，而解决"全流通"，被认为是符合市场人士利益的最合理有效的办法。在官方专业证券媒体上，"新说法"已经相当成形，即将"全流通改制方案"，"化统一决策为分散决策"，由一家家上市公司通过全体股东投票决定非流通股流通的价格和比例。而投票时则"不仅需要全体股东2/3多数通过，还要求非流通股和流通股分类计票，均能达到简单多数"。很显然，"新说法"赋予了流通股股东用手投票，决定大股东能否入市并以什么样的价格入市的权利，看似完完全全代表了几千万股民的利益，于市场极有吸引力。

然而，"新说法"必然带来市场心理的混乱。至9月底，中国已经有1362家上市公司，家家都来开会投票决定非流通股可否流通、如何流通，将会是一种什么局面？一旦允许持流通股的股东投票决定非流通股命运，在一对一的谈判中，会否出现庄家操控谈判，然后以极不合理的低价侵吞国有资产？如何防止中国股市呈现新一轮庄家拉升股价、诱骗散户入场、然后抽身而逃的局面？

更重要的是，目前非流通股已经不完全是国有股。国有股经过前一段时期较为集中的协议转让，相当部分已经由非公有经济成分拥有，那么，投资者在市场中的权益应当是原有合同的延续，更改合同的法理何在？

有辩解说，"新说法"可以先行试点，总结经验再进行推广。资深市场分析人士几乎是立即指出：试点只会成为庄家轮番炒作的题材。庄家"打一枪，换一个地方"，市场立刻陷于更大的混乱，导致市场不公平加剧。

其实，当前中国证券市场的形势看去难尽人意，但认真观察其变化又可看出许多亮色。这是因为在今年以来股市指数总体滑落的过程中，股市的价格结构已经发生了重大变化。过往为市场投机者精心打造、狂热追捧的一些小盘老庄股、垃圾股重振无力，而绩优股的价格则在整体跌势中顽强回升。股市越来越显示出合理配置资源的积极作用，上市公司业绩上升，前三季度的平均每股利润已达0.16元，同比增幅27%，近年来业绩持续下滑的局面有了根本改观。

当然，这种股价结构的积极调整，本身也是痛苦甚至相当悲惨的过程，但这是市场转向健康的必要代价。而任何以短期快感缓解痛苦的行为，不仅难以持久，更有可能破坏市场正常的转向过程，其后果将非常严重。

中国证券市场经过两年多的调整，现在已经接近底部区域。市场方方面面都在期待股市重振。正因为此，当前的一切努力，应集中于提高上市公司经营效益、保护小股民利益、增强市场透明度等基本问题。同时必须看到，解决中国股市的某些根本性疾患需要时间，特别是解决诸如国有股法人股入市流通这类由来已久、经不起更多反复的深层次敏感问题，更需要寻求恰当时机，假以时日。此外，既然股权分裂弊端已现，各方均有共识，采取"新股新办法、老股老办法"，让新股率先实现"全流通"（对大股东套现行为要有一定约束），未必不是积极可行的过渡办法，更减少了日后流通股与非流通股并轨的部分障碍。

中国发展市场经济离不开股票市场，而中国股票市场在历经劫难之后定然能够创造出真正的辉煌。熊市之中更需要预期稳定，因为人们相信明天。

-2003年第22期-

"中小企业板块"遗憾的背后

> 虽然有盛大的庆贺也不乏市场评论家的赞颂，5月28日在深圳启动的中小企业板块还是透着太多的遗憾来到世间。至少，有一个问题需要解答：为什么不在新的市场实行"全流通"？

从酝酿到启动，新市场有过太多的争议，经历了许许多多磨难。不过，支持者始终坚持着一种期盼：20世纪90年代初诞生的中国A股市场由那么多"不得已"组成，历史包袱沉重，甩包袱则成本高昂几至难以承受，新市场正可以从头再来，按照人们已经获共识的基本标准来制定规则。最起码的，既然股权分裂弊端深重，则理应在新市场设立上市公司股权"全流通"机制。

然而，"千呼万唤始出来，犹抱琵琶半遮面"。在遗憾中，我们听到的解说主要有三：其一是担心新市场盘子小，一搞"全流通"则庄家极易控盘——中国证券市场经过几年的努力，好不容易算是基本摆脱了庄家掌控的局面，如果庄家又有新天堂，该如何是好？其二是担心企业包装上市后，最终抛出手中股票套钱逃跑——纵使可以通过一系列规定约束大股东套现，但万一约束不住，该如何是好？其三是担心——或许是最大的担心，新市场因"全流通"而增加了吸引力，可能会使主板市场资金转移战场，最终招致大市深幅下跌，难以回振，该如何是好？

批驳这些"解说"几乎不用费力，谁都明白监管部门的责任主要是监管，包括有意地在市场创新过程中持续提高监管能力，而不应双眼紧盯市场指数。选择高一些的起点，迎接本来无法回避的挑战，才是监管者的正常选择。我们只是在想，为什么中国证券市场发展至今，指数高低这个本来属于市场的问题，仍然那样致命地干扰政策选择？如果说惯性思维之外，终究有隐情存在，那么这一回，问题究竟出在哪里？

回答可以相当直接：是券商，中国证券市场的主力玩家！正是众多国有券商身陷困境、危机四伏的现状，使得近年来已成券商"保姆"的监管部门在行使职权时投鼠忌器，举措失当，难以在关键时刻大步改革。本世纪以来，中国证券市场已经经历了多次震荡，着力于市场更新的改革一直在各个领域推进。

最初的变迁可能不甚显著，但回眼望去，从交易行为到上市公司，从信息透明到舆论监督，我们已经可以看到许许多多令人欣慰的进步。而变化最小、问题最多、令人诟病最甚的就是证券公司。以去年年底南方证券被行政接管为标志，一批问题证券公司相继拉响危机警报。而监管层担心危机深化，苦于解决无方。虽然有大力发展证券市场的九条意见出台，有众多振兴市场的热切愿望和力量，仍然不足以驱散现实的阴霾。

鉴此，我们觉得，解决中国证券市场上由来已久的券商问题，已经到了关键的时刻。目前需要决策者做出改革的决断，选择正确的路径，不应再有任何彷徨、迟疑与短视。以危中求机的眼光分析局势，眼前的选择其实相当明确：无论如何，应当放开证券业的准入门槛，允许外资、民间资本以及其他社会资金进入这一由国有传统券商垄断的领域，开通证券业的活水之源；应当通过改革，包括有效的产权改革，使现有券商建立起严格内部监控机制和良好治理结构；最后，也是最关键的，就是尊重市场铁律，确立行业中的退出与淘汰规则，一方面通过设立开户股民风险基金以保护中小投资者利益，一方面对问题证券公司绝不伸行政输血之手，让该死的死去。

以此决断，主攻券商顽疾，市场朝向健康的更新才能障碍大减，加速前进。应该承认，中国证券市场虽在过去几年中有了可喜的进步，但几个重大关口并没有过。如果应有的改革措施迟迟不到位，在出现改革机会时不能果敢向前，则市场扭曲时之过久，终究会积累起巨大的风险，使银行系统的已有风险加倍放大。其后果，将是人们十分不愿意看到的。

-2004 年第 11 期-

透明度是重振证券业之本

> 此番国家决心以 2004 年 9 月 30 日为界，以既定标准收购金融机构个人债务，就是"买棺材"而非"买植物人"，意图毫不含糊。

2004 年以来，围绕着券商的债权赔付问题，发生了一系列大事件：2004 年 10 月 17 日，汉唐证券、恒信证券等被托管的券商营业部门前纷纷贴出公告，对个人债权的偿付收购作出承诺；当天，新华社播发《中国有关部门就收购个人债权及客户证券交易结算资金公告作出解释》(以下简称《解释》)，公布了有关部门就相关公告的解释。10 月 18 日，媒体公布闽发证券被东方资产管理公司托管经营。10 月 26 日，媒体公布辽宁证券被信达资产管理公司托管经营。

我们很愿意为这些旨在直面、稳妥解决中国证券业深层次问题的重大举措给予积极评价。但令人遗憾的是，相关举措公布实施时缺乏透明度，给人以"犹抱琵琶半遮面"之感。这无疑会增加市场的困惑，更不利于证券业内激浊扬清的革新。

比如收购个人债权及客户证券交易结算资金的重大政策。相关金融机构的营业部前公告称，"个人债务将由重组后的证券公司全额偿付，若重组不成功，个人债权按统一的政策和要求收购。无论重组是否成功，客户（包括机构客户和个人）证券交易结算资金的合法本息将全额得到保障"。《解释》则进而告诉世人，此次关乎个人债权的"统一的政策和要求"，是指 10 万元以下全额收购，其余则以 90% 打折处理。

应当说，在许多投资人经历了讨债无门的焦虑之后，这是个很正面的消息，本应收稳定之效。惜乎，整个《解释》在"由谁实施收购"这一根本问题上，竟然没有主语；而且《解释》本身也只是由"有关部门"进行，官方消息中甚至没有说明系何种级别；至于收购资金何来，更无披露。

如此闪烁其词，直接影响了重大政策的权威性和严肃性，很容易造成债权人的质疑。此次闽发证券个人债权人在政策公布后仍在公司总部围聚闹事，情绪激昂，足以证明此次政策在公布方式上的失策。

2004 年 10 月 26 日，中国证监会有关部门负责人在三大官方证券报发表谈话，人们才从对有关媒体失实报道的谴责中第一次知晓，有关赔付政策系"国家政策"！既如此，何以当初不肯明示，以安定人心呢？

当然，说起政策的不透明，我们以为，更值得注意的是此次问题券商之被"托管"本身，以及由托管方负责探讨的"重组方案"。

在市场经济国家，企业或金融机构出现资不抵债，绝大多数均选择重组或破产。所谓重组，主要是"债务重组"，即要求债务人和债权人通过谈判取得妥协，削减债务后使公司重新恢复正常运营，避免被清盘的不幸结局。这种市场化重组最终得以实施，有其基本前提条件，最主要的是重组主体（大股东）的实力和诚意，市场化高水准中介机构的进入，以及整个重组过程的公开透明。中国在 2000 年前完成的广东粤海集团债务重组，就是唯一的但具有经典意义的成功先例。

此番由资产管理公司先"托管"再探索的"重组"，究竟如何难见眉目。一个可见的现实是，新的托管者均系大型国有资产管理公司，其托管原因是该券商"严重违规经营"，而相关公司的资产状况、托管者的未来行动计划并不透明，亦未见国际会计师事务所、投资银行等中介机构进场迹象。

人们要问：违规经营在证券业其实并不鲜见，究竟严重到什么程度才被"托管"？什么样的机构具备托管者资格，并且因之负有什么责任和义务？在托管之后，从"重组探索到重组实施（或清盘）"，究竟应当执行什么标准，达到什么目标？今后券商一旦出现危机，是一律安排"托管"模式，还是可由股东及债权人选择市场化重组或是清盘？这些疑问并非枝节，正关乎市场广泛期待的券商优胜劣汰机制的建立。然而，监管部门对此均无明确表述。

政策的不确定性是市场稳定的大敌，而缺乏对透明度的基本要求，是导致不确定性的直接原因。细读各营业部门前的托管公告及新华社所发《解释》，明眼人已经懂得，此番国家决心以 2004 年 9 月 30 日为界，以既定标准收购金融机构个人债务，就是"买棺材"而非"买植物人"，意图毫不含糊。我们期望执行者将有关政策准确无误地传递给市场，并坚决贯彻不打折扣。在方向明确以后，重振中国证券业需要一个公开透明的政策环境。

-2004 年第 21 期-

以对内开放回应外资撤离

中资商业银行的"二度国有化"不可取，关键在于加快对内开放。

酷寒骤至，外资抛售中资银行股份的消息接踵而来。市场上事前曾出现"中资不允外资撤资"之谣传；然而，李嘉诚基金、美国银行、瑞银集团、苏格兰皇家银行，或大手笔减持，或全线撤离，很快成为事实，其投资收益在冷市中令人眼热，国内舆论遂一片哗然。当前，确实可以听到"早知今日，何必当初"的讥评不断，"国有银行贱卖论"再起，也可见到相应的争辩和理性分析。

不过，我们以为，改革决策者除了对外资退出的"正常交易表示理解"，其回应不可止于对过去若干年来银行业改革成果的维护和认可。应当看到，如果全球金融形势保持当前态势，中资商业银行将在2009年内迎来境外战略投资的减持高峰期。这将意味着此前五年如火如荼的金融全球化进程在中国暂时放缓，也对中国近年来所选择的"以对外开放促改革"的模式形成挑战。改革决策者应心存忧患，变不利为有利，大胆推进对内对外全面开放，探索银行股权多样化的更多形式，将银行改革引向深入；而"外退国进"，将中资商业银行"二度国有化"则断不可取。

从目前来看，外资撤出对中资银行影响仍然有限。中资银行不仅资本充足率达标，盈利能力增强，而且资产质量也比较好，并未出现西方金融界那种杠杆数十倍放大的局面。中国的巨额外汇储备和丰裕的政府财力本身，也足以对中国银行业形成支撑。

然而，截至2007年年底，中国已经有24家银行引进了30多名境外战略投资者，按外资成本计，吸收境外资金约220亿美元。以当前全球金融体系的"去杠杆化"压力，进入中国的绝大多数商业性金融机构很可能会在2009年与2010年两年禁售期满后选择减持，外商撤资可能发展成整体性行为。当然，相对于近48万亿元的中资金融机构本外币存款和1.95万亿美元的外汇储备，可能的撤资总额算不得大数目，而且仍然会有一些看好中国的境外金融机构接盘，但外资大规模撤出的影响还是需要充分估计——

其一，中资银行的治理结构，可能因为外部战略投资者的缺席发生改变；其二，在当前经济滑坡之时，中资银行还面对银行资产质量下降的风险，其资本金补充机制仍受到挑战。

在2009年，尽管中国加大了积极财政政策的操作力度，但由于私人部门投资因利润率下降而增长乏力，产能依赖境外吸收的可能性大幅下降，银行近中期的盈利前景也并不乐观。作为实体经济的最大债权人，中国银行体系的盈利直接取决于实体经济部门的收益。中国企业盈利能力在最近一个季度出现急剧反转，同比下降显著，而银行信贷仍出现同比增长局面，主要集中于企业部门。企业利润下降而信贷增长，体现出银行对经济周期反应的某种滞后性。即使利率政策确保银行体系仍然可以获得3个至5个百分点的存贷款利差收入，企业部门违约概率也会激增，可能导致更多的信贷本金损失。在此背景下，如果银行本身的治理结构缺失加剧，政府的干预又相应加大，必然对盈利能力形成进一步的负面影响。

倘若银行业出现更大问题，则资本金损失在所难免。国有大型银行可以继续依靠中央银行担保资产质量，摊销既有损失，但这正意味着重回封闭轨道和旧有治理窠臼；而大量中小银行的大股东多为地方政府，资本金补充机制不完善，经营困局可能转化为信用危机。如果出现这种局面，将意味着世界金融危机对中国银行业的传染酿成重疾。

危机究竟引致倒退还是转机，全在于洞见与决断。当年，中国银行业机制陈腐，不良率畸高，贷款损失远远超过了资本金，被广泛认为已"技术性破产"。改革决策者经过种种磨合与探索，最终在政府注资、财务重组和银行内部产业化改革的基础上，通过引进战略投资者和成功上市，初步建立了与现代银行制度接轨的治理机制，实现了中国银行业的良性转轨。在当时的各种制度约束条件下，这一改革只能先行选择境外投资者和海外上市，并对境外投资者比例有一定限制。但无论如何，改革的核心，在于迈出了银行产权制度改革的实质性步伐。中国银行业迄今能经受住金融危机的冲击，不能不归功于当年的果敢改革。

如今，外部环境发生了巨变，瞻望前景，应当看到未来困难和挑战可能更大，也看到新的改革契机已经出现。如何逐步降低银行的国有股权，向境内民营投资者放开银行类金融机构股权，彻底消除国有大型银行对外汇储备的觊觎和依赖，是必须考虑的近期对策。在坚持全方位开放政策的同时，还应总结对外引资操作环节的经验和教训，通过配套改革，不断完善治理结构，使境内外多元投资者在银行治理的层面发挥更大作用。改革可能仍显渐进之势，但重心必须突出，策略该当明晰，大智大勇在当前关键时期仍是必不可少的。

-2009 年第 2 期-

创业板的错位与复位

> 越俎代庖的呵护，恰恰扼杀了市场自身的活力，并必然会出现各个层面的逆向选择。

酝酿十年之后，创业板的出世承载了人们太多的良好愿望。然而，2009年10月30日的开盘，创业板鸡犬升天的景象，几乎复制了数年前中小板诞生的一幕，不免令人们的殷殷热望蒙上了阴影。开盘当日，首批上市的28只股票均一飞冲天，在普遍大幅高开的基础上，所有股票至少触碰了一次涨停阀值，其中，金亚科技（300028.SZ）更是一举上摸到80%的涨幅，上市首日平均涨幅达到106%。接下来的几个交易日，股价大幅下挫后剧烈波动。尽管监管层三令五申，设计了种种机关防止爆炒，然而仍未能抑制大起大落的癫狂之态。继中石油A股天价上市、权证恶炒之后，创业板成为各路游资又一个肆意纵横的平台。

不惟如此，在层层选拔的28只股票中，关于上市前夕火线进入、一夜暴富的故事，关于上市公司超额募集、报表不实的情形，亦屡屡见诸报端。

一项绸缪良久、精心策划的重大工程，何以如此轻易地被股市旧基因俘获？一个至关重要的事实是，创业板的创设从一开始就混淆了监管与控制的边界，使得其在诞生之初就受到了太多的人为呵护，远未发挥自发配置资源的市场功能。

首先，在发行环节，创业板采用的仍然是审批制而非核准制。这种基于实质内容而非信息披露程序的审查，看似对投资者负责，但从制度层面抑制了市场选择的自有功能。在数百家上市申请中层层选拔的28家公司，早已度过了创业之初的风险期，给人以强烈的政府背书色彩。加之在创业板诞生之前，舆论的"正向引导"，中介机构的大力推广，大大抵消了监管机构风险提示的效果。就创业板而言，"创业"二字的含金量应远远高于简单的"绩优"概念。真正成功的创业板绝不仅仅是一个融资平台，而是能够沙里淘金、化丑小鸭为白天鹅的孵化器。

其次，人为控制市场供需也加剧了市场的不理性。创业板公司从申报伊始，就出现排队报材料的情况，上百家公司等待审核。管理部门在左右权衡之

· 205 ·

后，确定了首批上市的名单，随后一个月停止召开发审会，专心等待创业板开盘。这种由担心市场波动而人为控制市场供需的操作在主板市场运转多年，历史经验早已证明，此举从来无益于市场本身，深为市场诟病。

最后，退出制度的模糊性，也在一定程度上助长了投机气氛。根据《深圳证券交易所创业板股票上市规则》的规定，在多种情形下，创业板公司将被实施退市风险警示；其中第十三章提到，若公司"重整计划执行完毕"，可撤销退市风险警示。这意味着，尽管深交所屡次强调创业板将实施严格的退市措施，但仍然为重组即炒作壳资源预留了后门。由于创业板盘子更小，利用重组机会爆炒重组概念的可能性将大为增加。

凡此种种，事实上与目前的A股主板市场并无二致。监管者的初衷无非是希望能够提供优质公司、活跃市场，因而对其呵护备至。比如退市问题，无法真正从严执行的逻辑即在于，一旦公司出现问题，面临退市风险，在群情汹汹之际，监管层只好给予其重生机会，美其名曰"保护投资者"。

然而，这种越俎代庖的呵护，恰恰扼杀了市场自身的活力，并必然会出现各个层面的逆向选择。监管层面的设租，上市公司的寻租，投资者的投机化，早已得到了逻辑和历史的双重证明。事实上，创业板能否成功取决于多重因素，从根本上是由一个经济体的创业潜力决定的，而这又与整个社会的投资环境、法律环境密不可分。监管层既不能也不应担保上市公司的业绩表现甚至投资者回报，更不能片面追求市场规模和活跃度，否则，种种美好设计，都将会被打着"保护投资者利益"旗号的有力者劫夺。

对于证监会和交易所而言，维护市场健康发展当然是题中应有之义，然而，其职责应集中于规则的制定与执行，而非代市场选择。健全交易机制、严格监管各种利益主体，确保事先的充分信息披露和事后的惩罚机制，以及深入开展投资者教育。凡此种种，要么细碎烦琐，要么触及利益核心，因而最容易被忽视或漠视。

在国际范围内，创业板成少败多，其成长之路诚非坦途。中国作为全球最大的新兴市场，并不缺乏创新能力和市场，所欠缺的惟有保证市场健康运行的制度。创业板并不完美的开幕式，恰为监管当局敲响了警钟。倘能及时吸取教训，对症下药，时犹未晚。

-2009年第23期-

批评权、知情权，还有"新基金"使命

> 在中国证券市场的发展中，任何道理都不可能凌驾于市场"公开、公正、公平"的原则之上，而在三"公"之中，"公开"居于首位。

在 2000 年 10 月份的中国财经界，众说纷纭而且持续至今仍为舆论重大热点的事件，竟是本刊 10 月号的封面文章《基金黑幕》。这是笔者事前不曾逆料的。由于各种议论中屡屡议及《财经》该不该刊登这样的报道，事涉公众有没有权利知道已经被某项研究证明的事实，就有一些看法需要谈一谈。

这牵涉到一个非常基本的问题，亦即在金融市场上媒体的批评权和公众的知情权究竟应当被置于何种地位。

一种相当普遍的、似乎也算"善意"的看法认为，报道披露的事实在业内当然存在，"黑幕"比起真实情况还不算很黑，但中国的市场现实只能如此，《财经》硬将之揭出来又有什么用呢？而且，基金毕竟是市场上的新生力量，于中国证券市场发展有诸多进步意义，其纵使有缺点也是"九个指头与一个指头"的关系，至多不过是"三七开"，为什么发表这样的报道使之"信誉扫地"呢？

还有一种看法与上述有相似之处，但更尖锐更决绝，是坚定地认为基金业成就昭然、不容否定亦不容"误导"的。由此推理，《财经》的报道自然就是恶意之至了。

这样的说法乍听来相当铿锵，因为其立论的基础都是在谈基金于中国证券业健康成长之大局。但认真推想，却又发现并不很通顺。比如，基金业的出现和发展固然是很了不起的事情，就像证券市场本身的存在和发展是很了不起的事情，但有什么理由认为，媒体之于市场的批评权、公众之于市场的知情权就是相对次要的事情呢？而且，就算已揭示的黑幕还不算很黑，或按另一种极端的说法，基金业成就昭然，为什么媒体就不能让公众得知一份研究报告所披露的、或许让人不愉快的重大事实呢？——重复一遍，这份报告出自专业人员之手，其内容是对 22 家新基金在上海交易所大宗交易行为半年跟踪研究的定量分析。

人们常说，世界上有大道理也有小道理，大道理可以管住小道理。这可能就是《财经》有关基金的报道刊出后，一些反对的看法大言炎炎，拼命想讲出一些大道理的原因。其实，在中国证券市场的发展中，任何道理都不可能凌驾于市场"公开、公正、公平"的原则之上，而在三"公"之中，"公开"居于首位。由于资本市场上信息不对称性的特点，公开性的实现即使在成熟市场环境中也相当困难。因此，公开性这一最基本的原则，本是不可动摇的。媒体的批评权与公众的知情权作为公开性的保证，其重要地位必然地优于市场上某一利益集团自赋或他赋的"历史使命"。如果一定要援引国际惯例或"公理"，这才是无可置疑的公理。

今年是中国证券市场成立十周年，《财经》已经陆续刊登了一批第一代证券人回首当年的文章。从这些第一手的材料中，我们可以很深刻地体会到中国证券市场的创业艰辛，也可以进一步理解这个新生市场上种种缺陷很难以避免。然而，十年的里程并不算短暂，在急速转型的中国尤其如此。如果说十年来的市场成长本来就伴随着媒体监督的强化过程，那么在市场已经相对成熟的今天，就更没有理由对于媒体的批评权提出任何质疑。

读10月中证监会主席周小川接受三大证券报记者采访的实录，注意到周主席站在监管层的角度，也在进行各种比较。周主席认为监管层对于融资者和投资者，保护投资者更为重要；对于大投资者和中小投资者，保护中小投资者更为重要。基于此，周主席再次强调了舆论监督的作用。

无论如何，管理层这种鲜明的看法对于媒体行使自身的批评权、维护公众的知情权，是一种很大的支持。可以想知，《财经》的《基金黑幕》其实只是走出了必要的一步。在未来的日子里，随着市场的成长与成熟，中国的证券记者们在新闻监督方面定会有更多更大的作为。

-2000年第11期-

事实胜于雄辩　是非终有分明

> 3月23日证监会所公布的基金交易行为调查情况,既使人看到中国证券市场的规管发展已经出现新的分水岭,也给人带来了更多的悬念和更高的期待。

今年2001年3月23日晚,中国证监会公布了对基金运作中异常交易行为的调查结果。自《财经》杂志2000年10月号发表封面文章《基金黑幕》,引发轰动一时、颇富争议的"基金黑幕事件"以来,终于有了来自官方的正式答案。虽然短时间内并未见市场上沸沸扬扬,但海内外业界人士都非常清楚,从长期来看,监管部门此举及相关行动的影响将是非常深远的。

从证监会的公开文件可以获知,此次对于基金交易的调查,主要是检查基金运作中异常交易行为的基本情况。调查表明,整个基金业的10家基金管理公司中,8家公司都存在异常交易行为,其中3家较为严重,又以博时基金公司为最。在这里,所谓异常交易行为,系指"在一定的时间段内,通过行为人自己控制的同一个股票账户,在同一交易日内对同一只股票,频繁做出既买又卖的报单",亦即市场中人们通常所说的"对倒",明显涉嫌违法违规。

2000年10月本刊披露上海交易所监管人员赵瑜纲的研究报告结果,其中最重要的内容之一,就是对基金业"对倒"行为的揭露。报道以《基金黑幕》为名发表后,曾在基金业内掀起轩然大波。10家基金公司联合发表"严正声明",言之凿凿地指出,"《基金黑幕》依据的资料的数据采样不准确,研究方法不科学,对基金的交易行为的判断与事实严重不符",有"颇多不实之词和偏颇之论",甚至表示要保留进行法律诉讼的权利。在当时,本刊并没有就"严正声明"提出的问题作正面回应,只是申明,相关报道确有可靠消息来源,应当让公众知晓;我们也没有就到底该如何维护新基金的信誉进行更多争论,只是确信,事实比任何推论都更有说服力,只要专业人员赵瑜纲的分析研究能够得到重视,一定会有权威机关以更深入的调查对基金的交易行为性质作出进一步结论。

我们没有等得太长久。仅仅5个多月后,中国证监会以行动作出了回答。从目前可以读到的并不详细的初步调查结果中可以看到,本刊所披露赵瑜纲研究报告中提出的基金业的问题，确实相当程度地存在着。30名基金公司经理人员因之受到处分，其中严重者，目前发现的有博时基金管理公司，已经涉嫌证券欺诈，将被立案调查。当年美国两名教授于1994年揭露出券商代理纳斯达克股票交易中的"黑幕"，美国证监会和司法部用三年时间调查后才有大规模行动；1998年年初香港百富勤倒闭后被指其董事曾有疏于职守和虚假披露的行为，香港证监会在两年调查后才有正式结论。相形之下，在百端待举的中国发展中市场上，中国证监会的调查进展可谓相当有效率，而市场的进步和转变也有希望来得更加迅速。

而且，这种转变不但昭显于监管层面，也开始表现在基金管理公司内部。在今年2月的基金业自查中，无视问题的辩白不再是主基调，各个基金公司均集中精力于"核对有关事实，落实责任人员，纠正公司在治理结构、投资理念、内部控制、员工职业操守和纪律程序等方面存在的问题"，严肃纪律，自查自纠。这就是某种行业性的进步。

当然，3月23日证监会所公布的基金交易行为调查情况，既使人看到中国证券市场的规管发展已经出现新的分水岭，也给人带来了更多的悬念和更高的期待。业已公而告之的调查结果毕竟只是一个简况，对广大投资者来说，正在市场上公开交易的20多家基金究竟被发现什么问题，哪些相关公司和人员受到何种处理，未来将受到什么样的进一步调查处置，需要得到更翔实的披露和及时的通告。此外，自去年年底"中科创业事件"曝光后（详见《财经》2001年2月号封面报道《庄家吕梁》），人们已经确知，《基金黑幕》中所揭示的基金经理高位"接庄"，以及"中科创业事件"中暴露出的"老鼠仓"，都相当广泛地存在着，它们正是中国证券市场上可怕的扩散性毒瘤。由证券监管部门与司法部门通力合作，查处打击此类公然违法犯法的恶性股价操纵，是市场健康发展之必需，也是对中小投资者最起码的公平。在2001年之"监管年"（对监管者，其实每一年都应如此）中，这方面应有显著的成果。

-2001年第4期-

"亿安科技案"还没有完

打击内部人操纵股价，正是中国证券监管中更重大也更迫切的任务。

2001年以来，中国证监会在行使监管权力方面，做了一系列前所未见的大事情。其中之一，便是对亿安科技操纵案进行了比较坚决的查处。过去，人们只是对中国上市公司股价被庄家操纵的情况有种种说法，但始终难得确凿证据；甚至"庄家"吕梁自曝内幕，也还是没有描述出具体的操盘手法和吸筹出货过程。唯有证监会的调查把庄家的恶行查得很清楚而且讲得很具体，于是我们知道了：（1）四个"庄家公司"通过分散的627个个人账户和3个法人账户联手进行操纵；（2）庄家在操纵最猖獗时，控制了流通盘的85%；（3）庄家在操纵时采用了"对倒"的手法。

根据证券法的规定，上述三条的任何一条，本身已经构成操纵市场；三者集于一体，可见亿安科技庄家作恶之甚。

然而，仅就证监会公布的结果看，"亿安科技案"仍是一起外部操纵案，与上市公司无关。可《财经》的调查表明，此案的"庄家公司"大有来头，其中四之有三属于亿安集团员工兼董事长关联人士所办公司。由此看来，"亿安案"更像是一起内部操纵案。

这种情形，足以引起我们对"亿安案"的进一步关注。应该承认，比起单纯的外部人操纵股价，内部交易乃至内部人操纵属于性质更为恶劣的行为。其对于市场的直接破坏作用更大，后果也更为严重。特别是在庄家横行的中国证券市场上，庄家与上市公司联手一直被认为是普遍的现象。近两年来甚至出现一种看法，认为如果庄家进入而未与上市公司"打招呼"，做庄本身都很难成功。打击内部人操纵股价，正是中国证券监管中更重大也更迫切的任务。

查处内部人操纵案需要证据，"亿安案"并不难发现重大证据。根据目前材料，亿安案的内部操纵者无非有三种可能：其一是该亿安员工兼董事长关联人士本人；其二是由该人所代表的亿安董事长；其三是由该人所代表的亿安集团。因为此案涉案金额数目过大，而且操纵过程组织周密，后两者的可能性相对较大。而无论操纵者是谁，只要在证监会已有的调查基础上顺藤摸瓜，为发现真相要做的工作已不是太多。按照国外成熟市场的监管惯例，此类内部人操纵事件一经发现，处罚往往更加严厉，需要诉诸刑法，以儆效尤。中国亦应考虑学习国外经验。

根据来自中国证监会的消息，"亿安科技案"已经移交公安司法机关进一步查处。这使我们既觉欣慰，也不无担忧和遗憾。实事求是地看，中国的公安司法部门目前还缺乏查处证券犯罪方面的充足人才，其一般办案人员对复杂的资本市场运作及相关法律的熟悉程度可能逊于证监会；此外，一起案件中途易手，新人重新进入情况也需要过程，这都无形中加大了案件的查处成本。想到"亿安科技案"在证券市场上影响巨大，而且目前已发现的庄家公司几乎不可能拿出证监会确定的罚金，可知对此案的查处力度应有所加大，速度应有所加快，谨防板子"高高举起、轻轻落下"，给市场传出负面信息。

在国外成熟市场经济环境中，证监机构往往具有更大的权力。例如，美国证监会官员可以采用监听等侦察手段进行调查，更可持枪对罪嫌进行司法拘留；香港证监会主要履行民法范畴的调查责任，但亦可带警察前往抓捕罪嫌。相较之下，中国转型期新生的证券市场违法犯法行为频率更高，证券监管的资源却明显不足，以正胜邪的难度自然大大增加。从这个角度看，检讨现有的监管能力，增加应予的监管资源，实在应当成为今年"监管年"的重点之一。而众多新闻媒体履行自身职能、加强对市场的舆论监督，对中国市场健康发展的作用将会非常重大。

-2001 年第 6 期-

银广夏停牌的下一步当是彻底查处

> 公众的批评和疑虑可以成为监管部门的警戒，但我们也有理由期待整个事件会朝着健康和良性的方向发展。

2001年8月2日晚，刊有《银广夏陷阱》一文的《财经》杂志8月号在印刷厂印刷装订完毕，准备出厂。由于杂志内部事先严格的保密，有关报道的消息没有泄露。此时，为保证消息可以在同一时段让所有的投资者，包括机构与个人有同样的机会获知，编辑部按报道内容摘要写成消息上网。至次日晨，《财经》杂志"揭开银广夏陷阱"的新闻已经见于国内主要财经及新闻网站。

事件于是这样发展：3日10点，银广夏董事会公告，因担心报道会"引起银广夏股票价格的异常波动"，向深交所申请停牌，并称将于4日复牌。《财经》杂志于当天下午及晚间陆续在北京面市。当晚，银广夏再次公告，宣布将停牌时间延至7日下午。至6日晚，银广夏又公告停牌延至8日。

7日晚，银广夏发布风险提示性公告，表示"经初步核查，天津公司的确存在产品产量、出口数量、结汇金额及财务数据不实，问题严重，涉及面广，需要彻查"；并表示"将不折不扣地履行诚信义务，实事求是地处理天津广夏公司中所发生的问题"，"毫不隐讳地正视存在的问题"。公告称，公司将于8月8日、8月9日、8月10日连续三天刊登此公告，在此期间公司股票停牌，8月13日9点30分起公司股票恢复交易。

8日晚，银广夏再发风险提示及停牌公告，称"鉴于本公司的子公司天津广夏情况严重，为保护投资者利益，经本公司申请，中国证监会批准，本公司股票自2001年8月9日起停牌30天"。

对于深交所及证监会先后批准银广夏停牌，市场上的看法和猜测是各种各样的。显然是由于对证券监管缺乏足够的信心，不少人强烈地盼望着市场的惩罚痛快淋漓地兑现，倾向于批评和质疑停牌决定。人们说，停牌一个月的时间，甚至可能是更长，这不是给了问题本已严重的银广夏太多的喘息时间吗？既然银广夏是一家由庄家控盘的公司，为什么不让它继续"交易"，来它一连串跌停，狠狠教训一下市场操纵者呢？

由是,许多人本能地觉得银广夏和庄家都已经得到了监管部门的关照,担心如此重大的上市公司造假事件得不到比较彻底的查处。

我们完全理解公众的疑虑和担心,但也同时认为,此次停牌应当是合乎市场法规与国际通行惯例的正确做法。在中国的香港抑或西方成熟市场经济国家,遇到上市公司发生或暴露出重大问题,会引起该公司股票的重大异常波动,或导致严重损害小股东的利益时,都有可能选择停牌的办法,直到重大不确定因素消除后方予复牌。就"银广夏事件"所引发的正在进行的查处而言,停牌本身并不会影响监管与查处,在某种意义上还可使之较为便利地进行。

"银广夏事件"所反映的问题,无非集中于两方面:其一系公司的造假行为本身;其二系可能的股价操纵。造假必是有动机的,据中国市场的经验,此类造假往往与推高股价的目的相关,上市公司内部人与庄家联手控盘操纵股价很难排除;后一种情况又使一般人认为,立即恢复交易只会使庄家大大受损,而普通股民较少牵连其中。但也应当承认,银广夏究竟在多大程度上由庄家控制,目前还不能确定,而纵使仅有少数散户,对其保护也是市场公平之必需。更重要的是,在目前诸多重大不确定因素存在的时候,机构庄家因信息较灵仍处于交易中的优势,可能在大量抛售后迅速出逃,既使不明真相的中小投资者落入陷阱,也给查处与惩罚陡增难度。

1998年年初的"琼民源事件"中,证监会在1998年1月27日上午向深交所发出打算查处公司的传真后,公司股票继续交易了一天半,许多机构撤出而散户抢入,使普通投资者受到极大伤害;2001年1月证监会公布查处亿安科技,公司股票连续五天跌停,庄家迅速撤出,后来虽然其做庄行为被监管部门所认定,但8.9亿元罚没款已无着落。过往的教训相当深刻,亦显示出在中国的新兴市场环境中,停牌对于查处庄家有很大必要性和特殊作用。

当然,停牌之后还要看监管部门查还是不查,彻底查处还是草草了事。此次"银广夏事件"的过程可能会比较长,结果如何现在还远不到得出结论的时候。在当前,公众的批评和疑虑可以成为监管部门的警戒,但我们也有理由期待整个事件会朝着健康和良性的方向发展。兹事体大,今天和明天的一切最终都会成为证券市场历史的一部分,而历史是公正无情的。

安然、银广夏和证券市场监管

> 因利益失衡出现的重大偏差，需要通过平衡利益来校正。将"银广夏事件"与"安然事件"前后市场的种种反应进行对比，就可以看到在中国证券市场上发展多种利益主体是何等迫切。

美国安然公司 (Enron) 的破产案，2001 年 12 月以来国内报纸谈论甚多，沸沸扬扬。因为对发生在美国的这起资本市场重大事件的全貌毕竟不很清楚，又希望给读者一个明白直接的交代，就有一种提法流行开来："美国的银广夏"安然如何如何。其实，虽然银广夏造假，安然也造假，两起事件仍有根本性的不同。安然造假被揭穿是个比较长的过程，与之相伴的正是投资人用脚投票。安然股价在 2001 年年初最高时达 90 美元，后来随着媒体和分析师的质疑步步下跌，在同年 10 月已经跌至 30 美元。到 11 月该公司寻求被收购失败，股价已经在 1 美元以下。破产是 12 月 2 日的事情，已完全在预期之中。所以《华尔街日报》一篇评论说："安然败了，但市场胜了。"

银广夏的造假故事触目惊心，引发了国内许多人对于监管的批评和反思。但以往对监管的理解，还是过多地集中在职能部门身上，例如证监会和司法机构。从"安然事件"可以看出，证监会和司法介入固然重要，但这主要还是事后的监管，而在整个事件发生过程中，若要较早阻止或揭露造假行为，使市场公正和效率得以体现，市场本身的制衡力量很重要。据此，耶鲁大学的陈志武教授将市场监管分为五层，除了按传统的看法承认公司董事会、证监会和司法部门的作用，还强调了两种极为重要的力量——媒体监督和市场参与者的监管。在"安然事件"中，最终市场胜了，主要是后两种监管力量发挥了举足轻重的作用。

中国媒体对于证券市场的监督近一年来正在步步加强。财经媒体是为广大读者、包括投资者服务的，而监督（watchdog）从来都是其最重要的基本职能。要紧的是，行使这种职能与其他职能不一样，不仅不能收费，还要花钱去采访调查，而且直接得罪既得利益者，承担了多重风险，可谓成本高昂。所以，这方面要做得好，不光需要正确的理念、勇气和智慧，需要社会的支持和肯定，还要有媒体市场的竞争机制来逼一逼。按经济学家们的说法，就是要有足够的驱动力。

　　有鉴于此，就应当取消对国内的财经媒体中所谓"指定信息披露"与非"指定信息披露"的区别对待，更应当同步建立起有利于媒体履行监督职能的外部环境（包括政治和法律环境），促使传媒业形成平等竞争、透明自律的机制。这正是财经媒体不断强化监督功能的前提，而中国证券市场的未来定会从中极大受益。市场参与者对证券市场的监督，在中国相当薄弱。这与中国证券市场与生俱来的结构性缺陷相关，也与市场本身的发展水平相关。成熟的市场上总有相互对立的利益主体，相辅相成，相克相生，也就是人们通常说的买方与卖方、多方与空方，等等。各种利益主体形成平衡，各方的分析师和媒体一起形成强大的市场合力，推动了市场透明度的提高。中国市场还在发展初期，在买卖方向上本来就只有"做多"一方，而且买方与卖方几乎已经利益趋同——暗中勾结者之外，最重要的是已有的15家基金管理公司都由券商和信托投资公司所控制，而这些券商自身恰恰正是卖方，"买卖一家"的垄断局面使市场上难以形成独立的强大买方力量。在这种既有格局中，独立的、实事求是的专业分析既少且微弱，无法受到应有的关注。

　　因利益失衡出现的重大偏差，需要通过平衡利益来校正。将"银广夏事件"与"安然事件"前后市场的种种反应进行对比，就可以看到在中国证券市场上发展多种利益主体是何等迫切。具体到操作层面，当前有两方面的事情较为重要，一是在基金业放开行业准入，改审批制为核准制，使机构投资者的发展与壮大体现出多种利益主体并存的原则；二是选择时机推出新的金融工具，建立"做空"机制，使市场的各种力量有足够的激励相互制衡。在当前，决策者可能出于对现有行政"监管能力"的担忧，放缓市场自由化脚步。不过，理论和经验都表明，以行政监管来代替市场监督从来是得不偿失，不断完善的市场机制才是建立公正市场秩序之本。

　　当然，中国的证券市场可谓百业待兴，纵使在被确定为"监管年"的2001年中，我们更多看到的还是各个层次监管机制中普遍存在的缺口和遗憾。或许，认真研究"安然事件"可以帮助我们摒除银广夏曝光后那种挥之不去的悲观，看到中国证券市场转向健康的力量所在。这种力量其实也来源于我们自己。

-2002年第1期-

"格拉索薪酬事件"之关联

> 过去我们喜欢强调市场的透明和监管政策的透明,从纽交所的"格拉索薪酬事件"举一反三,可以看到监管机构本身的人事和行为透明化也至为重要。

市场诸事并非总有关联。比如纽约交易所主席格拉索因为获取过高薪酬被曝光,尔后被迫辞职,乍看就显得与世界上其他地方没有太大关系。格拉索拿的钱太多,按合同到2007年退休,竟然可拿到1.88亿美元的酬劳,还不计每年140万美元的年薪和100万美元的奖金。这个数字,简直可以比上第三世界一个小国的GDP了。世界上还有哪个市场会有这样的"人力资本价格"呢?

不过细细体会整体事件的个中堂奥,一定可以更多地领会华尔街文化,进而看到与我们正在发展中的资本市场相关的原则和规律,这是很有意义的。

美国华尔街是全世界最有效率的资本市场,而华尔街上人工之昂贵,也令其他地方侧目。不过,华尔街公司高级管理人员的薪酬高低不仅经过董事会决定,与公司的业绩直接关联,而且一般在年报中公告。华尔街投资银行CEO的收入每年可以达到上千万美元,市场中人早已知晓,并不很吃惊也没有太多非议。然而,纽约交易所的CEO——负责监管华尔街交易的自律性监管机构的最高负责人,其收入可不可以与投资银行的CEO比肩甚至超过后者呢?过去至少有些人认为是可以的,否则就不会有格拉索除上百万美元的工资外,退休时可以拿到1.88亿美元其他报酬的合约出现。然而,大多数人认为是不可以的,这一点,现在已经有了明确的结论。

原则这样认定:监管者可以有高收入,但只是中等水平的高收入(在美国比较可以接受的是百万左右的年薪加百万左右的奖金)。而在此之外的种种名目的超高收入,完全超出交易所利润贡献也超出交易监管职位市场价格的超高收入,在温和的批评中,已经被认为是岂有此理;而更尖锐的看法,则倾向于认为这是监管者与被监管者之间的一种共谋,正是纽交所近年来丑闻迭出的根源之一。因为,决定给予格拉索高薪的纽交所董事会,其主要成员都是华尔街大佬。这就牵涉到了交易所本身的治理结构变革。

由格拉索的薪酬之争，可以进一步看到监管机构也需要非常透明，而且在透明的环境中建立更合理的治理结构。格拉索薪酬甫一曝光，美国市场人士便大跌眼镜。不独外界对此一无所知，甚至董事会的一些关键性成员也明确表示，事前并不知悉详情。很显然，透明度本身就是一种强有力约束。过去我们喜欢强调市场的透明和监管政策的透明，从纽交所的"格拉索薪酬事件"举一反三，可以看到监管机构本身的人事和行为透明化也至为重要，正直接关乎交易的公正和效率，关乎市场的信心。提高透明度有各种办法，除上市之后按上市规则加强透明度之外，政府监管机构可以强制方式直接要求与市场公正相关的机构，例如自律监管机构交易所，提高透明度，媒体更可以为之付诸行动。监管监管者需要通过透明度来实现，纵使在成熟的资本市场例如美国，也是用昂贵代价换取的经验，值得牢牢记取。

吴敬琏说过："证券市场不能太黑。"这话很多人不以为然，在美国出现"安然事件"等系列丑闻之后，则更不以为然。一个突出的理由是说，既然美国都有那么多问题，中国发展中的市场黑一些丑一些不但必然而且必需。及至美国有了"格拉索丑闻"，事涉中国人绝不可能拿到的九位数美元的薪酬和不尽相同的交易所体制，这种不以为然很可能趋于激烈。然而，我们认为这样简单化地看问题是有害的。

道理很简单，中国和美国是截然不同的国家，其资本市场也处于完全不同的发展阶段，根本无法简单比附，需要关注的应当是具体教训、基本制度安排和原则方向。美国资本市场在2001年"安然事件"后已经受到一系列信心打击，2003年下半年信心刚有恢复，又能闹出"格拉索事件"，其实说明其市场力量的整体合力并不回避连续震荡，更着力于长远的、公正透明的机制建设。这是有着较强自我修复能力和原则底线的市场。中国在今天师法成熟市场，更应看到成熟市场的特点，明确借鉴的目的是少走弯路，少付代价，绝不能为停留在改革中间状态寻找借口。

中国要发展市场经济、走向世界，就要了解资本主义和资本市场的复杂精要。"格拉索事件"，以及此后仍然可能继续发生的华尔街丑闻，正是市场上最新鲜、最有价值的经典案例。与其隔岸观火幸灾乐祸，不如认真将彼岸发生的事情当做教科书获得裨益。这是我们的一贯主张。

-2003年第19期-

王小石、证监会和监管腐败

> "王小石案"曝光,媒体纷纷指责讥评,虽然初看有损证券监管部门形象,其实正有利于反腐败机制的建立。舆论良药苦口,也是增大腐败惩治强度的一种手段。

王小石是 2003 年 11 月 4 日被北京西城区检察机关带走的,而媒体从 11 月 12 日那个周末始对此事进行报道。此后的两周,"王小石案"成了中国财经媒体最主要的热门新闻之一。各种追踪报道、分析评论层出不穷。不仅身为证监会副处长的王小石本人,甚至他的相关涉案人员林碧等,也陡然间成了新闻人物。中国证监会更处在舆论的旋涡之中。

可能有些人对此感到不适和恼怒,也有许多人感到很不满足。我们则认为,到目前为止,此事的进展应属差强人意。王小石究竟如何涉经济罪案,此案为孤案还是连带更多人,其实有待司法调查的深入,最终要由事实来说话。不过,"王小石案"事发,其正效应会远大于负效应,对公众、对市场、对监管机关都主要会是好事,则是一个可见的结果。

据西城区检察院反贪局局长向《财经》证实,王小石与同案人林碧均在 11 月 18 日前后被正式逮捕;王小石系"涉嫌受贿",林碧则为"贿赂犯罪"。此事涉案金额有多少?有一种传说为 20 万元,目前尚无法证实。而市场上之所以对"王小石案"高度关注,主要是因为他的工作岗位——中国证监会发行监管部发审委工作处。最初的指责是朝向往昔欠透明的发审制度的,后来通过对"财经公关"的揭露,已经涉及了一个涉面更深广的话题,即中国证监会可能广泛存在的监管腐败。

其实,监管腐败的存在并不是什么新发现。学者们的理论研究已经表明,监管权力越直接地介入市场,被监管者因违规获取超额利润的动机越强,则官员被腐蚀的可能性越大。如果在监管机构内部,再缺乏有效杜绝腐败、确保廉政的激励机制,甚至出现"贪官驱逐清官"现象,则官员在腐败与廉政的动态权衡中倾斜于前者是极有可能的。

相关的实证研究结果也显示,多数公众认为,金融监管机构的腐败确实存在而且相当严重，金融监管者中又以证券监管者的相对腐败程度为最高（《金融研究》2003 年 6 月）。当今证券业内"财经公关"之广泛存在，本身就是对证券监管腐败的证明，而"王小石案"正可视为"监管掠夺—俘获"链条中已暴露出的一环。

当然，腐败和腐败受到追查惩治是两回事。后者是对于前者的证实，但更是一种抑制。如果公众广泛认同、有人亲见腐败存在，则监管者暂无人落入法网本身，绝不足以抵消质疑、换回信任。相反，惩治强度不足，只会助长腐败蔓延。从这个意义上说，"王小石案"发生，而且很快公之于天下，媒体纷纷指责讥评，虽然初看有损证券监管部门形象，其实正有利于反腐败机制的建立。舆论良药苦口，也是增大腐败惩治强度的一种手段。

中国过去出现政府部门腐败案，常伴随以对舆论的压制封锁。此番中国证监会既平静待之，亦有自查行动，应当说是一种进步。这正对应了其应当承担监管之责的市场，奉行的是"公开、公正、公平"之原则。但也应当看到，恰是由于证券市场的特殊性质，由于中国证监会的特殊使命，公众的要求只有更高。可以说，中国各政府部门处于不同的外部环境，而最易被置于舆论焦点的部门之一就是中国证监会。监管部门万不可因为横向比较略有胜出而自得，所需要的是更高的自律精神和更积极的廉政行动。特别是证券监管的腐败长期以来为社会各界所担忧，坦荡面对问题、重建反腐机制，就更为重要和迫切。

那么，当前"一石激起千层浪"之后，监管机关应当做些什么呢？业界人士已经提出了不少建言，其中包括公布案情进展、全面深入自查、建立官员收入公示制等等，都各有其道理。而我们觉得，在采取种种措施之前，最主要的是调整心态，进而选择公开透明的姿态。

正在调查中的"王小石案"，目前尚不知案情范围，但无论情况如何，监管部门都应准备直面问题，将此事看成反腐改革契机，切忌心存"大事化小、小事化无"之想。中国证券市场已经期待了多年，6000 万个人投资者众目睽睽，面对证券监管腐败的这一刀，如今应当砍下去了。

-2003 年第 23 期-

金融监管框架改革应首去"官本位"

> 改革现行金融分业监管体制,应成为构建以专家监管为主体的现代金融监管框架的良机。

在近来官学两界重量级人士有关言论的鼓舞下,金融监管框架改革顿成金融界舆论焦点。主流看法认为目前金融监管框架是为"九龙治水",应对金融混业潮流带来的监管挑战已力不从心;而如何驭"九龙"于一体,则建言各自不同,有"超级监管机构"说,有"协调机制"说,有"合三为一"说等,可谓五花八门。

这种关心金融监管框架改革的热烈局面让人感奋。不过,如何进行改革,选择什么样的金融监管构架,于种种技术性考量之外,涉及根本性的理念问题。在此根本问题上,是需要新思考与新认识的。

中国现行金融分业监管框架初创于 20 世纪 90 年代早期设立中国证监会,直至 2003 年政府机构改革分立银监会后,银监会、证监会、保监会三足鼎立的格局方才定型。这显然是因应中国金融行业成长的需求,在"摸着石头过河"的过程中逐步沉淀而成的。但是到了今天,分业监管体制的缺陷已经相当显著,重新对金融监管框架做出整体筹划确有必要。分业监管体制一方面造成了对金融创新监管的真空,另一方面又形成了对创新的制约;与此同时,分业极易形成画地为牢的局面。监管的基本依据是信息,而目前的监管体制致使信息资源垄断,导致过高的监管成本。当年德隆坐庄证券市场,种种违规在证券领域早已昭然;但此种风险仍在银行业继续传递难以阻止,即充分显示了权力分割与信息分割的不良后果。

金融业实行分业经营,并不意味着必须分业监管,这本来是很清楚的事实。大刀阔斧,合三为一,建立统一监管机制,正是改革的题中应有之义。然而,当前"官本位"的监管机制,已经成了改革的直接障碍。一方面,现有各监管机构已经全部成为堂堂"正部级单位",仅大批部局级官员之位阶安排,即牵动着巨大的利益;另一方面,"官本位文化"在监管与被监管者之间蔚成风气,监管机构与监管官员的级别直接影响监管力度。如果对现体制继续迁就，未来的整合就意味着更庞大的机构和更高位的级别，不仅监管成本成倍放大，而且路子必然越走越窄。

据此，我们以为，当前思考金融监管机构的改革，建立统一协调的金融监管框架，必须离开旧日的"官本位"监管轨道，努力构建起以专家监管为主体的现代金融监管框架。

在这里，首先，得承认和尊重监管的专业性。金融业是现代经济的核心，其组织形式和业务活动相当复杂，是最体现技术性与专业性的领域。金融监管专业化是必然选择，其运作离不开强大的专家体系。因此，选拔专业监管者必须极度看重专业能力。其次，金融监管机构的执行人员本身不必是政府官员，其选拔也应与选官员迥异，主要在国内外市场公开挑选，高薪相聘，设定合同期限，借市场机制对其进行激励与约束。最后，金融监管机构内部设置不应复制政府部门，而应根据监管的实际需要依条线而设，以专业委员会体制实施监管，这种专业性的内部机制与政府层级甚至不应有可比性。

具体的机构、名称，可以有多种选择，但有别于"官本位"的专家监管，自有其划一的起码原则。考虑到传统"官本位"的惯性，为减少过渡期的震荡，统一的金融监管框架在初建之时，其最高层领导仍可由高级别官员担任，或可收震慑之效；但整体内部机构设制、用人原则不再重走"官本位"老路，当是最基本的底线。

纵如此，级别安排也只能是权宜之举。更重要的还是吸取市场经济国家的成功经验，通过立法，给金融监管机构真正的独立性，对监管机构的领导者明确责与权——问责严厉，则监管机构必须走专家监管之路；权力明确，则监管机构可以消除后顾之忧一意强化监管。当前中国的金融监管机构与被监管对象每有"人才互动"，监管者至被监管公司任职是为常态且无"冻结期"。这种明显涉嫌利益冲突之举，也应在未来的金融监管机构改革中得到规范。

金融监管有效运行，关乎整个金融体系的健康。而在对于监管机构的改革思考中，我们结束"官本位"的使命对于金融机构改革同样适用。在经年路径依赖之后，真正告别"官本位"会非常艰难痛苦。不过走出这一步已经势在必然，其意义也是关乎于中国金融业全局的。

-2006年第19期-

管理流动性过剩之道

> 以准备金政策、公开市场操作和利率、汇率等组合调控手段治表，以金融市场建设、汇率机制完善等改革措施治本。

本期《财经》杂志正式面世之时为 2007 年 2 月 19 日，在中国是大年初二，在美国是"总统日"(President Day)。从彼岸到此岸，冷静的经济观察家们都会把目光投向节庆之后，思索未来的一年。宏观经济中的流动性过剩正是当前中国和世界都面对的共性问题，也是全球经济观察家们最为忧心忡忡之处。元旦前夕，我们即以"盛世危言"为题，表达了对中国经济中流动性过剩的担忧；此番春节已临，我们再发此"危言"并提出应对之策。

近期以来，中国经济领域金融资产膨胀加速的迹象，使我们有理由对于流动性过剩给予更大关注。在过去的 2006 年，全年新增人民币信贷投放 3.18 万亿元，但年度新增的人民币存款达到 4.93 万亿元，新增贷款占存款比重仅为 64.6%。很显然，中央银行通过提高法定存款准备金率、发行中央银行票据等政策，抽紧了商业银行体系的头寸；但居民与企业仍大量持有存款，并通过证券、房地产投资等方式直接推动资产市场价格的上涨。流动性过剩已经从银行体系向整个金融体系扩散。

流动性过剩的直接体现，是过量的人民币资金追逐有限的金融资产，其后果为人们所熟知：金融资产价格飙升，进而催生大量资产泡沫。泡沫极易破坏整个经济的风险防范和风险控制体系，对于处于转型期的中国威胁至深；泡沫的破灭引致巨幅经济震荡，日本经济沉疴十年的教训就在眼前。故此，积极采取措施防患于未然，对流动性过剩进行管理大为必要。

管理流动性过剩需要对症下药。通常情况下，医治流动性过剩导致的资产泡沫，其首要手段就是基准利率上调。但中国的现状显然要特殊得多。这是因为中国的流动性过剩主要源于持续不断的贸易顺差，而人民币升值预期强烈、大量热钱涌入，则使流动性过剩现象进一步加剧。如果从各种渠道流入的热钱进入证券市场或房地产市场，无论利率政策如何，都无助于解决流动性过剩问题——如果顾及人民币升值压力，则利率将无法充分上调，而低利率就足以确保其在资产市场上的投机性收益；反之，如果针对资产价格泡沫而实施利率上调，则人民币升值幅度将更大，投机势力在资本市场上的损失可以在币值上得到补偿。

追根溯源，资本流入的动机是中国经常项目顺差所导致的币值套利，而贸易顺差过大问题绝非短期内可以解决，因此，利率政策并非管理流动性过剩的最佳药方。据此，或许进一步完善汇率形成机制，实施更为灵活的汇率政策，才是解决流动性过剩的基本手段。

在完善的金融体系中，流动性过剩可通过市场的有效运行"泄洪"。然而，中国的金融市场发育远未成熟，居民的金融资产过于单一而极端，反成了加剧流动性过剩的原因之一。迄今为止，面对中国公众的金融资产只有两类，一为高风险的股票和房产，一为低收益的储蓄存款，中间几无过渡地带；其结果必是景气高涨时资产市场泡沫迅速累积，景气下降时银行储蓄持续上升，金融市场极易大起大落。解决这一难题，关键是需要尽快推出面向居民的企业债券类固定收益证券市场。这是远比金融衍生品更为重要、更切合需要的金融工具。而金融市场具备的足够广度和深度，才能有效吸收来自境内外的投机压力。

中国经济中长期存在区域金融风险溢价的差别性和资金的跨区域流动。专家们认为，这亦是长期被忽视的一个流动性过剩成因。研究已经表明，虽然全国东中西部各省份的贷款占存款比重差异并不明显，但事实上，中西部地区和欠发达地区的县域以下存在人为压缩信贷的现象，相应资金流至城市、发达地区和垄断行业，引致银行可贷资金过大并进一步流入高风险金融资产市场。这种情形正与中国经济发展不均衡的局面相关，并在加剧流动性过剩的同时加剧了发展不均衡。故此，应当正视区域金融风险溢价的现状，建立激励金融资源均衡配置的发展格局，在国有银行和政策性银行改革背景下，引导资金保留或进入欠发达地区。

概言之，应对2007年正显著加剧的流动性过剩，防止经济大幅波动，准备金政策、公开市场操作和利率、汇率等组合调控手段不可弃，而金融市场建设、汇率机制完善等改革措施更可倚。调控治表，改革治本，当为管理流动性过剩之道。

次贷风暴之鉴

> 金融自由化在本质上应当是金融体制的进步，其中包括风险防范体制的不断完善。监管层、金融机构、房地产业者等均应加倍警惕资产泡沫，切勿以今日的快感换取明天的伤痛。

美国次级抵押信贷风波起于2007年春，延于初夏，在仲夏七、八月间扩展为全球共振的金融风暴。虽经各国央行联手注资、美联储降低再贴现利率等干预措施，目前危势缓解，但其冲击波仍在继续蔓延。国内舆论8月以来已对此国际金融事件给予较高关注，24日以后，又有中国银行、工商银行、建设银行中报相继披露所持次贷债券数额新闻发生，更证明了中国在危机中难以完全涉身事外。

当前，准确估计包括三大行在内的中国金融机构在次贷债券投资中的损失，恰如整体评估此次全球次贷风暴整体损失之原委，尚嫌为时过早。然而，以宏观视角细察此次全球性次贷风暴积聚、爆发、扩散之路径，已可总结出若干经验教训，对资产价格泡沫畸高、资本管制将去未去的中国正是镜鉴。现实表明，金融自由化在本质上应当是金融体制的进步，其中包括风险防范体制的不断完善。监管层、金融机构、房地产业等领域的"有力者"，均应加倍警惕资产泡沫，切勿以今日的快感换取明天的伤痛。

国际观察家在分析此次金融风暴时普遍认为，美联储长期执行低利率政策、衍生品市场脱离实体经济太远、金融文化仍有待提高，乃是此次金融动荡的三大原因。其中尤以第一条为甚。

在美国历时最长的经济景气结束后，网络泡沫破灭、"9·11事件"等因素，迫使美联储连续降息。没有理由指责这一经济刺激政策的总体取向。但在具体操作上，美联储的货币政策仍有值得反思之处。其最初两年降息力度过大，真实利率有时甚至为负；此后虽连续17次加息，将联邦基金利率由1%上调至5.25%，美元仍处于长期的贬值阶段。以通胀指标考察，美联储在经历了初期的成功后，在2003年下半年到2005年下半年，也曾出现月度CPI涨幅略高的情况，2005年9月甚至达到4.7%。美联储在加息上过于谨慎，应变迟缓，对于全球流动性过剩难辞其咎,更形成此轮金融动荡的根源。由是看来,货币当局正确判断形势并果断采取措施,至为重要。

衍生品市场链条过长,而基本面被忽略,也使风险不断放大。美国的次级抵押信贷本始于房屋的实际需求,但又被层层衍生成不同等级的资金提供者的投资品种。而次级按揭客户的偿付保障与客户的还款能力相脱节,更多地基于房价不断上涨的假设。在房屋市场火暴时,银行得到了高额利息收入,金融机构对房贷衍生品趋之若鹜。一旦房地产市场进入下行周期,则违约涌现,危机爆发。因链条过长,市场的自我约束和外部监管都变得相当困难;因中间环节多为"别人的钱",局中人的风险意识相当淡薄。长链条固然广泛分散了风险,但危机爆发后的共振效应可能更为惨烈。

次贷风暴还表明,纵使在美国这样金融业高度发达的国家,大众层面的金融文化仍有待提高。种种报道表明,在美国申请次级抵押的信贷者中,许多人甚至不知何为复利,亦不会计算未来按揭成本,但仍然兴致勃勃申请了自己本无力偿还的房贷,住进自己本无力购买的房屋。如此行事者大有人在,然而,大众性癫狂永远无法战胜市场涨跌无常的铁律,泡沫的突然破裂必然会给经济社会带来巨大的创痛,首当其冲者正是误入泡沫丛中的弱势群体。

此轮次贷风暴还对现有美国金融体制提出了诸多挑战。可以想见,从长远计,危机必然成为市场革旧布新的重大契机。而美国监管当局应对危机的举措,也当在治标与治本的双重意义上给予更多关注和解读。一方面,2007年7月18日,美联储主席伯南克在美国国会作证时已对这些举措作了详尽阐述。其核心是保护市场正常运行,主要手段有二:一是法治,修订旧法,颁布新规;二是信息披露,打击金融机构向购房者、债券投资者欺诈兜售的行为。另一方面,布什在其8月31日讲话中宣布,联邦住房机构将为那些陷入困境的贷款者提供担保,使其以优惠利率获得融资;并表示,政府的工作是帮助购房者,而不是救援投机者,也不是救援那些明知没有能力仍然购房的人。市场指数涨跌并未成为"监管指南",市场玩家意志无法左右货币当局,正体现了"政府远离华尔街"的基本原则。

今年是亚洲金融危机十周年。《财经》曾于2007年6月下旬出版前马来西亚央行高级官员及香港证监会前主席沈联涛先生有关专著,用意即在从邻人血泪中吸取经验教训。相较亚洲金融危机,此次全球次贷风暴对中国既为再度警醒，又在时间和案例的层面更具贴近性。由人民币的巨大升值压力为本，中国面对的资产泡沫只会更为庞大，中国房地产市场和股市风险估值过低、风险防范缺失已是不争的事实。无论今天的"理论者"如何以"新兴市场"、"人口红利"等种种说法自我宽慰，清醒者没有理由不考虑未来的风险代价，未雨绸缪已再不可拖延。不独如此，随着6000亿元特别国债发行，中国外汇投资大规模出海蓄势待发。次贷风暴警示对于未来"走出去"的战略安排亦是意味深远。

　　从这个意义上说，近在眼前的全球性次贷风暴对中国人可能是件幸事。认真体味此次风暴之教训，我们应尽可能避免危机的种子在中国生根发芽，引致未来无穷祸患。

—2007年第18期—

"热钱"之忧

> 当前的"热钱"问题本身不足深忧,但中国经济面临的最严峻挑战仍然是输入型流动性过剩推高通货膨胀水平,威胁经济健康与社会稳定,为此应坚持人民币升值进程。

"热钱"汹汹,伴随着盛夏的热浪,成为中国经济的一大热门话题。当前"热钱"究竟有多少,专家学者仍然是仁智互见,但2008年上半年的"热钱"流入增速大幅提升,已成不争的事实。近日,国家外管局、商务部、海关总署着手采取一系列措施,以加强资金流动监管、完善出口与收结汇审核,愈显示出政府对于跨境资本流动的关注紧密,监控日严。

直面日益加剧的"热钱"挑战无疑是必要的。其实,自人民币形成升值预期以来,"热钱"二字就在不断地刺激国人的神经;而人民币升值,则是中国经济长期持续增长的派生结果。正因为此,外汇资本大量涌入,其中既有着眼短期套利的"押宝"者,也有意在分享中国经济增长的长远投资者。国际收支的贸易顺差是中国巨额外汇收入之源,"热钱"在此基础上产生并推波助澜,更因2007年来欧美金融市场波动经济下滑而加剧。

只要升值预期仍然持续,"热钱"就难以避免。而当前"热钱"担忧升温,源于两个不同层次的考虑,其一是担心"热钱"今日"大进"他日"大出",可能会对中国金融市场乃至实体经济造成难以估量的冲击;其二是担心"热钱"流入增速,对国内宏观经济形势,特别是货币政策的实施带来负面影响。当然,二者亦互相关联。

我们以为,这两种担忧均不无道理。但于前者不必忧之过甚,于后者绝不可掉以轻心。

"大进大出"之忧,直接与"热钱"数字的估算相关。当前各种专家学者的估计,从两三千亿美元到1.75万亿美元均有,差距相当大。事实上,如果严格将"热钱"定义为短期投机牟利而进出中国市场的资金,进而将流入后可长期留在境内的国际资本排除在外,"热钱"或不止于两三千亿美元,但亦不会超出甚多。这一规模不小,但不足以动摇根本,本身不必过度紧张。关注资本的"大进大出",更需关心经济之本。

国际经验表明,当一个经济体增长迅猛、币值上升时,必然吸引外来资本流入。但只要相关经济体本身根基稳固,大规模"热钱"外逃即难以发生;而一旦经济基本面出现致命缺陷,缺乏控制"热钱"进出的有效机制,资本外逃必然发生。

2008年中国经济增速可能会放慢,但在得当的宏观调控下维持较高增长水平,保持"一枝独秀"之势,仍然大有希望。其他经济体难以超过中国的投资回报。资本账户的开放节奏,也掌握在中国政府手中。将近1.8万亿美元的外汇储备,更提供了一个有效的"缓冲"地带。

当然,没有理由因之轻看"热钱"加速流入的负面影响。决策者不仅应当对"大进大出"始终保持警觉,亦须看到,当前包括"热钱"在内的外汇资产大量流入,已经对国内正在施行的紧缩货币政策造成直接冲击。由于人民币与美元事实上紧密联系,中国近年来一直在被动输入高度宽松的美国货币政策,在美联储2007年夏天以来七次减息后更是如此;央行虽然通过发行票据进行对冲,但基础货币投放压力也仍在不断加大,流动性仍在增加。2007年以来,央行加息六次,提高存款准备金率15次,银行间拆借市场利率却仅有小幅上扬,足见货币政策作为受阻。

外汇资产膨胀,本身就在推高国内的通胀。流动性的不断产生,增加了全面通胀的风险;人民币由于随着美元持续疲软,对一揽子货币的有效汇率已经降低,在刺激出口需求的同时,也把较高的进口价格转化为较高的国内价格。

当前的中国经济的确面临着多重艰巨挑战,但最严峻者仍然是输入型流动性过剩推高通货膨胀水平,威胁经济健康与社会稳定。减缓外汇资产的积累速度,弱化与美国货币政策的紧密联系,由此至关重要。不可否认,在人民币渐进升值、美欧需求不振及国内紧缩货币政策的三重挤压之下,相当一批出口型企业面临巨大压力,反应强烈。但若鱼与熊掌不可得兼,政策的取舍,取的应是国内经济健康与社会稳定,舍的应是外部顺差。孰轻孰重不难判断。以此为前提,决策者还应坚持人民币升值甚至加快升值的策略。倘人民币升值到一定幅度,市场上出现较大的做空力量时,短期投机资本的流入可能迅速减缓。

在当前,针对"热钱"的治标之策,可为治本赢得时间。更严格的外汇管制,辅之以结构性政策,正属有效的治标行动。在执行中,应加大境外资本流入时需要考虑的不确定性和机会成本,甚至警示针对流入的资本征收税费;同时,应防止对企业正当的进出口造成过大的成本负担,影响正常的资金流转和业务。保证资本流入流出的可控,限制其规模和影响,并非一时之举,保持政策的连续性和可预见性,是避免经济发生大幅波动的必要前提。

某种意义上说,当前"热钱"压力不断加大对于中国也是一件好事。压力加大则"压而思变",改革本来就是逼出来的。

-2008年第14期-

此救"房"不是彼救"房"

<blockquote>美国政府接管房贷两巨头为不得已之下策；中国不存在房地产金融风险向其他金融组织大规模蔓延的迹象。</blockquote>

2008年9月7日，美国财政部终于出手，房贷两巨头房利美和房地美（Fannie Mae 及 Freddie Mac，下称"两房"）被接管已成定局。

这项自20世纪30年代"大萧条"以来规模最大的政府救助行动，耗资很可能高达2000亿美元，极为引人瞩目。于中国而言，其政策含义是多重的。作为数千亿美元"两房"债券的持有人，权益得到保障令人欣慰；作为日益开放的经济体，中国经济与美国金融市场及整体经济走势息息相关，将会相应调整内外政策。此外，美国政府救"房"之举还在部分中国业界人士心中激起涟漪：取"他山之石"，刚遇上麻烦的中国房地产市场是否也应救一救，又该如何救呢？

于是，准确解读和评价美国政府此番救"房"之举便格外重要。应当承认，此次美国政府救"房"，获得了多方观察家的广泛认可。这是因为"两房"虽非国有公司，却也是美国政府以政府信用隐性担保的房贷金融机构，占据了美国房地产金融市场的半壁江山，地位举足轻重。"两房"之安危，关系到美国国内和全球金融稳定，如不加救助、任其沉沦，必将引发一次深度和广度都远超亚洲金融风暴的大危机。

从"两房"的资产负债情况看，其持有或担保约5万亿美元住房抵押贷款，占全美国12万亿美元抵押贷款的42%；其发行债券中，超过3万亿美元为美国金融机构持有，1.5万多亿美元由外国机构主要是各国央行持有。可以设想，如"两房"倾覆，将形成极其剧烈的金融风险传染效应，不仅美国国内金融体系将出现系统性损失，境外投资者同样面临巨额损失，并可能因此影响国际资本流动，美元疲软和货币危机亦将为期不远。美国金融市场和美元一旦出现如此严重的危机，其破坏性是任何区域性金融动荡无法比拟的。

此次出手救助，对美国身处困境的房贷市场会形成些许纾解。据专家分析，房贷利息可能因之微小下调，这对于缓解房地产下滑的痛苦不无裨益。但是，正如美国财政部多次公开明确阐释的那样，美国财政部如此操作，系宏观经济政策而非结构性措施。没有迹象表明，政府存有提振房地产市场的政策意图。房地产市场波动是有周期性的，在美国，由于多年来金融杠杆非理性放大，令风险无限积聚，使泡沫破裂的灾难性后果超出了金融体系所能承受的临界点。当前，政府着手对"两房"施救，下一步可能还要购买房贷证券，均属于不得已情境下的宏观手段，成本也是极为高昂的。

据此可知，美国此次救"房"，与部分业界人士期待的中国式救"房"殊无相通之处。当前中国金融形势尚称稳定，且并不存在房地产金融风险向其他金融组织大规模蔓延的迹象。个人住房金融资产占比偏低，加上有限的房地产商借贷资金，纵有坏账，亦远不足以构成对金融体系的系统性冲击。

进一步说，中国居民户贷款的安全性呈现结构性特征，更表明了事前加强风险控制远胜事后施"救"。目前，中国的房地产抵押贷款主要集中于东部沿海大中城市，其中，相当部分具有住房消费的有效需求性质，以中国人量入为出的消费习惯，需求型房贷正是宏观意义上的稳定因素。倘资金价格过低，房价上升过快，则投资需求可能挤出有效需求，使房产沦落为纯粹的资产投机工具，又因投资需求者更倾向于使用杠杆工具（当然，中国的杠杆工具还十分有限），风险放大后果堪忧。因此，以恰当的宏观政策遏制投机便极其必要。

美国财政部拯救"两房"的技术出发点，关注的是整个金融市场的流动性。同样，中国宏观调控当局也应着眼于此。我们观察到，截至2008年6月末，金融机构居民户人民币存款余额为19.8万亿元，同比增长14.6%，增幅比2007年同期高5.1个百分点，比年初增加2.2万亿元，同比多增1.4万亿元，其中，定期存款同比多增1.5万亿元。众所周知，存款是金融体系的流动性根源，而贷款特别是中长期贷款相对不流动。以上数据意味着，在2008年上半年内，居民向金融机构提供的流动性（存款）高达2.2万亿元，远远高于居民从银行体系获得的4602亿元贷款。纵以流动性论，中央政府和中央银行也还不存在救"房"注资或变相注资的必要性和可能性。

当前，美国的金融危机仍在深化。政府在危机引致崩溃风险的前夕被迫施救"两房"，虽经过了国会认可的法定程序，但并不是什么灵丹妙药，只是缓解症状的短效药，且其疗效也有待观察。而救助本身意味着巨大的代价，包括纳税人付出的有形代价，也包括道德风险、逆向选择的无形代价；代价还讲述着教训，包括金融风险聚集的宏观政策教训，也包括"两房"这种政府隐性担保房贷机构存在的制度安排教训。所有这些教训，才是我们在观察彼岸救"房"之举时需要悉心领会的。

-2008 年第 19 期-

缘木岂能求鱼

> 说股市热带来消费热甚至投资热的情况，在中国过去根本没有出现过，现在也只能是幻想。

1999年5月的中国发生了不少大事，而临近月底时，沪深A股市场突如其来的"井喷"现象成了财经界最为特殊的近景，让人不得不看，不得不想。应当承认，这一轮股市升势的确不同寻常，而且在经历了长达两年的漫漫熊市之后，投资人对于牛市到来的企盼无论如何强烈、如何热切都不过分。但在此过程中，我们还听到了一种非常奇特而且完全背离了市场规律的论调。这是有碍市场发展、必须予以反对的。

这说法以经济学家的姿态出现，理而论之地说，现在"启动股市带有启动内需的战略性质"，可以由股市升温来带动投资和内需，因而可以"振兴整个宏观经济"。结论当然就要特别主张"看得见的手"在市场上激扬。

检验理论和历史，我们完全可以指出，这种"启动股市→启动内需说"是根本站不住脚的。

人们都知道，股票市场作为市场经济的一部分，在经济发展中发挥着重大的作用；而且股票市场的冷热对现实经济生活确实可以产生影响。比如香港就曾经有种说法，称股市升的时候酒楼就满了，港人纷纷吃起鱼翅捞饭了。而且美国也有"股市热了、消费旺了"的说法。这就是国外学者曾提出过的"财富效应"。

然而，其一，股市升温、财富效应产生，本身应当是宏观经济形势向好的结果，是经济自身带起了股市之后，后者再反过来发生某种反作用。这里经济发展是因，股市升温是果，因果不能倒置。其二，这种影响，也就是"财富效应"，对于消费的反作用仍是非常有限的。美国高盛公司的首席投资策略家曾就此问题进行过定量研究，发现"财富效应"对消费的刺激只占到美国整体消费的3%。其三，中国的投资者行为与美国人截然不同，中国人从股市赚了钱，主要是重新投入股市进行投资或投机，很少用于大规模消费。以定量的方式观察，可以说股市热带来消费热甚至投资热的情况，在我们这里过去根本没有出现过；目前人们对未来收入预期普遍偏低，更不可幻想奇迹发生。

自 1998 年年初以来，中国经济逐步陷入通货紧缩已经是无可争议的事实。经济学家们提出了各种建议启动经济，政府也或交替、或并行使用了财政政策和货币政策的双重手法；至少从 1999 年 3 月人代会政府工作报告的精神看，这些通常用来启动经济的手法还将用下去。在此过程中，我们从未听说哪个学者或决策层人士提出过用"启动股市"的办法来启动内需。广而言之，美国在 20 世纪 30 年代和 90 年代初都出现过萧条，日本自 1992 年以来一直处于经济萧条之中，全世界的经济学家们提出了各种各样的建议，总结了各种经验教训，但从未有人主张"刺激股市"之说。这里的原因非常简单，并非经济学家或是决策层人士思维障碍、迂腐无能，而是因为大家都没有忘记市场经济最基本的原理，所以从科学的头脑出发绝不会去缘木求鱼！

那么在中国的现实状况下，应不应当让股票市场对改革和经济发展发挥更大的作用呢？而且，政府的宏观经济政策是否可以对股市发生某种影响呢？回答也是肯定的。不过，股市有自身的规律，政府的宏观经济政策应通过货币政策来间接形成有限影响；政府可以通过符合市场经济规律的必要制度安排（例如在严格的监管和限定下合理解决券商融资渠道问题），使股市获得健康发展的充分条件。而从根本上说，为了使股票市场在眼前和未来的国企改革中发挥更大的作用，认真解决上市公司的效益不佳的问题、治理市场的结构性缺陷，才应当是全局性战略行动的起始点。舍此之外，指望靠人为营造的气氛、甚至不知何来的"场外资金"来"搞活股市"，市场纵使暂时"牛"了，也只会是饮鸩止渴的"病牛"，在长远的意义上对投资人、对市场、对经济都并非好事。

1999 年 5 月的中国事情太多。使馆被炸事件发生后，不少人甚至对加入 WTO 的努力和目标都发生了动摇；股市从"导弹缺口"转至持续暴涨，也使人惊服外界因素左右市场的力量。然而，突发性的事件，以及由此引出的突发性情绪（特别是其中的过激情绪）总会过去的。平稳地度过 5、6 月，我们会更清醒地看到，已经走在社会主义市场经济轨道中的中国必将一如既往地走下去。过去 20 年改革已经印在中国人心中的市场理念是不会从根本上动摇的。

-1999 年第 6 期-

全球科技股灾之于中国的三个警示

> 国内政府主管部门、网络公司、市场监管者及投资者从没有以如此逼近的心情眺望 NASDAQ。每一方都需要从这次大跌中有所领会和反思。

2000 年 4 月间全球股市阵阵急风骤雨，特别是 NASDAQ 指数从高点连续下挫，已经跌去了 1999 年 10 月以来翻番涨幅的 3/4。国际上的各种分析中惊呼"牛去熊来"者有之，预测"短熊长牛"者亦有之，而因为主流的看法仍然坚信于新经济具真实力量，所以许多专业性的报道还是温和地将此次股市大挫称为"调整"。

虽然到目前为止，中国到 NASDAQ 上市的网络股不过三几支，而且最近上市的新浪网（SINA.com）在众多科技股的一片狼藉中表现尚可，算是经受了考验，但素来与国际股市隔得很远的中国，这回以非常逼近的心情观察此番科技股灾，头脑清醒的人们都在细细体味其警示作用。

警示之一，可对于一意为国内网络公司海外上市施行各种管制的政府主管部门。

从 1999 年下半年以来，国际投资者表现出对于亚洲网络股的浓厚兴趣；千年之交来临，NASDAQ 指数又乘网络公司 B2B 前景预期看好持续攀升。资本市场向中国网络业展现了空前未有的绝好机会。多家民营背景的网络业先行者跃跃欲试了，更有大批国外风险资本支持下的新的创业者急起直追。然而，电信主管部门对于网络业的海外融资亮起了红灯，给境外投资人增加了诸多疑虑。甚至在 1999 年 11 月中美 WTO 谈判成功、今年信息产业部权威人士明确表示过网络公司的 ICP 业务不属电信增值业务后，国内 ICP 网络公司海外上市仍受到明确的管制性阻碍。远眺 1999 年 6 月抢先挂牌 NASDAQ 的中华网（CHINA.com）上涨数倍的火暴行情，此岸一些完全有资格登场的国内优质网络公司真正感受到了望洋兴叹的遗憾。

网络业的发展需要巨额资金，而正因此类投资极具风险性，更应积极利用国际资本市场。笔者在为《财经》2000 年 3 月号撰写的本专栏文章中就已经提出，历史给予中国网络公司的机会毕竟是有限的，一意对其海外上市进行阻碍，将致坐失良机，更有可能会影响整个行业的兴起。从当时到现在正好两个月，主管部门在政策行为上未有明显松动，而国际上的科技股灾已经来临。仅从新浪此次上市的股价表现，可知市场对中国网络股的热情已大幅降温。笔者的话不幸言中。

现在，应当是对主管部门过度管制进行检讨的时候了。采取政策措施迅速亡羊补牢，或许可使中国公司在近中期的市场中获得一些机会，但丢失之"羊"直接统计也可达数亿美元，间接统计更难以估算，中国新经济的成长遭受重大损失已成事实。

警示之二，可对于国内诸多已具外资背景、一意瞄准 NASDAQ 的中国网络公司。

1999 年秋季以来，美国出现了一股中国网络公司热，大批早年就学于美国、后来在华尔街大公司任职或是从房地产业赚了钱的中国人回到国内开设网络公司，背后紧跟着为数不少的境外风险资本。2000 年开春，人们可以看到各种概念全新、管理阵容雄厚的网络公司相继开张。每一家公司都在讲述一个美好的故事，而说故事者有些具事业心、有些具投机心，本来不言而喻。

以上只是一种有代表性的情景。而此次 NASDAQ 的泡沫破灭足以使人看到，在中国这样一个市场广大、但发展网络业的其他资源都相对贫瘠的环境中，网络公司的成长其实相当艰难，中国的网络业不仅需要金融家，也需要实业家。将自己的"人力资本"转移至中国网络业之后，必须长线投资，实实在在地将公司做出业绩，做出收入，进而做出利润。资本市场在巨幅颠簸之后会愈加成熟，未来的网络投机将越来越少。互联网的竞争本是跨国界的，中国的网络公司只有扎扎实实往前走，追求真实的成长而非虚浮的概念，才能在未来更激烈的竞争中胜出。

警示之三，可对于国内资本市场的监管者和投资者，两者同样关注着包含网络股在内的高科技板块的国内市场机会。

在现有的 A 股市场中设立高新科技企业板块，是市场监管部门久已有之的打算。2000 年春节以来中国股市如此"科幻"，在投资者的想法中亦与此相关。NASDAQ 此番沉浮，足以使监管者和投资者学到很多，深悟高科技股之高风险特征。在这里，又特别想向监管者进一言：在上市公司普遍质量不高的情况下，为目前以散户为主体的投资者创造"高科技板块"之投资机会，在操作中须慎之又慎,其中的关键恐怕还在于坚持以公司的真实实力、而非所有制资格确定进入该"板块"的标准;与此同时,考虑安排一些本打算仅在海外上市的优质国有企业、特别是具高科技含量的公司(例如中国联通等)直接在国内上市,或是创造一些新的金融工具让已经在海外上市、目前表现甚好的公司[例如中国电信(香港)]可在国内交易,都不失为有利于市场建设又造福于国内投资者的好办法。

-2000 年第 5 期-

吕梁的贡献

> 吕梁当初在市场上兴风作浪不受指摘；如今出来自己认账，其做庄行为本身仍少受指摘；广泛受到指摘的，只是他居然认了账。是非颠倒到这种程度，使人感到遗憾之至。

2000年至2001年之交，"中科系"股票雪崩，庄家吕梁自陈做庄始末。市场操纵的黑暗内幕第一次被系统性地含细节描述地由"内部人"曝光。中国股票市场的"庄家时代"走向终结，也许就自吕梁开口始。如果说吕梁为中国证券市场有任何贡献的话，这就是他的最大贡献。

可是，吕梁开口此举本身，得到的好评甚少，招致的非议甚多。被他指摘的人或矢口否认，或躲起来不见天日；他昔日的朋友、同盟者或并不相识的众多市场"同志"，则有少数叹息他何必引火烧身，更有多数怒斥他有意累及市场——"要一把火烧掉罗马"。

好像这是个从来"只能做不能说"的市场，吕梁一说话，大家反而纷纷猜测：他为什么要自己说出来呢？

吕梁开口的原因，当然定有所谓居心不很"良"的一面，或者说私心的一面。而且，他对媒体公开说的话也不可能全面真实准确无误，更不可能非常客观。不过，吕梁既然出来说了不少话，明白地承认了自己是在"做庄"而且介绍了那个登峰造极的"做庄"过程，监管部门、投资者以及关心股票市场的人们对中国证券市场上无处不在但神秘莫测的市场操纵行为，从此有了一个确切的认识；并且，如果往下深究，不难找到证据，将应负责者（包括吕梁本人）绳之以法。

中国市场上股票处处有庄，是"一个公开的秘密"——那么多文章在谈庄猜庄，但庄家社会一直以来还是"地下社会"，数千万股票投资人中，99.99%以上都绝不知内幕，少数嫌疑人在受到监管部门查询时也绝不认账。如今，只有庄家吕梁算是坦荡，使地下社会射进了一缕阳光。这应当属于他对证券市场的正面贡献。它让人有机会切实地看庄家们对市场的操纵已经发展到何等程度，其后果和危害又是多么严重；让人再也不敢以为"庄股时代是个必然"、"庄家给中小投资者带来财富"。虽然吕梁所谈和他所写的相关文章还是回避了许多关键事实,而且包装着许多错误"理念",可能会将人引致认识误区,但只要不因人废言,就应当承认他开口本身的价值。

中国市场十年来一直有"庄",不过近两年庄家行为进入高潮,横行天下,已经达到了见怪不怪的程度。所以,吕梁当初在市场上兴风作浪不受指摘;如今出来自己认账,其做庄行为本身仍少受指摘;广泛受到指摘的,只是他居然认了账。是非颠倒到这种程度,使人感到遗憾之至。

监管和查处庄家们操纵市场的行为,是证券监管部门也是司法部门的职责。但结束对于庄家现象熟视无睹甚至甘之如饴的局面,形成维护市场原则的良好风气,则是每一个市场参与者的责任。谈至此,笔者以为本刊2001年1月号封面文章"股市忧思录"(张志雄文)中一段关于庄家的文字,值得在此引述——

有些跟庄者会说自己确实赚到了钱。对,你再跟两次试试?"庄家"在很多方面与赌场无异,来赌的人越多越好,而且越川流不息越混乱越好,因为他赢面就会大得多。如果哪位跟庄者自称技术多么优越,而且欲罢不能,我劝他用这些精力去学习"21点",这是公认的在赌场中最"公平"的方式。然后,两相比较,就对庄家之厉害有些心得了。

这也就说,如果你不知内幕消息老玩跟庄的游戏,必输无疑。你见过哪个做过庄的人会稀里糊涂地跟别人的庄?

现在有些人对庄家行为安之若素,因为他们多少有些消息,和某位庄家有些默契。但这种局面能维持多久?庄家的能耐有高有低,背景有深有浅,有的庄家规模效应会越来越大(这在目前的股市中已经出现),等他们成了气候,他们要做空就做空,要做多就做多,震仓拉抬随心所欲,势必是大鱼吃小鱼。最后大鱼群和大鱼群还要火拼,当年万国以及周围的机构实力十分强劲,为什么在最后却败得如此惨烈?庄家竞争的层次越来越高,越来越"通天",还有你存在的可能?

我们的很多业内的精英如果没有良知,至少也要为自身的利益着想。打听庄家成本、震仓、拉台出货,这哪需要大学以上水平?小学生也做得到。券商和机构要花这么多钱办研究所搞研究吗?只要关系就可以了。如果"庄家时代"愈演愈烈,除了庄家们养一帮吹鼓手、操盘手,还要人才干吗?十年股市,到了我们只会打听庄家内幕的程度,这是何等悲哀的事情。

"庄家时代"不单严重腐蚀着市场的"三公"原则,而且将经济转型时代所有的不公正都"荟萃"于股市。这样,股市不仅是赌场也是各种罪恶的聚集之地。到了那一天,这个行业毁了,何处是我们的栖身之地?

因为元旦假期的缘故,此文连同当期杂志于 2000 年 12 月 27 日截稿。至 2001 年 1 月初面世,吕梁事件其时正沸沸扬扬,似成诠注。由是,便觉此段文字更值得咀嚼。

-2001 年第 2 期-

反思银广夏"造假工程"

> 无论从哪个角度看，骗局制造者撒下弥天大谎后再想全身而退，已断无可能。

1998年4月，本刊创刊号上一篇《谁为琼民源负责》的封面文章曾经掀起轩然大波。琼民源公司因虚报巨额利润而成为股市"大黑马"，欺骗了投资者而且破坏了市场公正，该公司总经理马玉和在1998年6月受到司法机关的审判。"琼民源事件"已经过去了三年，中国证券市场上"魔"与"道"的较量愈演愈烈。我们已经知道了大批上市公司有操纵利润的情况，目睹了亿安科技、中科创业等公司在庄家操纵下一边放利好消息、一边拉抬股价的恶行；在我们对市场上的假话、假货多少有些见怪不怪的时候，银广夏的骗局曝光，仍使我们感到触目惊心！

这并不是一个普通的虚报利润案件。比起市场上常见的假大空，银广夏之所为，实际上是一个系统的、长期的"造假工程"：从1998年10月起，银广夏的公告宣布自己已经从德方客户手中拿到5000万马克的供货协议；到2001年4月，银广夏经审计的数字表明其在2000年的对德出口额为1.8亿马克——银广夏的利润据称主要从此而来，仅在2000年，此项"利润"据推算即达到4.7亿元左右；与此同时，该公司公告自己已与德方客户签订连续三年、总额达60亿元的订货合同。

为了证明这种超常规的暴利为事实，银广夏不仅有财务报表还有真实投入。为生产那种能够出口获得巨额利润的"萃取产品"，公司已经出资2.8亿元，于2001年6月在安徽芜湖建成新的生产线。试车典礼时记者云集。更大规模的生产线尚在申报过程中，据称投资将达5亿元。

真相于是让人觉得可怕，因为银广夏事实上根本没有实现所谓"出口"。《财经》的调查已经表明，银广夏两年来的全部对德出口不过480多万美元（按目前汇价约合1070万马克左右）。其中，从2000年至今，银广夏的出口额仅为3万美元！把一个子虚乌有的暴利故事在证券市场上信誓旦旦地讲出来，本来已经是无耻的欺骗；现在，我们看到的不仅是天衣无缝的谎言、持之以恒的谎言，而且是数以亿计资金投入做支撑的谎言。银广夏的这种胆大妄为、不惜代价的"造假工程"，足以让传统的琼民源式的"造假报表"相形见绌。

当年琼民源大胆以财务手法造假，其股价在两年中上升了1000%以上。银广夏以出口"萃取产品"编织的美丽神话也令人目眩，其股价于是有机会一升再升，成为2000年两市升幅第二大的股票。不同的是，今天的投资人比当年已较为成熟。至少从银广夏的持股人数看，在2000年年底行情最火时仍不足两万，据分析明显有庄家控盘迹象，而且2001年来一直成交量很小。这比起当年琼民源有四五万中小投资者抢入其中，庄家在停牌前全数出货套利，受到伤害的普通投资人相对会比较少；若谎言被揭穿且市场更早警醒，庄家搬起石头还会砸伤自己的脚。当然，说银广夏是庄股目前只能限于推测，经验和逻辑都表明上市公司造假往往与内外勾结操纵市场相同步，但最终证明其庄股的性质、规模和直接危害，还需要监管部门的进一步调查取证。只要公司造假行骗于市场，无论上当的人多人少，无论谎言揭穿之时行骗操纵正处于哪一阶段，其危害和罪恶的性质应当是同等的。

证券市场上的大规模造假最终都要将"效果"体现于财务报表，以达到蒙骗公众的目的。根据《刑法》第161条，即属于"提供虚假财务会计报表罪"。由是，以往的监管主要针对技术性比较强的纯财务手段造假。相较之下，类似银广夏通过编造出口合同、伪造出口货单造假，手法就不那么为人们所熟知。如果加上审计师有心配合或无意疏忽，加上造假者不惜亿金地投资添设备、假戏真做，加上远在德国的客户神龙见首不见尾，银广夏本来算不得滴水不漏的骗局，就在相当长的时间内有了欺骗性。不过，一个凭空编造的、违背常识的利润神话，终究是经不住调查检验的。在2001年以来证券监管和舆论监督力度加大的背景下，银广夏已经相当频繁地受到媒体质疑。无论从哪个角度看，骗局制造者在撒下弥天大谎后再想全身而退，已断无可能。

《财经》的此次报道，正是一如既往地行媒体监督之责。需要指出的是，今天没有《财经》，明天也会有其他媒体出面来揭丑；即使媒体缓行一步，监管部门、投资者律师和司法部门也绝不会袖手旁观。在今天的证券市场上，银广夏"造假工程"被曝光、被清算，已是人们可以看得见的必然！我们对中国证券市场的信心，就是从这种必然中产生的。

-2001年第9期-

吕梁究竟在哪里

> 中国证券市场的绝大多数案件处理都很不透明,往往在媒体曝光、证监立案后立即进入黑箱,直到整个事件被公众渐次忘却后才有短消息出来,责任人得到或重或轻的惩治,整个事件以一组不完善的数字结束。在"中科创业事件"中,这种不透明则表现到极致。

2001年1月10日被中国证监会立案调查的中科创业股票违规操纵案,终于在今年5月底有了比较确切的下落。消息说,"中科创业案"已被法院受理,开庭时间定在下月。还说,头号证券大案终于可以真相大白了。

乍听确是有些兴奋。在庄家横行的中国证券市场,"中科创业案"是唯一一起庄家自陈做庄内幕的案件,又曾因连续五日跌停引发过市场的巨大震荡,还可列为2001年初"股市大辩论"的起始原因之一,算是有些历史意义。此案一年多来没有下文,几乎到了让人忘却的程度,如今突然有了要开庭的消息,可称中国证券市场第一起走到了刑事诉讼程序的股价操纵案。

不过,细看和细想有关信息,却又觉得即将来临的审判并不能让人乐观。这里至少可以提出三个基本问题:总指挥吕梁(吕新建)去哪儿了?与吕梁签约并拿出公款支持其操纵市场的"北京机构",还有,与吕梁、朱焕良有机配合并涉嫌开设老鼠仓的中科创业管理层人士该承担什么责任?而且,与中科创业同样被操纵的"中科系"其他股票将如何对待?

显然,因为近在眼前的庭审只是针对当年吕梁手下的操盘手丁福根(人称"小丁")等五人的,而且所论无非是丁福根经手的、中科创业53%的流通盘股票操纵,所以,纵使下阶段案情很清晰而且司法有效率,仍然只回答了"中科案"的一小半问题。对"老虎"或"潜老虎"们的惩治还没有开始,整个事件远未到真相大白的时候。

除了案件处理显著的不彻底,"中科创业事件"处理过程中更大的遗憾当是不透明。与美国处理"安然事件"中的公开性相比,中国证券市场的绝大多数案件的处理都很不透明,往往在媒体曝光、证监立案后立即进入黑箱,直到整个事件被公众渐次忘却后才有短消息出来,责任人得到或重或轻的惩治,整个事件以一组不完善的数字结束。在"中科创业事件"中,这种不透明则表现到极致。因为在事发前期,主角吕梁一直罕有地与媒体频繁接触,甚至在 2002 年 1 月初证监会宣布立案调查之后,吕仍以口头或文字形式向媒体提供了大量一手资料。因此,这一案件曾获得了空前的透明和关注。然而,2001 年 3 月吕梁被监视居住,整个中科创业事件随即音信杳然,后来,坊间广泛流传吕梁逃跑也从未被官方加以证实。15 个月的消息封锁之后,直至 2002 年 5 月底,才有"案件行将开庭"与吕梁"下落不明"的消息公布,可见有关监管与司法部门对舆情的漠视。

中国证券市场上庄家操纵的现象近年来相当普遍,"中科创业案"并非唯一与孤立的事件。然而,这一事件又因其显著的规模,因其所形成的"中科系"或称"中科网",而且因其总指挥吕梁完整的操作思路,在败露之后仍有非常可贵的标本意义。监管与司法部门在办理这一案件中可能遭遇的巨大困难是不难理解的,但我们愿意指出,能否比较彻底地查处此案,能否比较全面、比较深刻地接受教训,对于中国证券市场的近中期发展,影响会很不一样。因此,在初审丁福根们的同时,监管和司法部门对吕梁、对相关机构人士、对"中科系"内其他股票的操纵行为的调查和侦察,无论如何应当继续进行下去,最后拿出较为完整的结果。我们以为,这是对中国证券市场最起码的负责。

中国证券监管部门近年来非常强调上市公司应当充分披露信息,理由种种,主要是说既是公众公司就要对公众投资人透明。以此道理相推,监管部门对投资人和纳税人责任和义务只有更大,监管者充分披露自身运作的有关信息亦是义不容辞。我们相信监管与司法部门有足够的机智与原则,不致在必要的及时披露中道出牵涉细节的"机密",乃至影响办案的顺利进行。而随时向公众通报重大案件的办案进程以及阶段性成果,既有助于获得舆论的理解和支持,也有利于增加市场的信心,及时收取鉴往知来之效。这一切,也应当从公众最为关心的"中科创业案"做起,至迟从现在做起。

-2002 年第 11 期-

市场理性拒绝人为"平准"

> 倘"平准基金"救市说流行，真的吸引了投资者大举入市，则市场在新一轮喧嚣后重入沉寂，必使中小投资人遭受重创。

2005年4月最后一周，中国股市持续下滑，甚至回到了1999年"5·19"行情之前。一些市场舆论于是再度发出救市呼吁，要求"平准基金果断入场，封杀大盘下跌空间"，以促使大盘转折。呼吁者甚至认为，唯此举，方能"切实保护中小投资者利益"。

我们以为，这种"平准基金"的主张不仅是错误的，而且具有极大的危险性。

须知，所谓用于救市的"平准基金"，其规模必然相当庞大，或以千亿元计。以现在市场上通常所说"市场下跌千点耗去1万亿市值"的说法，则意味着纵然将上证指数上托400点，也需要4000亿元人民币。这是一笔数额极为巨大的国民财富，无论出自财政之手还是出自央行再贷款，都无异于用纳税人的钱去救股市。这其实是一个关乎公众利益、风险极高的重大政治决定。如此做法，在中国过去没有出现过，世界上也很罕见，仅极个别国家、地区做过尝试，且备受争议，鲜有成功。无论从法律程序上、道理上，还是实际功效上，"平准基金"之想都是难以操作和不应考虑的。

"平准基金"的主张者喜欢强调基金的扩大效应，号称通过政府注入一定数量的资金托市，例如1000亿至2000亿元，将会给市场一个"底部预期"，吸引社会资金大量进入，从而"恢复股市的融资功能"。这其实是一种不切实际的幻想。且不说其违背了市场规则和发展资本市场的初衷，长远而言，必十分有害；即使从短期看，其实也绝难达到"平准基金"出台预期，实现托市之想。

当年台湾的"国安基金"组织实力何等雄厚，救世之心何等迫切，但进入市场后，也只能是"泥牛入海无消息"，徒然为炒家输送了大量利益。中国大陆股市较之更为不成熟，投机气氛浓厚；加之外部监管环境远欠完备，寻租腐败难以杜绝，实在无法幻想由证券监管部门主持的"平准基金"能够发生奇效。很显然"平准基金"救市失败之必然，远远大于"偶胜"之期待，而失败之后数千亿元国民财富付之东流，政治后果将十分严重。倘此说进一步吸引投资者大举入市，则市场在新一轮喧嚣后重入沉寂，还会使中小投资人遭受重创，更是我们难以接受的结果。

1998年8月，香港特区政府曾经运用1180亿港元外汇资金干预股市，10天内将恒生指数成功推高1200点。这一国际上仅见的托市成功，屡为当前"平准基金"的鼓吹者所引用。其实，香港当年这一做法即极为冒险并极有争议，以至在战役结束后，仅被市场评为政府之"惨胜"，而政府一方则从未敢言"胜利"二字。更重要的是，当年香港的情况与今天中国内地的股市毫无共同之处。香港特区政府斥巨资干预恒指，所保护者并非港股而是港元，其打击目标是据分析同时进入期、汇、股三市的国际大炒家。而且，纵以当时香港特区政府之部署周到、操盘者之出手狠辣，成败仅在一瞬之间。

在香港特区政府"惨胜"之后，与鲨鱼搏斗的鲜血本来极可能引来更多的鲨鱼，使香港特区政府陷入更深重的包围之中。幸而整个国际资本市场发生了巨大变化，大量国际游资掉头他顾，方使特区政府守住既有阵地。以香港前例论证"平准基金"在今日内地股市之合理性，如果不是忘却历史，就只能理解成有意混淆视听。

"平准基金"之种种风险、危害与不可行，决策者其实看得很清楚，择此下策几无可能。而市场上那些大谈"平准基金果断入市"者，未尝不知道这一事实。他们之所以继续不负责任地鼓吹此主张，目的无非有二：其一是欺瞒广大中小投资者，以"平准基金预期"短炒获利。从目前种种股评提及"平准基金"千篇一律的遣词造句，可知此概念确实已成为新的炒作题材；其二是以市场倒逼政策，幻想随着股市起伏不断放此概念，最终弄假成真。

上述两个目的都很不光彩，特别是"倒逼"之想，很难兑现。有鉴于此，则广大投资者对此局势有清醒认识格外重要。

自2001年以来，中国股市在漫漫熊市之中徘徊，上千点指数下跌证实了市场的铁律，也凝结着血的教训。在今后的日子里，股市大有可能出现跌破千点的悲惨局面，压力会继续增大，"平准基金"鼓噪也会喧腾一时。然而，市场理性拒绝人为"平准"，中国股市没有救世主。唯有在市场参与者有此共识之后，我们才有望看到中国股市的真正振兴。

-2005年第9期-

真有千亿资金该干什么

> 面对当前中国经济在高速发展中出现的不均衡,用钱之处多之又多,无一不关乎数以亿计的广大公众利益、关乎公平正义、关乎政府责任与诚信,无一不面临着资金匮乏的无奈,期待着财政之手的援助。

时近年终,中国股市再成看点。自 2005 年 10 月 26 日的大阴线以来,上证指数已在 1067 点到 1122 点之间"震荡整理"了一个半月,种种政策利好均无力使之回升。于是,市场经媒体翻炒出一则消息,号称目前已经有政府提供的"3000 亿护盘资金大举入市",引得一派喜气洋洋,猜测纷纷。

消息真假且不论。我们认为,仅有此愿望而未遭舆论抨击,有此主张而未遭公众斥责,便已让人抱憾之至!

自二十世纪最后十年中国有股市以来,市场的声音最爱将股市指数之重要性抬至最高,似乎中央政府的所有政策都是在调控指数,或是"政策利好",或是"政策利空"。近年来随着投资者的逐步成熟,这种情形已经有了一些改变。但因为股市毕竟专业性很强,而大众新闻的价值判断可能发生偏差,因此,在利益集团的声声呼唤声中,"指数决定论"仍于无形之中,窃据了某种理之当然的地位。以此,在市场下跌之时,市场舆论就引出不当诉求,强调最高决策层应时时对市场指数系念于怀,有责任义务保持股指上升,甚至应不惜以巨额资金与市场相搏。这是一种极为错误的主张。试问,股票指数于国于民究竟有何等重要,动辄当以千亿元公帑托之抬之呢?

面对当前中国经济在高速发展中出现的不均衡,关乎全民、关乎中国长远发展的用钱之处多之又多。2004 年黑龙江省进行全省减免农业税试点,乡镇体制做了精兵简政的改革大手术,节省出的费用不过两亿元;中国法定的义务教育至今无法惠及全体农民,整体经费缺口据专家测算为每年 200 亿元;农村卫生防疫体制建立、农村合作医疗推进、城市贫困人口的医疗保障,早已是医疗改革的题中之义,所缺所待资金当以百亿元计;养老保险改革的试点需要推向全国,参照试点标准需要得到的中央年度补贴约折 500 亿元……

这类事情,此外还可加上许多,如治理河流污染,如煤矿安全生产,如禽流感赔偿，无一不是当前最为热点的话题，无一不关乎数以亿计的广大公众利益、关乎公平正义、关乎政府责任与诚信，无一不面临着资金匮乏的无奈，期待着财政之手的援助。而这些项目之总和，恐怕也绝不会达到市场护盘所期待的"3000亿元"。

当然会有人说，政府资金用于股市，与用于公共事业有本质不同，因为股价是国民经济的晴雨表，政府以"有形之手"支撑股价有利于经济稳定，甚至可以扩大内需，带来"财富效应"。这是似是而非的欺人之谈。

在中国，股票指数不曾成为宏观经济的"晴雨表"本来是个事实。认真关注中国的现实经济，可以发现在各类资产市场上，证券市场并非国计民生的基本影响因素，甚至不如房地产市场那样与百姓生活息息相关。因此，作为公共经济安全的提供者，国家首先应该关注的是银行业，它承载着几乎全体居民的基本可支配收入；其次，应该关注包括房地产价格在内的其他资产与产品价格，因为它标志着居民的生活成本——其可支配收入的现实购买力。而证券市场，只有在价格持续走高的时候应关注经济的泡沫化和泡沫破裂对经济的冲击，在走低的时期则应严格坚持绝不干预政策。

在股价走低的时候给予托市，将是一种极度不公平的政策安排，等于以对股市中现存投资者实施"最惠"待遇，而由全体百姓共同承担成本。如此，则改革20多年试图解决的工农、城乡剪刀差，极有可能演变为沉默的弱势群体对股市既得利益者的利益输送剪刀差。这显然是一种体制复归。

事实上，托市不仅错谬，且必然成为徒劳之举，这本来是市场的铁律。当前市场的低迷确实于投资者信心直接相关，但根本原因正是市场扭曲导致的理性预期。如果市场的基本面没有改变，而各类交易主体一味期盼政府注射强心针，甚至把已经饱受其伤害的中小投资者作为"人质"要求国家支持，只能使股市距"效率市场"越来越远。如此背景下的托市，在"局内人"解套抽逃之后，出现政府资金与市场弱势者深套其中的结局，将是难以避免的。

当然，我们批判"3000亿资金入市护盘"之说，并不意味着这一主张在中国已经或极有可能成为事实。说到底，现在需要阐释的是一种基于舆论正义的价值评判。在以"护盘说"为民请命大肆流行之时，这种价值评判是必须强调再三的。

-2005年第25期-

如何平息市场的非理性亢奋

> 市场中的浪漫曲只会奏响一时，唯在努力趋利避害之后，曲终人散之时，呈现的才能是"最不坏的结局"。

2007年五一长假之后，中国股市两大风险特点越发显著，一为指数持续攀高，已突破4000点关口；二为新入市者继续增加，开户人数已经近亿。中国证监会在5月11日（周五）收市后郑重发出通知，强调"加强投资者教育"，旨在警示风险；重申"强化市场监管"，意在打压违法，实为年来少见强硬之举。然而，可以想见，高热中的市场不会迅即止沸，风险续增乃至"套牢中国"的可能性还在增大。

目前的市场处于典型的"非理性亢奋"（格林斯潘1996年对当时美国股市的评论）状态。欲使其逐渐理性平稳发展，监管者的宣示教育固然重要，还应有多重手段以事实服人。其实，按照经济学"理性经济人"的设定，不能说普通投资者都是因为无知而进入高风险的市场。这里最基本的逻辑就是"钱放在哪里更合算"。既然官方公布的通货膨胀率已达3%，银行2.4%左右的存款年利率是明显的负利率，加之房地产市场门槛既高且流动性差，投资股市一赌输赢，会成为相当一部分本来偏好低风险投资的民众的被迫选择。

因此，我们坚持认为，央行适时、稳健、持续加息，对于抑制资产价格上升、维护中低收入者利益极为关键。加息当然是一项具有争议性的宏观经济措施，特别是在目前汇率水平下，"热钱"涌入的压力会加大；也不能幻想加息次日，诸多普通投资者便退出股市。然而，有道是"两害相权取其轻"，不加息则会有更多的储户被驱向高风险投资，蜂拥入市、"全民炒股"会愈演愈烈，则是可见的事实。中国证监会的通知强调加大对违法行为的打击力度，确实令关心市场健康的人们感到振奋。然而，通知仅称当前"市场违规行为也有所抬头"，讲得太轻也太过客气。仅就目前众多炒股者中的最踊跃者言，涉嫌利益冲突者恐怕就不在少：某些与证券交易直接相关的机关事业单位，已经到了下午收市前集体看盘无法正常工作的程度，本来是公开且不以为非的现实；一些市场主力机构操盘者亲属同步炒股、跟庄、传播消息，大赚其钱后四处炫耀，也早已变得见怪不怪。监管部门有意加强监管，应对现实的严峻程度有更真切的认识，打击与预防并举，将合规性检查与对违法违规行为严惩不贷变为行动，方可实收维护市场公平之效。

提及监管力度，严字当头的同时还需强调"兵贵神速"。最近杭萧钢构（上海交易所代码：600477）涉及信息披露"不及时、不准确、不完整"，而且"有人在这起事件中涉嫌犯罪"（官方表述）。事情发生在2月15日左右。证监会在一个月后宣布进行调查，后正式立案，并在4月27日送达了处罚通知，较之过去进步很大，但距国际标准也确实差之甚远。

最新的例证，就是美国证交会就道·琼斯股票交易中一对香港王氏夫妇涉嫌内幕交易展开调查，从发现问题到起诉迅雷不及掩耳，以至涉嫌交易者出货套现后，现金到账前一天账户已被冻结。此事件发生在5月8日，是最为鲜活的例证、最为现实的对照。

在中国查处内幕交易，一直有所谓"发现难、取证难、责任判明难"的特点，证监会官员由此曾抱怨权限过小。但是，《证券法》和《刑法》修订案（六）赋予了监管部门在特定情况下的冻结、查封等"准司法权"，证监会还成立了稽查二局，选调了多名公安系统人员。彼时至今，内幕交易的查处尚未显现出与"无权时代"之差距。人们有理由对监管者有更高的期盼。

随着近来股市连续暴涨，我们注意到许多舆论已经开始较为冷静地强调入市风险，观察家普遍的忧患之心有望对大众性癫狂形成制约。在舆论层面，我们以为政府应当继续向公众反复申明一个基本原则，即股市升降自有其道，而投资者责任自负，不可能由政府担保、政府埋单。围绕市场发展完善的各种必要的改革，如议论多时的加速推进QDII（合格的境内机构投资者）、及早扩大QFII（合格的境外机构投资者），乃至打通A股与H股，推出指数期货等，都应当列入议事日程，周密设计，进入行动。

面对非理性的市场作理性努力，核心在于妥善处理政府与市场的关系。在任何情况下，管理层都不应对推进改革和加强监管会影响市场走势过度担忧，更不可有意无意向市场传递心理信号。政府尽自身之责并尊重市场铁律，做其该做而弃其不该做。市场中的浪漫曲只会奏响一时，唯在努力趋利避害之后，曲终人散之时，呈现的才能是"最不坏的结局"。

-2007年第10期-

何必讳言"不救市"

> 股市自有沉浮，政府不应救，不能救，亦不必救。这本是市场经济的基本常识，也是市场监管者理当践行的基本准则。

股市并不总是让人激情澎湃，现实很冰冷。2008年3月27日，上证综指跌破3500点，距2007年10月逾6100点的高位跌幅近半。于是，我们频繁地听到要求政府救市的热切呼吁。当前，市场上救市建议五花八门，既包括一些证券市场发展建设的题中应有之义，又有一些旨在托高指数、伤害制度的短期行为，性质迥异甚至互相矛盾。其核心则在于强调政府必须救市，有责任也很有必要，可谓求救声声急。

或许因为由此带来的舆论压力，我们看到了监管层令人费解的表现：3月13日"两会"期间，沪综指跌破4000点当日，中国证监会一位高层人士先是坦然表示，监管层不会扮演"救市角色"；次日却又紧急否认，坚称从未说过"不救市"，并指责"记者瞎写"。那么，政府对市场究竟救还是不救？直到今天，人们仍然没有听到监管部门清晰、果敢的回答。

其实，以监管者的严肃身份，何必讳言"政府不救市"至此？这只能使人深以为憾！

股市自有沉浮，政府不应救，不能救，亦不必救。这本是市场经济的基本常识，也是市场监管者理当践行的基本准则。道理非常简单：政府既无法定职责，亦无认知水平来调控作为价格信号的股指，与千万投资者博弈无异于螳臂当车。如果说，在中国年轻的资本市场，市场基本制度建设重任在肩，管理层选择市场低迷时期推出一些改革政策可以理解；但据此而在主观上竟存以政策救市之想，则错谬之至。至于为了救市而搞短期行为，伤害制度之本，公然给市场以"政府救市"提示，更是断不可为。

回首中国资本市场近20年的发展道路，政府出于各种压力，过往亦不乏"救市主"行为，但与之相伴的只是一连串败绩。沉痛的教训早已证明，中国"国情"并未使市场运行背离基本规则。监管者的责任在于信守"三公"原则，维护市场秩序，不是也不可能是保证投资者只赚不赔。这已经成为当今理性市场参与者的共识。当前，股指下滑，救市之声再起，倘监管层在非理性诉求面前躲躲闪闪，讳言"不救市"，只能给不明就里的众多新入市公众投资者徒留侥幸心理和幻想空间，给最高决策者造成无端压力，是一种不负责任之举。

"救市论"甚嚣尘上，充分显示了利益冲突和思想混乱。颇有人以近期美联储针对次贷危机的一系列举措，旁证"救市有理"。这不是误解便是曲解。

应当看到，美联储和西方各大央行的确针对信贷紧缩采取了一系列不同寻常的举措，其中，拍卖2000亿美元国债、不断拓宽贴现窗口之举，更有明显的援助色彩。但是，其一，这些举措主要是为了缓解系统性的流动性风险，而非针对股指涨跌，有关决策人士事前事后均曾明言"政府不救市"；其二，这些行动自有其利率、期限等约束条件，并非"免费的午餐"；其三，这些行动至今仍被指责"靠华尔街太近"，颇存争议。对这类行动，有些媒体冠之以"救市"已是轻率，倘市场专业人士乃至监管者悬想其"救市主"动机，夸大其效果，就是纯粹的指鹿为马了。

监管者当前承受救市之压，还与其尚未彻底摆脱"政策市"的角色错位有关。随着近年来股市"非理性繁荣"加剧，监管层表现出对指数特别的关照，对市场存"慢牛"之想，一度有意以政策人为"调控"供求节奏。今天"慢牛不成反变熊"，凸显"政策市"的尴尬结果。然而，以新的错误去补救旧的错误，只能离真理更远。经验表明，百般呵护非但不能令市场中的上下其手者满足，反而会成为监管者终将无力背负的"十字架"。

2008年3月最后一周，市场上关于管理层可能出台"利好"政策的传言满天飞。纷乱的说法中，较多指向"开展信用交易试点"、严控"再融资"和"国有上市公司限售股份流通"。3月28日（周五）股指大幅回升与此直接相关。我们希望，这种显示以密集政策托市的传言不会成为事实。此外还需指出，三项选择中的第一项，是市场建设的基本措施，选择恰当时机推出属可行之策。但严控"再融资"，其实是以行政手法限制股票供给，显然有悖市场原则。至于控制国有上市公司限售股份流通，则明显破坏市场契约，损害市场公平，后果难以补救——回想当初以数千亿元国有资产之"对价"，方使得原定"暂不流通"之非流通股获得流通权，倘现在仅因股指下跌即出台限制其流通权利之下策，今后将以何等代价再度"赎身"？

当前，"救市说"肆无忌惮，传言四起，相当一部分引领者其实都是浸淫市场多年的老手,对于所谓救市的后果心知肚明。其之所以用"亿万股民利益"和"影响宏观经济运行"要挟救市,热衷传言,无非是企图在行情短期波动中渔一己之私利。管理层对此应洞悉,广大投资者亦当高度警觉、冷静待之。

-2008 年第 7 期-

"流动性亢奋"之忧

> 对经济复苏过度乐观不可取，不为"流动性亢奋"所惑才是关键。

2009年6月，市场在炎炎夏日中升腾，处处可见亢奋之象。

国内外资本市场均令人瞩目，上证综指近期连创新高，资金流入呈"井喷"之势；港股行情也持续看涨，堪可比肩2006年牛市。国内房地产市场则涨势重现，2009年前四个月，全国商品房销售大增三至四成，而北京销售额与销售面积同比增长均超过了100%，京沪两地的土地市场也相继出现溢价成交盛况。

国际商品市场同样升幅连连，路透/杰弗里斯CRB指数继5月创出过去35年单月涨幅新高之后，又在6月1日创两个月来单日最大涨幅，市场预计该指数到8月或还将上涨19%；国际原油价格过去一月间涨幅更是达到近30%，接近每桶70美元。

应当承认，市场升温与经济回暖相关。在美国，近月来的ISM制造业活动指数、新订单指数、房屋建筑支出环比等均抬升势，消费者信心指数也于上月大幅上扬至54.9，创下32年来第四大涨幅，这些都显示经济跌势有望趋缓。在中国，制造业PMI指数等指标好于市场预期，其中，5月新出口订单指数自2008年11月以来首次升至50以上，预示出口有所恢复，经济反弹或可持续。

然而，有限的回暖尚无法成为高度乐观的理由。其实，当前危机虽暂缓，但实体经济的支持力度仍十分有限，资产价格的大幅上涨更多缘于流动性过剩。故此我们认为，目前市场博多的热情，更多的是一种"流动性亢奋"。

在这次危机中，世界主要央行普遍采取了低利率或零利率政策，政府和央行向经济注入了巨额流动性，中国政府以实施"4万亿"刺激计划为世所瞩目，美联储的"量化宽松"政策更显示美国货币政策已经走向宽松的极致，所有短期稳定经济的政策都指向一个关键词——流动性泛滥。这种以美元为主的全球性流动性过剩，既推高了通胀预期，又使美元的避险功能降低，促使国际资金转而投向资产和大宗商品等通胀防御性品种。所以，当前资产和商品市场的价格上涨，既含有价格触底后的正常反弹因素，更暗含着投机催生的泡沫扩散。由于经济复苏尚未企稳，过度的市场投机只会增加经济运行的不稳定性，沉溺

舒立观察

于"流动性亢奋"正是最大的隐忧。

就短期而言,国内股市和楼市的回暖,只能看做反弹而非反转。房地产市场无论是成交活跃,还是投资增加,均显著以政策为助力——政府下调住宅投资资本金比例、大幅放宽开发商拿地条件、降低土地价格,以及银行对房地产新开工项目执行较为宽松的信贷政策,都成为市场支撑点,而建立在收入和真实需求基础上的市场因素并不稳健。股市指数持续上涨,虽有合理的反弹成分,但并不意味着宏观经济和上市公司业绩已经好转,此轮行情更多地带有资金推动的痕迹——虽数据不详,但银行信贷超常增长中相当一部分资金流入股市已是共识。至于国际商品价格上涨,其直接理由是中国经济快速恢复后对原油、铜、铁矿石等大宗商品的可能需求。不过,深入分析即可发现,中国近来的相关进口增长仅有小部分系生产所需,而相当一部分是借国际市场价格偏低增加战略储备的考虑,或受部分企业囤积行为的影响。以全年需求而论,现有的增长并不能持续。此外,国际大宗商品价格的反弹或使当前通货膨胀预期"自我实现",也加大了全球经济滞胀的风险。

从中长期角度看,此次金融危机源于全球经济结构失衡。世界经济的复苏需要在新的均衡点上启动,其前提就是各国完成经济结构再调整。这需要时间,更充满曲折和反复。中国在"4万亿"经济刺激计划的基础上,继续面对最终需求疲弱的现状,唯期待以外部需求消化大量新增产能。然而,寻求再平衡的美国应放弃过度消费模式,其需求恢复必是"难尽我意"。最新数据也显示,美国2009年4月个人储蓄率攀升至5.7%,创14年新高;由于减税,4月个人实际可支配收入环比增长了1.1%,而减税带来的收入增加并没有进入消费,大部分转为储蓄。现有趋势表明,外需近期难以恢复,中期也难现往昔的繁荣,这将对中国通过结构调整扩大内需形成更大压力,与之相关的收入再分配、服务业放开等重大改革,则是更艰难的战役。

毫无疑问,当下一切回暖的经济数据均可增加市场信心。在应对经济危机之时,信心确也弥足珍贵,但是信心必须建立在真实的经济基本面改善以及理性预期之上,对经济复苏过度乐观,甚至对通胀预期过分强调,其实并不可取。当前,要在乐观中保持谨慎,不为"流动性亢奋"所惑才是关键。

-2009年第12期-

"套钱"之心不可太切

> 我们迫切需要摈弃"利用"市场之心，多一些改革的诚意和决心——上市之外的企业改革大动作应当拿出来了。

1999年10月，在资本市场上，有两件事都让关心者感到有些沮丧。

一是在国内，争论了很久也酝酿了很久的国有股上市试点终于形成决策，但A股市场反应消极，股指连日下挫；二是在海外，中国海洋石油公司有限公司（下称"海油有限"）向境外投资人进行首次公募，但巡回路演之后应者寥寥，最终不得不空手而回。

中共十五届四中全会9月间落幕，对国有经济进行战略改组，"有进有退"，"有所为有所不为"，这是全会具有历史意义的重大决定。显然，无论是长期以来被视为股市公有制标志的国有股上市流通，还是过往因其握有矿产资源和海上石油独家开采权的海油有限上市，都是事涉"战略退出"和"有所不为"的重大行动。

资本市场没有笑脸相迎，从市场形势、操作技术层面，可以作出许多专门分析，但因为事涉改革全局，就有必要想得深一些——我们对于市场的"利用"之心、"套钱"之意，是否还是太切了？

细想起来，中国人的进步实在很快。八九年前，我们对股票市场的性质还停留在姓"社"姓"资"、该不该搞的争论上，而临近世纪末，"充分利用资本市场"已经成了中国经济界从上到下最流行的常用语。于是，出现了这样一种情况：比起其他更富于挑战性、更触动既得利益的改革，企业到国内或国外"上市"更容易得到认同，更易于推进，也更具有优先地位。

以上市带动企业改革的思路看似没有错误，甚至还颇有可首肯之处，特别是因为上市本身既可以拿钱又看似推动企业重组改制，更为官、产两界的精英们所推崇。但几年走下来，其实我们不能回避这样的现实：因为国内市场不够健全，监管能力较差，海外市场又相隔较远，明显拉大了"信息不对称"的程度，资本市场对中国国有企业的约束力是有限的。如果走向资本市场的动作不能与更大范围的、更加彻底的改革相同步，上市除了能拿到钱，并不能对企业提高效率、改革机制起到根本性的促进作用。十年来，国内A股、B股两个市场股票指数起起落落，千亿资金进进出出，但上市公司的质量非但没有提高，而且效益连年下降；海外资本市场的H股、N股、红筹股公司也相继出现大量问题，多数企业改变机制的关键步伐仍然没有迈出去，已经是有力的证明。

此次四中全会明确提出国有经济的"战略退出"和"有所不为"，具有显著的坚决性。以此精神来反思中国企业在海内外资本市场上的举动，我们迫切需要摈弃"利用"市场之心，多一些改革的诚意和决心。这可以包含三方面的含义：一是必须明确一部分企业的国有股东可以"全面退出"，这些企业在上市前应拿出"退出"时间表，在上市后两到四年内逐步实现全部或大部非国有制；二是在某些战略性产业建立竞争机制，相关领域的垄断性国有企业上市前后，政府及主管部门应同步出台打破垄断、开放竞争的政策法规，允许其他企业进入；三是无论国企上市后仍由国家控股还是逐步转为私人控股，都必须建立可监控的、完善的法人治理结构。

这几方面都是大动作，但也是非做起来不可的事情。须知，上市的目的固然是融资，国家出售老股更具资金变现的直接意义，但资本市场的资金是最昂贵的资金，意味着未来超平均利润的回报和相应权益。因此，走向资本市场的企业只能是合格的企业，有长期、超常盈利能力的企业。资本市场因为流动性极高，投机性较强，所以似乎情绪无常，有时还会轻信和健忘，但资本市场本身是具有理性内涵的市场。在反复上当之后，市场终究会觉醒，市场的报复可能过激。因此，对个别国有企业而言，"利用市场"之心犹可恕，倘政府、经济部门甚至监管机构心存此念，支持鼓励短线"套钱"，其结果就非常可悲了。

海油有限是个相当好的企业，此番在资本市场受挫，原因之一是受了"中国概念"之累，海外投资人对"中国国有垄断"、"享有优惠政策"之类早已不复当年的兴趣。至于国有股上市消息在市场反应负面，从根本上说也是因为国内A股投资人对已有上市公司的质量提升缺乏信心，难以想象国有股一旦流通或部分流通就真能让企业好起来。从道理上说，国企改革走向资本市场的方向没有错。但既然市场已经觉醒，我们更需实事求是。拿钱之心不可太切，而上市之外的企业改革大动作应当拿出来了。

-1999年第11期-

不以上市迟早论英雄

> 无论如何，在国有企业上市"改制与融资"的双重目标中，应当将"改制"置于首位。

近来听到不少好消息。2000年前五个月的指标显示中国经济开始转暖，无论是出口、外资流入还是内部需求都有回升。与此同时，香港市场出现了红筹国企股上扬之势，特别是中国电信业的新劲旅中国联通成功在香港与纽约两地招股上市，总计可拿回64亿美元——这个数字远远超过预期，甚至超过当年的红筹股王中国电信（香港）首次公募加上两次注资后总计62亿美元的数字。

形势向好，于是人们很兴奋了。兴奋之心很容易转为一种急切的主张：赶快让国有企业到海外去上市，去拿钱！

这急切当然不无理由，但也大有令人担忧之处，因为这会强化目前流行的、但并不正确的价值判断："以上市迟早论英雄"。急切导致偏颇，会使企业海外招股行为短期化，最终影响其深层次改革和长远盈利能力的形成。

从1990年中信泰富在香港买壳上市算起，中国国有企业在海外股市融资已经历了十个年头。这些年来，红筹股、B股、H股、N股形形色色，资本市场起起伏伏，人们已有了相当深刻的感受。特别是自1998年亚洲金融危机波及香港以来，中国企业在海外招股遭受多次挫折，已上市企业的股价表现也乏善可陈。往昔的教训早已表明，海外上市虽可在一定时期内改善企业财务结构，但对其建立合理治理机制的约束力还是相当有限的。特别是在市场形势火暴时，具有敏锐嗅觉的投资银行家们往往急功近利，揠苗助长，借助行政力量对国有企业快速分拆包装后立即上市，这虽然可以拿来大把"容易钱（easy money）"，但并不能使企业获得脱胎换骨的改造，其后果往往是市场震怒，股东吃亏，而股东首先就是国家这个大股东。资本市场趋利而健忘，但我们万万不可健忘。

中国离世界比较远，对国际资本市场也比较生疏，在"姓社姓资"心存疑惑的年代，多数人当然避之唯恐不及；及至幡然醒悟意识到可"为我所用"，主流想法就成了用之唯恐不足。其实，在中国决心建立市场经济体系并且加入世界多边贸易体系的今天,国际资本市场再不遥远,中国企业进出其间的机会广泛存在着,更需要的还是对市场的理解和了解。因此,无论单个企业还是政策制定者,都应当多一些长远观念和从容心态。海外上市尽可以成为企业发展的阶段性目标,但上市时间表不必过于紧张急迫,工夫应当下在上市前的改制重组上。

到目前为止,中国在海外上市的国有企业重组期普遍偏短,这种做法并不符合"中国国情"。国际资本市场毕竟是私人资本主义的产物,其特性与中国国有企业相去甚远。尤其是一些资产成百上千亿元的特大型国有企业,一方面因其产业或行业特性被认为具"重要战略地位",享受着政策惠顾;另一方面长期以来实行上层政企不分、底部诸侯割据的畸形机制,滋生了大量外人难以想象的痼疾。在对这些企业进行改革时,按国际资本市场的标准进行重组改制,无疑是有效的手术措施。但既然施行"手术"就应当坚决彻底,更应在"手术"前后给予一定的整合期。一些历史包袱沉重的企业,"手术"还只能分步进行。

这一切,决定了企业的重组不可速战速决,更需要的反是时间和韧性。唯如此,为上市进行的重组才能够成为企业改革的实质性步骤,而经过扎实重组的企业也才能在资本市场上获得更巨大、更长远的成功。当年德意志电信从政企合一、邮电合一的政府部门改造为独立的国有公司,经历了长达八年的重组进程,最后于1996年11月在法兰克福、纽约、东京和伦敦四个市场整体上市时,一举融资130亿美元。这个西方国有企业重组上市的经典案例值得悉心体会。

当然,中国是一个资金稀缺的发展中国家,安排国企海外上市时不可能不考虑"拿钱",而且"拿钱"之心总是非常强烈。特别是现在国际上科技股在下跌,中国经济又开始回暖,市场很可能出现了所谓融资"窗口",让国有企业尽快上市融资之心也就其情可谅。但冷静想想就可以明白,抓住机遇从市场"拿钱"有各种各样的办法。对国家整体而言,最直接、最有效率的"拿钱"办法应当是减持已上市企业的国有股;而就具体企业而论,首要标准还是要看其重组改制是否到位,要考虑其长远发展的利益。

无论如何,在国有企业上市"改制与融资"的双重目标中,应当将"改制"置于首位。因为一国经济成长、人民生活富庶,归根到底依赖于众多机制先进、具有盈利能力的企业；资本市场上那些有声有色、威武雄壮的活剧，也只能在蓬勃的实体经济舞台上展开。一时的"容易钱"或许好拿但也会烫手，我们切不可以企业上市迟早论英雄。

-2000 年第 7 期-

勿忘"窗口"教训

> 手机单向收费问题，主管部门可以有态度，上市公司也可以有方略，但有什么必要让主管部门的最高负责人出面，特地为上市公司护盘呢？

刚刚结束的 2000 年，是中国在国际资本市场上的"丰收年"，融资总和超过了 200 亿美元。这是一个历史性的新纪录，想起近两年来资本市场的严峻形势，更使人感到已有的成果相当可观，来之不易。

欣慰之余，又需要冷静。因为中国以往在国际资本市场上喜获丰收的好日子也有过，在当时也曾是历史纪录，但乐极生悲的波折却让人难以释怀。1993年、1994 年间曾有一个高潮，红筹股、H 股，加上地方信托投资公司纷纷运用的债券工具，"中国概念"在资本市场上何等风光。惜乎高潮很快便又跌落，市场上剩得一片狼藉。至 1996 年、1997 年香港回归前后，"中国概念"再领风骚，顶级的例子是北京控股上市引来千余倍的超额认购。而此后的情形则是急转弯：1997 年年底天津发展上市时，不过是定价低、认购少不太风光而已，但到了 1998 年 1、2 月，便有三例 H 股招股宣告失败的悲惨案例。与此同时，大批海外债权人向中资公司讨债步步紧逼，至 1999 年，广信破产、粤海削债重组接踵而至。

以往两次大起伏中，中国都在采用"政府窗口模式"进行海外融资。广东、大连、海南等地的国际信托投资公司，是中国政府认可的发债"窗口"；后来，粤海投资、上海实业、北京控股等红筹公司，则是地方政府掌控的招股"窗口"。富于创新能力的投资银行家们将此"窗口概念"发挥到了极致，急于从中国高速发展中分享好处的海外投资人对这种"窗口"寄予巨大期望。当时非常模糊的解释中，似乎中国政府将对地方发的每一笔境外债务负全责，而且地方政府会源源不断地把优质企业折价注入境外上市公司。仅这种幻觉，便招致了盲目借贷和过度炒作，后来大家都在金融危机过程中吃了大亏。

应该承认，2000 年来在国际资本市场大出风头的一批国有企业，主要是中石油、中石化、中国联通和中国移动，并不是循往日的"政府窗口模式"进行上市融资的。按投资银行家的描述，这些企业既属于垄断或寡头垄断企业，又位居有增长潜力的"战略性行业"。不过，因为这些企业毕竟是特大型国企，与政府有着非常密切的联系，所以市场上的各类角色还是特别容易产生"窗口意识"，将这些企业视为一种模式，一个整体。11月底，国内手机移动间单向收费风波一时沸沸扬扬，搅得不仅中国移动、中国联通，甚至石油企业也股价大滑，就是典型的"窗口惯性"的延续。

于是就产生了一个疑问：我们自己是否有必要将已经上市的大型国字号视为"窗口"呢？企业就是企业，各有不同的行业政策环境，经历了不同的重组过程，在上市后继续发展继续改制，也面临不同的重点和难点。而且，上市以后的企业都必须斩断与政府的联系，为创造股东价值而存在。在这种情形下，政府有什么必要以呵护"窗口"之心特地对上市企业加以关照呢？例如，手机单向收费当然是极复杂的问题，主管部门可以有态度，上市公司也可以有方略，但有什么必要让主管部门的最高负责人出面，特地为上市公司护盘呢？更何况，牺牲降低通信成本的机会以力保少数公司股价不失，并不见得是最合乎理性的决定。

中国政府决定将过去由国家全资拥有的特大型国有企业推向股票市场，目的无非有二，一是融资，二是改制。融资的任务比较近期，而改制则是漫长的过程。在成功地从市场上拿回第一笔甚至第N笔钱之后，改制可能才刚刚开始。在这里，无论是政府还是企业，目光都应当放得长远。必须承认这些企业在市场上的"表现"是一回事，其真实面貌是另一回事。股价表现尽可以靠"垄断概念"、"主力概念"来维护，但只有通过内部和外部的彻底改革，才能使投资人对企业的长远发展具备持续的信心。如果因为改革的操作太多磨合和曲折，股价产生相应的波动，只能算是不可避免的风险。

过去十年来中国"窗口"公司在市场上起落，得之于背后的有形之手，也失之于背后的有形之手，这里的教训是很深刻的。"窗口时代"应当结束了。

-2001年第1期-

承认资本的权力

> 资本意志的变化,来源于其性质和组成的变化,谈不上"高贵"或是"卑鄙","智慧"或是"愚蠢","有情"或是"无情"。而如果不能理解其间的区别,漠视资本的意愿,失去资本的信任,便极有可能遭到资本的否决。

2001年6月初新浪网再次发生高层震荡,国人心目中的"网络英雄"王志东离职,引起舆论一派哗然。

看待这一事件可以有各种视角。从财经社会的视角来观察,我们看到了这一事件的特殊意义:一家境外上市的公司由资本来话事。创业人身份的CEO看去权力无限、威望无边,一朝失去股东的信任,只能黯然离开原以为属于自己的舞台。

除了政府掌控、运作不很规范的国有企业,中国人几乎是第一次见到身边的一家上市公司,而且是境外上市公司,如此彻底地体现出董事会和股东们的最终控制权。在听熟了学者们关于公司法人治理结构、关于所有者不可缺位的大道理之后,资本的力量和市场的法则一旦真的成为现实,仍然足以让我们中国人感到震动。

其实,无论现实如何伤感,市场经济的准则是非常简明的。新浪作为一家公司,从来都只属于股东。王志东作为技术天才和创业家,最初在公司(四通利方)以人力资本折合的股份为21%。后来,新浪经过合并,前后从国际资本市场拿回约1.65亿美元资金,王志东虽增获了大量期权,但持股比例只能越来越小,目前不过6.8%。因此,能够决定其在新浪去留的并不是他本人,而是以现金购买了新浪绝大部分权益的众多股东以及他们选出的董事会。这是资本的权力。

当然,资本的权力在行使中常常充满变数。在新浪的案例中,这种变化与资本意志本身的变化关系甚大。早年间王志东创办新浪的前身四通利方,投资人系四通公司,投资明显与四通当时发展软件产业的战略设想相一致,预期比较长远;及至1996年、1998年、1999年三次引入风险资本,占据大股东地位的国际金融投资人对于未来股权增值、上市套现的期望相当清晰;到新浪2000

年3月在美国上市后，股东——无论是新增股东还是原有股东的关注点，则必然地集中于公司的业绩和股价。资本意志的变化，来源于其性质和组成的变化，谈不上"高贵"或是"卑鄙"，"智慧"或是"愚蠢"，"有情"或是"无情"。而如果不能理解其间的区别，漠视资本的意愿，失去资本的信任，便极有可能遭到资本的否决。

资本的权力在实践中有时不很容易兑现。中国的不少上市公司，包括一些海外上市公司，因为股权结构不合理，公司治理结构不健全，信息的不对称性被加倍放大，投资人的利益难以得到有效保障。在这种情形下，国内一些业内人士半公开地将私募融资称为"骗钱"，上市融资称为"圈钱"；一旦圈骗所得到手，常有大股东侵害中小股东利益，或是公司"内部人控制"无视股东权益的行为发生。所以，无论公司上市后股票是升是降，业绩是好是坏，管理者不必承担责任，我们也就极少听到完全由董事会做主、尊重股东价值的"政变"发生。相比之下，新浪的主要资产在中国，本身是中国创业者执掌的公司，但境外股东还是能够通过有效的治理结构严格约束管理层，正能够给海外投资人带来信心。仅此一点，也可解释王志东离职后新浪股票何以连升数日。

王志东是中国互联网时代的领军人物，也是中国最成功的创业者之一。他身上集中了太多的"英雄崇拜"，而此次出局又太过突然，自会唤起人们的怅惋之情。不过，怅惋之余还是需要舆论的理性。我们既然已经走向市场经济，就应当尊重市场的法则，承认资本的权力。中国建立市场经济文化的进步，需要从这种冷静的承认做起。

-2001年第7期-

大型国企应当先做"私募手术"再上市集资

大型国有企业先做"私募手术"再公募上市，还是经过"快速包装"直接公募上市，看去只是方法问题，其实是截然不同的两种改革思路。

2002年年初，媒体相继传出中国银行纽约分行受罚、开平分行资金被窃、总行前行长王雪冰受审查等一系列事情，在资本市场上的直接冲击正是香港中银集团计划中的年内上市，于是就有了中行现行长刘明康、香港中银集团总裁刘金宝的各种解释。分析家都看懂了：香港中银还是想上市，而且是按原来的时间表上市。上市当今在中国国有企业是一种时尚，而且是成功的标志。所以，不独香港中银在母公司声誉、资产重大受损时仍顽强地加速上市步伐，甚至仅仅处于重组准备期的中国电信、中国电力工业总公司之各个可能分拆部分（准公司），也已经处在投资银行们虎视眈眈的包围之中。中国已经加入WTO，各个主要行业的大型国有企业重组都在进行，而所谓"重组"几乎是在第一时间指向"包装上市"。

我们想说，匆匆忙忙、顶风上市究竟是不是最好的选择？有了那么多教训和阴影之后，可不可以重新检讨一下大型国有企业"上市＝改制"的战略思维？大型国有企业重组改革还有什么更佳路径？我们建议，大型国有企业上市应当放缓，必要时可以暂时叫停。在国有企业朝向上市的重组改制中应当增加一个环节，就是先期以私募方式引进国外战略投资者或是国内大型民营资本。这种股权结构的根本性更动（而非象征性地改成"股份制公司"），可以成为上市必经的"器官移植手术"。这是为了国企改革真正的、长远的成功。

长期以来，中国大型国有企业改革遇有这样那样的现实障碍，主要是政府体制和意识形态方面的障碍。因为障碍很难克服，改革又势在必行，所以，各种市场的、企业经理人的、政府开明官员的力量就通过交互作用闯出一条道路，通过上市来促进改革又促进企业发展。所谓"上市＝改制"的渐进改革战略即由此而来。这种战略在过去十多年中曾经发挥了非常积极的重大作用。例如，中国移动1997年上市，在国内外引起极大震动，不仅融回大笔资金，更成了中国电信行业改革开放的重大开拓性举措。众多国有企业通过改制走上资本市场，无论在治理结构、经营管理还是信息透明度方面都今非昔比。

然而，历史已经走入新世纪。站在新的起点上检讨往昔的战略，应当承认单纯借上市促改革、促改制，所取得的进步还是很有限的，距改革成功的标准差得太远。特别是如果上市匆匆，过分追求市场的"窗口机会"而非重组力度，上市往往成为有意无意的圈钱活动，企业拿到钱又走回老路，所谓脱胎换骨、洗心革面都只能是空话。这是因为资本市场具有信息不对称的特点，不成熟的国内资本市场，遥远的海外资本市场，更会使这种不对称加倍放大，从而大大降低市场对企业的实际约束力。事实还表明，当大量国有企业集中于同一市场，而且名义或事实上不流通的国有股占大头的时候，资本市场的约束力更会大大降低，不仅不是国有企业改革自强的最佳外部环境，而且很容易培养投机心理。

当前的国有企业改革环境与前些年比已经发生了很大的变化。特别是中国加入WTO组织和民营经济地位的确定，大大减少了改革的观念阻力。在新形势下重新考虑国企改制的战略，完全可以考虑采用通过私募先行改制的步骤。

当年平安保险公司成立，美国摩根士丹利和高盛两公司合计持有10%的股份，有资格参加董事会，有权力查看公司账目，对促进公司的经营治理即有显效。如果现在以私募的办法对一股独大的大型国有企业开刀，售予大型民营资本或是外国战略投资者以更大比例的股份，进而允许其参与管理；经过两三年或更长时间的培育，待时机成熟时再让企业进入公募市场，国家持股进一步大幅度减持，当不失为一种好办法。新的非国有投资者进入可以从根本上影响企业机制，较之先行上市再由券商"一年辅导期"来校正机制要有效得多。当然，整个私募的运作要规范，由国际水准的中介机构协助进行，避免出现盲目"引资"或是"私相授受"的非正常局面。而且，培育中国国内的私募市场会有一个过程。大型国有企业先做"私募手术"再公募上市，还是经过"快速包装"直接公募上市，看去只是方法问题，其实是截然不同的两种改革思路。有鉴于中国国企的现状，我们更倾向于前者。纵使按后一种办法直接重组上市，我们也主张在重组完成后确定一至两年的磨合期，再让企业进入公募市场。中国的国有企业改革有太多艰辛，实在需要更多付出，需要时间来考验改革的诚意。

银行贷款问责不"为IPO讳"

> 如果贷款问责"为IPO讳",其结局,则不仅不良贷款的重要责任人得不到追究,反倒有可能成为重组后上市公司的主要骨干乃至领军人物,如刘金宝。

2004年3月份全国"两会"期间,财经界人士最为关注的话题之一,恐怕就是国有商业银行的重组和上市了。尽管官方一再强调,不可能先行公布"上市时间表",而且最有可能率先上市的中国银行和建设银行,也不过是非正式地向外界"透露"了上市意向,人们还是可以时时感觉到两家银行血脉贲张的上市搏动。一个必然要考虑的问题是,既然银行上市目标已定,怎么才能借上市之机,求深化改革之实呢?

国务院常务会议、银行改革领导小组和银监会的"指引"有种种部署,体现了"背水一战"的改革决心。我们看到,在诸多意义重大的举措中,有一条很不同寻常,这就是在不良资产的处理和清分中建立严格问责制。无疑,这项在以往大型国企上市和银行上市中从未专门提及的举措意义重大。如果真正将问责制落到实处,才正是"重组重于上市"的改革诚意之重要体现。

本刊上期发表封面报道《危险的三角》,披露中国银行前副董事长刘金宝案重大内幕,笔者彼时曾在本栏著文,阐述了在商业银行加强内控机制、追究问题贷款责任人的重要性。需要补充的是,中国的金融机构虽然不良贷款丛生,但过往对贷款责任人,特别是居于高管职位的责任人却很少严格追究。除非纪检部门经举报,循另一条途径发现权钱交易,银行高级经理人员一般不会因发放贷款造成巨大损失而受到及时处决。遇有因上市等契机,大规模核销不良资产,则更有可能出现"一风吹"的情形——众人皆获赦免。

究其原因,除了将不良贷款归咎于外因的惯性思维,还有一种来自管理层的疑虑,就是担心严抓内控暴露的问题过多,牵涉到对人的处理,最终会影响机构形象。特别是近中期确立了登陆股市,特别是境外股市的目标,"为IPO讳"更成为一种常见逻辑。其结局是,不良贷款的重要责任人不仅得不到追究,反倒有可能成为重组后上市公司的主要骨干,乃至领军人物,如刘金宝。

已有的教训相当深刻。令人欣慰的是，此番中国银行和建设银行率先上市的战略意图虽已昭然，但决策层主要关心的还是以股份制改造为中心的改革重组本身，更在部署一系列工作时，给问责制以重要地位。继1月5日人民银行公布《国务院关于动用外汇储备注资中行和建行通知》强调追查责任后，3月2日国务院召开专门常务会议时，把"做好不良资产处置工作，严肃查处违法、违规案件，依法追究有关人员的责任"作为六项重点工作之一；11日，银监会发出两行"公司治理改革与监管指引"，也列出专门条目，要求"两家试点银行在处置历史损失的同时，应依法查处违法、违规案件，严肃追究违法、违规、违纪人员"。国有商业银行改革试点的具体部署在"两会"期间出台，温家宝总理直称此次改革"只许成功不许失败"，"是一场输不起的实践"；银监会主席刘明康则明确说要"防止历史损失中间应当负责任的那些人拂袖而去"，这些都给公众以深刻印象，也为推进改革创造了有利的舆论环境。

当然，是次国有商业银行股份制改革试点，决策层所进行的是全面部署，而核心是建立法人治理结构。在一系列新精神中，除了历史损失的问责制一说，还有其他不少值得未来特别关注之处。例如，提出按"三会分设、三权分开、有效制约、协调发展"的原则设立股东大会、董事会、监事会、高级管理层，这涉及从实质上改变过去国有商业银行的"一把手"集中制，具体而言，必使人关心未来集团和股份公司的人事设置是否能够真正做到"分开与制约"；例如，主张按照现代金融企业人力资源管理的要求改革劳动用工人事制度，建立有效的激励约束机制，其范围理应包括银行最高管理层及全体人员，冲击更是既深且广；再例如，要求公开、公平、公正地选择境内外战略投资者，改变单一股权结构，如何操作落实弹性很大，煞费思量。在股份制改革推进中，这几方面的改革与实施历史损失的问责制一样具有关键性，也可能互相作用，互相影响。

改革是目的，而上市是手段。但市场仍然关注上市时间表。银监会指引要求，两家试点银行应抓紧进行不良资产的处置工作，在2004年年底前提交对责任者的初步报告。在3月12日前后，两行还分别非正式地、但准确地传递了及早上市的意愿，比较保守的说法是明年。倘当真按此时间表推进，而据此动向，又要真正落实国务院部署，我们在2004年中应当看到的是中国银行业一场波澜壮阔的改革。这是一场只许成功不许失败的改革。

-2004年第6期-

银行改革与上市，哪个该有时间表

> 商业银行为筹备上市积极重组、暴露问题自然是好事，但出现问题后当需直面现实、反思教训、评估改革成效、继续推进改革。一意盯着"上市时间表"，最终很可能适得其反。

张恩照出事的消息，是在人代会结束前夕传出来的。

虽然中国建设银行 2005 年 3 月 16 日的董事会坚称这位建行董事长的去职系"个人原因"，但海内外业界普遍认为绝不止于此。目前，种种舆论对建行是否能上市、是否应当继续上市、什么时候上市议了又议；新任建行一把手郭树清上任伊始便强调上市准备不能耽误，盖因"张恩照风波"起。

现实相当残酷。作为中国商业银行改革的重要部署，无论外界还是建设银行、中国银行自身，一直将上市看得重之又重；两行上下也一直是踌躇满志，摩拳擦掌；虽然口头上称"上市没有时间表"，事实上心中有一本明账，两行对今年内上市可谓志在必得。然而元旦过后不久，中国银行即曝出黑龙江分行河松支行行长高山携款失踪要案；两个月后，又有建设银行董事长张恩照去职风波发生，使人对两行的上市资格与可能性再度质疑。

当前，诸多目光聚焦于两家银行，特别是建设银行下一步的上市策略，有一种强烈的意见仍然认为"宜早不宜迟"。我们对此不能苟同。

应该承认，高山与张恩照两起事件几乎同时发生，确实相当巧合。但两人分属中国改制已有年余的中行和建行，一为最底层的支行长，一为最高层的董事长，显示中国国有商业银行长期存在的两大根本问题——法人治理结构和内控制度尚未得到有效解决。商业银行为筹备上市积极重组、暴露问题自然是好事，但出现问题后当需直面现实、反思教训、评估改革成效、继续推进改革。一意盯着"上市时间表"，最终很可能适得其反。

这牵涉到选择什么样的上市策略。过去，不少中国国有企业上市特别是海外上市，最初声声强调稳妥渐进、重在重组，但是，往往走到一定阶段，便转为快攻快打，急于登陆股市。我们认为这种激进策略是极不妥的，实践中很容易导致严重的负面激励。因为上市必须满足境内外证券监管当局的要求，而过分赶进度、抓任务，国有银行很可能通过粉饰财务报表、突出盈利能力、隐藏结构性弱点等方式赢得发行资格。而所有的粉饰必然导致投资者预期的全面高涨，这就加大了经营者永续经营的难度，往往陷入除了加大粉饰力度而别无他途的经营困境。"安然事件"即此类情况的典型。

主张激进上市策略者所坚持的技术理由为抓住"资本市场的窗口"，而积极的辩护词则为"上市可以倒逼改革"。其实，具备市场常识的人都明白"窗口常开常关"的道理。而且中国企业上市境内外股市的种种前例早已表明，投资者通过资本市场对上市机构实施激励是有条件的，资本市场本身并不能造就良好的法人治理，唯良好的法人治理有助于发挥资本市场的资源配置作用。国有商业银行当然可能通过上市筹得巨资发展成为更为庞大的银行，但如何使之成为有效率的银行，则有待于扎实的内部改革和整体金融生态环境的改变。希图借上市逼出改革大获全胜的局面并不现实。

当然，我们主张上市不搞既定时间表，并非主张银行改革本身没有时间表。恰如我们不主张激进的上市策略，却也认为改革本身应当重点突破而非一味渐进。2004 年 1 月中央宣布注资中行和建行以来，广大公众对两行改革热忱以待。不过直到现在，除了大张旗鼓地转制为股份公司、二度剥离不良贷款、更换高级管理人员，人们还没有观察到国有银行在组织架构、经营方略、人力资源、市场开拓乃至金融产品创新方面的实质性举动；因而，在一年之后甚至无从评判每一项改革步骤所取得的成效，遑论为等待中的另两大国有银行提供成熟的、可供参考的试点经验。这种情形本身便足以使人们对改革进程倍加关注。

因而我们主张，尽管上市可以不需要时间表，但改革本身应有精确严格的预算安排、步骤设计和后评价机制。银行改革必须细化其年度目标，或在内控机制、或在经营成果、或在经营者选拔上，使人们可以看到富有意义的实质性变化。换言之，银行改革需要建立更为严格的目标责任制。既然全体公众已经为国有银行支付了 450 亿美元，那么作为委托人，无疑希望看到起码的预算执行情况汇报。在这里，公众期待的绝不仅是 450 亿美元外汇储备的"保值增值"，更重要的是巨额投入所换取的逐步健康起来的银行体系。

-2005 年第 6 期-

中国银行 IPO 凯旋之后

<blockquote>当此之时，投资银行家们尽可以在中行 IPO 凯旋中继续陶醉，但中国银行业的改革者当倍加清醒。</blockquote>

2006 年 6 月初的香港资本市场，洋溢在中国银行（香港交易所代码：3988）上市成功的喜悦之中。特别是到了 6 月 7 日，中国银行以 15% 的高比例执行超额配售权（"绿鞋"，英文称 green shoes），使融资总额达到罕见的 112 亿美元之巨，更引致市场的狂喜与喝彩。目前，中行正挥师北上，将于 6 月底以前在 A 股市场再度融资约 200 亿元人民币；以目前之热度，几乎可以肯定其将是马到成功。

欣喜是必然的。但在欣喜之余，业内一些有识之士也发出了预警：只要不忘银行改革的最终目标，就应当承认此次 IPO 无论如何凯旋，都万不可"以上市论英雄"。即使从 1997 年中国移动（香港交易所代码：0941）算起，中国内地超大型国有公司在国际资本市场弄潮也已近十年，早已领教了市场的波谲云诡。如果以为银行的改革重组因上市成功而完结，则"乐极生悲"遭遇市场惩罚的殷鉴并不遥远。我们对这种忧患意识深感认同。

应当承认，中行此次 IPO 的确是资本市场上的成功案例。尽管上市前数年中丑闻迭出，战略引资也并不顺利，但中行确实为上市作了相当充分的准备。以当年中银香港（香港交易所代码：2388）上市重组的经验为参照，中行在两年前获注资启动重组之初，就明确提出"重在重组"的思路，并未单纯追求上市时间表。以问题暴露引致的压力为动力，中行在筹备上市之时，亦能坦荡地直面现实，在招股书中充分披露了潜在风险。如此积极主动之举，加之有中银香港在高管震荡后励精图治、资本回报率达 18% 的业绩成为范例，有中国银行品牌的广泛影响为助力，使这家银行在招股中受到了投资者的格外垂青。

资本市场的"窗口"也在关键时刻豁然开启。当前全球经济正处于持续性低通胀带来的流动性过剩状态中，新兴市场投资再度出现热旺局面。在国际投资者眼中，全球新兴市场最为活跃的地区当属中国，而在中国的诸多投资板块中，金融股又与 GDP 增长最为相关，且较之已经高位运行的资源股、3G 未定影响下的电信股等更具成长性。因此,金融股即成为投资中的避风港。交通银行(香港交易所代码:3328)、建设银行(香港交易所代码:0939)上市以后,这一趋势更为明显,包括中国人寿(香港交易所代码:2628;纽约交易所代码:LFC)和平安保险(香港交易所代码:2318)在内的金融板块均取得不俗的表现。有此大背景之后,又逢此次中国银行上市前夕,中国央行宣布贷款加息而存款利率不变,此番息差扩大更被投资界视作"上帝送来的礼物"。由是,中行认购时出现了万人空巷的热卖场面,在久违此景的香港市场可谓盛况空前。

当此凯旋之际,投资银行家们尽可以继续陶醉,但中国银行业的改革者当倍加清醒。因为资本市场尽管充满激情却也极具理性,公司基本面永远是投资者心中的重中之重。具体到此次中国银行国际配售,虽认购超过20倍,但对冲基金占了相当比例,其对冲套利的投机需求相当彰然,本身就为其今后的市场风险埋下了伏笔。期待上市后的中行或较早上市的建行一路走好,最终成为市场上如同花旗、汇丰般的大蓝筹,方是改革者的心之所想。欲实现这一愿望,还有待中行和建行真正建立起并不逊色于国际同行的内部机制,真正成为有效率、有国际竞争力的大型商业银行。

中国银行业的改革耗资之巨、历时之久、所系之大,诚为"背水一战",并未预留失败的空间。此战如何求得全胜,金融界近来最时兴的说法是"以上市促改革"。其实促或不促,还取决于行业对于市场约束力的认知和敏感度,否则,"无知者无畏"的情形仍会发生。往昔中国大型国有企业在上市前励精图治、粉饰一新,上市后艰于改革、政息令弛的局面并不鲜见;虽然受到资本市场的一再教训,但或归于外因,或不以为意,仅少数经多年颠簸后能有所感悟。较之这些企业,如中行、建行之上市重组,组织、机构和人事方面的手术更小,单纯财务重组色彩更重,上市后深入重组的任务只有更为艰巨。如果回避银行内部机制的深层次问题,单靠规模扩张追求短期利润回升,基本面疾患发作仅是迟早之事。资本市场在最初的笑脸相迎之后,今后的翻脸无情将备显残酷。

中行在此次长达627页的招股书中,有3页多详述了开平支行、黑龙江两分行和北京等地的分支机构挪用公款共达7.37亿美元的事实,足证银行内部机构重组和流程改造挑战巨大。近年来,从王雪冰、刘金宝到赵安歌、梁小庭等一系列中行高管落马的事实,更使人难忘其治理结构的根本性缺陷。直陈事实后，市场等待的是其上市后重组的承诺真正兑现。资本市场早有谚语："上市就是下地狱之始。"之于中国银行业，结束狂喜心态，严肃对待"地狱之旅"，正是当务之急。唯如此，才能看到希望的明天。

-2006 年第 12 期-

如何看待人民币汇率问题

> 中国这样的大国，独立的货币政策是必然选择，而资本自由流动不仅方向已明确且步子已迈开。

美国财长约翰·斯诺 2003 年 9 月间的亚洲三国之行，被视为当前国际经济活动中的大事。颇有议论在说斯诺来华的目的是压迫人民币升值。斯诺此行的最后一站是泰国，要参加 APEC 财长会，而此次会议，也有舆论认为是压迫人民币升值的一朵阴云。

在这种舆论背景下，我们面对的是两个问题：一是中国面对国际压力应当如何做出重大经济决策；二是人民币汇率究竟是否能自由浮动或有管制地浮动，在浮动中按市场规则升值（或贬值）。

两个不同的问题有两个不同的答案。

对前一个问题，国内一致主张中国应独立决策。

中国自亚洲金融危机以来采取紧盯美元的汇率政策。现在美元对世界其他主要货币走低，人民币也随之走低。同时，人民币同美元相比也同样存在一定程度的被低估。一旦同美元脱钩，人民币就会全面升值。2003 年年初，海外分析一般认为人民币应升 10%～15%，而最近以来普遍估计是 20%～30%，足见升值压力之大。

当前，国际上例如美国、日本和其他一些国家有许多看法，认为人民币价格过低影响了其他国家的经济，影响了公平竞争，所以希望通过舆论、外交或其他手段"压"人民币升值。这些看法并不是很有道理，同时，中国在作出反应的时候，还是应主要从自己的经济状况出发独立决策。中国作为一个发展中的大国，不可能与美欧日等发达国家的经济周期保持同步。中国经济进行结构性调整的压力也很大，很可能难于应付本币全面升值的局面。升值对出口和金融体系的挑战使人深为担忧。

于是，中国作出了当前要稳定汇率的战略选择。相信这一做法有利于本国经济，也有利于周边国家地区的经济稳定。汇率稳定本来并不意味着不作任何调整，但种种舆论，谈多了有时就走了样，甚至可能出现了一种偏向，仿佛人民币是永远不能升值的，一升值就要大祸临头；仿佛中国稳定汇率是一种简单的政治选择，外国越压越要顶住，否则就是守不住防线。这种认识误区是必须矫正的。

于是，就要谈第二个问题，人民币究竟应当实行什么样的汇率体制？能不能升值？

当今世界上主要有三种汇率体制，即自由浮动汇率、有管制的浮动汇率和固定汇率，其中主要市场经济国家普遍实行自由浮动汇率。中国自1994年外汇改革以后，一直实行有管制的浮动汇率。至1997年亚洲金融危机后，再被迫改成盯住美元的政策，实际上成了固定汇率。

应该承认，这种盯住美元的办法本身不利于资源配置，终究是要改革的。中国不宜在固定汇率的框架下调高汇率，但从中长期看完全可以扩大浮动幅度，严格些说是恢复有管制的浮动汇率，让人民币按市场规律升值（或贬值）。这是必要的，而且是必然的。其实，尽管选择了盯住美元，但中国从未宣布过固定汇率，而温家宝总理8月5日在会见美国花旗集团管理委员会主席鲁宾时已经说明："实行以市场供求为基础的、单一的、有管理的浮动汇率制度，符合中国的现实国情。"可见决策层心中非常有数。

按主流经济学基本定理，一个国家（地区）在固定汇率、资本自由流动和独立的货币政策三者之中，只能取其二（蒙代尔"不可能三角"）。中国这样的大国，独立的货币政策是必然选择，而资本自由流动不仅方向已明确且步子已迈开。因此，从长远看，中国根本无法选择固定汇率。

事实上，就是在当前，由于人民币升值的压力，固定汇率已经与独立货币政策出现明显冲突。因为央行必须将市场上多余的外汇买进来，这就相应增加了货币供应量；而目前中国经济出现过热的迹象，又需要降低货币供应速度。加之全球化环境中资本管制成本过高，大量"热钱"因升值预期涌入中国，更增加了货币总量。因此，固定汇率已经给货币政策的独立性带来了影响。

虽然在舆论层面存有偏颇，当前学界的有识之士对人民币通过有管制的浮动汇率按市场原则实现升值，其实已经有了相当一致的共识。争议仅集中于技术层面，例如浮动的时机（近期还是中期）、区间（一步放大还是分步放大）和中心汇率的确定。可以预见的是，由于目前市场上对人民币升值预期过高，压力过大，中国从稳定汇率的战略出发不大可能在近期对汇率作出重大调整。

但在中长期内，汇率制度的改革势在必行，而一旦在改革中扩大浮动幅度，则人民币价格很可能升至浮动区间的上限。没有人能准确地说出是项改革的时间表，不过，我们无法不相信市场的力量。中国毕竟已经走在市场经济的道路上。

-2003 年第 17 期-

外汇储备注资银行的两刃

> 应及早看到此次注资之两刃,趋其利而抑其害,让投改革之机者几无空间。

如果不是《财经时报》5日透露消息,2004年1月6日,国务院决定以外汇储备为中国银行和中国建设银行注资的消息,必将成为一则真正石破天惊的大新闻!海内外业界对中国的国有商业银行改革已经关注了很久。两大银行率先迈步,重组之首在于补充资本金,资本金源于国家出资,这些都已为业界所熟知。但谁也没有想到,此番注资动作如此之快,而注入两大银行的竟是450亿美元外汇储备。

识者的第一反应是叫绝。以外汇储备补充国有商业银行的资本金,可称为一箭三雕或是更多:其一是不必动用本来就有限的财政资金,更避免了财政拨款获得批准的复杂程序;其二是不必由央行直接注入资金,避免了基础货币投放过大;其三是由于被注入的资本金是外汇而非人民币,兑换具一系列约束条件,避免了增加短期流动性;等等。总之,是实现了金融稳定与货币稳定之间的巧妙权衡。我们同意这种评价,认为此次国有商业银行注资方案的精心周到及其所折射的改革智慧,都是很令人欣喜的事情。但我们的担忧几乎同步出现:凡事有一利必有一弊。抛开技术问题不说,单谈政府注资本身,会不会在国有商业银行内部引发大规模道德风险?此外,运用外汇储备既然被认为是成本最低,会不会形成所有其他问题金融机构都来打外汇储备主意的局面?

真理到谬误只有一步。这次注资方案公布之后,媒体上有大量文章在赞颂的同时,特别喜欢强调国有商业银行承担了过去20年改革成本,所以政府"埋单"理所当然。这种舆论气氛,就让人觉得不可乐观。谁都明白,仅仅承担改革成本不可能成为注资理由,政府此举的主旨应在于维护国有商业银行的信誉,保护储户的利益,同时也为国有商业银行全面改革创造前提条件。但明眼人也不难看出,夸大其词意在推波助澜,促使央行"埋单"数额增加、范围扩大,甚至成为所有问题金融机构的最后出资人,其后果会十分可怕。

除去不良资产重负下的国有商业银行,中国目前最期待政府出资救助者,恐怕莫过于深陷资产黑洞的证券公司。过往人们听得比较多的是"系统风险说",意即问题券商如得不到政府注资被迫倒闭,则引发系统金融风险在所难免。此番央行注资国有商业银行后又出现"理应补偿说",指称当年证券市场曾为国企解困服务,如今得到政府注资理所当然。

需要指出,证券公司与银行有质的不同,并不似银行可以创造货币,因此资不抵债、无法维持的证券公司退出市场,不仅不会引致系统风险,反可使系统更加健康。证券业本身不应存在"大得不能倒闭"的情形。此外,证券公司的所有者与国有商业银行也有根本不同。后者是国家,而前者已经大多为股份有限公司,虽然有部分法人系国有企业背景,但终究与国家充当唯一股东的特大型商业银行大不相同,其破产不涉及国家信用。因此,国家没有责任和义务为资不抵债的证券公司注资。谈及政府对问题金融机构的救助,还需要考虑可能性,亦即政府所具备的条件。此番以外汇储备注入两大银行,大大降低了改革成本,可能会给决策各方带来一种误解,似乎中国在有限的财政能力之外,忽然发现了一块新资源,救助问题金融机构有了最佳手段。当前中国外汇储备偏高的现实,更易使人对可能动用的外汇资源的期望无限放大。倘如是,则不仅获得注资的国有商业银行会将新进资本金看成"容易钱"不予珍惜,其他银行、证券公司、保险公司向外汇储备伸手也势所难免。

这当然是一种反理性错觉。国家此番注资国有商业银行,而且由央行动用外汇储备落实是项注资,虽属精明之举,终究是不得已的选择:这种行动本质上是将广义的财政赤字货币化,或多或少会损害央行的独立性和控制货币的能力;动用外汇储备在短期内不会给基础货币带来压力,但最终会;而且,外汇储备毕竟是一国长期偿债能力的基准,关乎中国对外筹资的成本,其可动用部分相当有限。因此,这种做法用于一时一事、恰到好处或可称高妙,一旦被视为"普适良方",则可于瞬间走向反面。

中国改革的往昔实践中,已经有不少正确方案在操作中被迅速扭曲的先例,最近、也令人印象最深的就包括1998年前后推出的"债转股"最终走入歧途。改革本身是一场博弈,利益各方较量之后,结局与初衷可能会相差很远。比较好的办法,是及早看到一项正确举措之两刃,趋其利而抑其害,让投改革之机者几无空间。例如此番外汇储备注资银行,即应如是。

-2004 年第 2 期-

"人民币解冻"的意义

> 中央政府以一系列配套的政策解决宏观经济中的不平衡,加速推进市场化改革,才是解决货币升值压力、确保汇率改革顺利推进的治本之道。

虽然有长达数十个月并于近十几个月频繁加剧的市场压力,2005 年 7 月 21 日周四晚,确实在不经意间,中国人民银行正式宣布了人民币汇率制度改革的消息。顷刻间,市场舆论将消息做了最有新闻价值的简化,说法是:"人民币升值了!"

用比较准确的专业语言表述,这当然不是一项单纯指向升值的外汇政策决定。此番改革有三项内容,亦即即时起人民币对美元汇率升值 2% 到 8.11 元的水平;人民币不再盯住美元,改为参考一篮子货币汇率水平进行调整;以及中心汇率以前日收盘价为基础。综合而言,这应称为外汇形成机制改革的重要的第一步。

如果以生动的方法来进行尽可能准确的表述,我们愿意说:这是一次"人民币解冻"。此番"解冻",使人民币与十年固定汇率体制告别,意义非同寻常。

评价汇率改革,第一要素就是时机。应当承认此次改革时机不错,出乎意料又在情理之中。从中国经济全局看,目前仍不失为人民币改革的好时机:经济仍维持高速增长,对外贸易顺差空前,有利于消化任何因升值带来的对经济的不利影响;贸易摩擦和国外的政治压力逐步升级,已经开始威胁中国的出口发展和对外关系;顺差和资本的持续大量流入使得外汇储备剧增,更影响了货币政策的执行和国内宏观调控的顺利进行。在国内外舆论注意力稍稍有所转移的时候,央行宣布期待很久的汇率改革,其操作时机的选择可以得到肯定。

这次改革对人民币作出了 2% 左右的上调幅度,远远低于市场上对人民币升值的预期。如此幅度对经济的影响是相当小的,但毕竟打破了长达十年盯住美元的汇率体制,意味着人民币汇率开始更加灵活,并有可能进一步不断升值。而且,即使是人民币的小幅升值,也会带动亚洲其他币种的相应升值,进而部分地释放国外的政治压力。毕竟,贸易保护主义的势头和贸易摩擦对中国出口的危害,远远大于 2% 升值可能带来的不利影响。

应当承认，此次汇率改革是一种突破，也带来了新的挑战。特别是现在市场上普遍预期人民币升值的空间较大，改革后的汇率体制又给人民币继续小幅升值留下可能，所以资本流入的压力将继续加大。虽然央行同时调高了美元的存款利率，但强烈的升值预期会吸引更多的投机者，外汇储备会进一步膨胀。因此，央行必须进一步加强对资本流入的管理，尽量减少流入过甚对货币政策和宏观经济的干扰。

以长远眼光评价此次改革，还可看到此次人民币与美元脱钩有更广泛的含义。此举有利于增强货币政策的独立性，无疑给政策执行者增加了应对内外部经济冲击的手段；而央行与国家从此不再完全承担汇率风险，将迫使企业、银行等市场的参与者不断提高汇率风险的意识。特别是此次汇率波动的区间仍很小，企业与银行正好借此感受风险，演练应对，为中国向更灵活的汇率转变做好准备。

告别固定汇率体制，还有助于外汇市场的发展。只有当汇率可以波动时，外汇市场的改革才能落到实处。例如，做市商有可能双向报价，而更多的外汇产品，如远期、调期、期货业务能够得到发展。外汇市场的进一步发展，正是浮动汇率体制行之有效的保证，可为汇率体制的进一步改革打下基础。

当然，人民币以升值2%和与美元脱钩的办法进行"解冻"，只是转向更灵活的汇率体制的第一步，未来的政策走向及市场预期才是关键。

如果央行允许汇率每天在目前的3‰浮动区间内按市场供求波动，而不进行强硬的干预，那么在目前的预期和资本流入趋势下，人民币有可能以每天3‰的幅度升值。积少成多，不用多长时间，人民币升值的幅度就会对经济产生较大负面影响。

如果央行为维持人民币汇率的稳定继续积极干预外汇市场，那么短期内人民币汇率体制的改革可能不会很有效果，人民币将在事实上重回固定汇率。

因此，在"人民币解冻"之后，央行必须非常艺术地参考一篮子货币方式，给汇率造成可升可贬的预期，引进不确定的因素，以期提高投机者的成本，减少投机性的资本流入。而中央政府以一系列配套的政策解决宏观经济中的不平衡，加速推进市场化改革，才是解决货币升值压力、确保汇率改革顺利推进的治本之道。

-2005年第15期-

国家外汇投资公司以何为先

> 比组织结构、人员构成、资本金募集方式和资金运用对象更值得关注的,是国家外汇投资公司自身的法人治理。应当追求市场化经营、较高透明度、投资管理招标及循序渐进路径。

2007年3月初全国"两会"开幕之时,原财政部副部长楼继伟担任国务院副秘书长的任命正式公布,广受瞩目的国家外汇投资公司的成立已若箭在弦上。这不仅意味着中国将在短期内诞生一家拥有上万亿元资产的特大型金融组织,还预示着中国的外汇储备经营机制也将随之发生突进式的变革。当人们普遍关注国家外汇投资公司未来的组织结构、人员构成、资本金募集方式和资金运用对象时,我们认为,更值得关注的是国家外汇投资公司自身的法人治理,它决定了未来外汇储备经营方式的变革方向。

一是外汇储备经营应坚持单一目标。从2003年12月成立中央汇金公司、以外汇储备注资国有金融机构之时起,外汇储备经营实际上同时肩负国内金融机构改革重组和保值增值的双重目标。随着四家国有银行改革方略既定,机构重组的阶段性目标接近完成,国家外汇储备的保值增值应成为未来外汇储备经营机构的单一目标。这应该是国家外汇投资公司区别于国家外汇管理行政机构的基本特征。

在这一目标下,流动性风险和国家风险将是外汇储备经营应主要考虑的问题。这就要求从一开始,国家外汇投资公司就是一家具有良好法人治理结构的营利性机构,是与一般投资机构相同的风险管理主体,而不是一家财政机构或政策性金融组织。从这一意义出发,即将成立的国家外汇投资公司必须实行储备经营的市场化,即使其投资对象同属国有企业,但储备资产的增值要求是第一性的。这样,外汇储备作为一种重要的国家金融资源,才能得到最优配置。

二是外汇储备保值增值要求经营绩效必须具备较高的透明度。长期以来,中国外汇储备的币种结构、资产组合和经营绩效处于高度的不透明状态。公众很难了解外汇储备的增加哪些是基于国际收支顺差的产物,哪些是原有储备资产在经营中的增值部分。作为全社会生产要素的回报,也作为国有资产的重要组成部分，外汇储备在经营绩效上的不透明，导致社会无从判别储备经营的合理性与有效性。作为一个制度上的起点，绩效透明度对储备资产经营主体构成正向激励，由此要求其拥有良好的内部控制机制和能力，避免重蹈我国某些机构（如中航油、国储局）的治理缺陷所造成的操作风险，以及由此形成的在国际金融市场上的巨额损失。

三是外汇储备的市场化经营要求实行面向市场主体的招标制度。从趋势看，随着经营主体的变化，外汇储备的资产组合将从单一的低信用风险主权债向初级产品、企业产权投资、资本市场乃至金融衍生品市场延伸；但是，我们不能、也不应要求储备经营机构成为一家专业化人员众多的投资银行。事实上，它更应该是一个拍卖者或委托人，在综合衡量安全性、流动性和营利性基础上，在交易透明的前提下，向市场主体实施招标。从汇率风险管理到流动性风险对冲，从金融机构兼并重组到海外直接投资，中国的外汇储备资产管理都需要特定的金融产品设计和市场选择，都将面临各种风险；而投标竞争显然是比一对一交易更有效率的方式，投标对象也应不限于中资机构。这样，中国才能既依托"内脑"，又借助"外脑"，有效规避市场风险。

四是外汇储备资产管理应走从试点到逐步推广的循序渐进路径。综观其他国家的外汇储备经营模式，可供借鉴甚至直接拿来的经验并不充分。这就要求中国的储备资产管理走试点到推广的道路。试点在两个层次，首先是由国家外汇投资公司市场化经营储备资产的模式，应经历从充分试点到逐步增加管理额度的过程；其次是外汇投资公司在投资对象、金融工具、地缘市场和风险管理手段等核心要素的选择上，也需经历从试点到推广的过程。大张旗鼓、"只争朝夕"式的投资冲动，无论在中国金融发展史上，还是在我们亚洲邻国的对外投资史上，都能找到深刻的历史教训。只有经过不断试错，外汇储备经营才能不犯大错，才能走上良性发展的轨道。

-2007 年第 6 期-

人民币汇率该不该贬

> 观察人民币汇率走势，不仅要就眼前局势进行投资收益比较，更要看长期供求趋势。

近来，人民币汇率再次成为焦点。此番热议，一改 2005 年汇率改革以来的共识，聚焦于人民币的贬值预期以及中国汇率政策方向。其间，我们听到两种截然不同的主张：一种认为，政府当通过"有管理"的方式推进本币贬值，以此拯救出口，保住经济增长；另一种认为，人民币短期走低体现市场规律，长期而言则升值趋势难改，更反对通过人为贬值"保增长"。在此争论中，我们坚定地支持后一种主张。

市场对当前的汇率政策发生广泛猜测，当然并非无风起浪。进入 2008 年 12 月，人民币汇率连续下跌。至 12 月 4 日，美元兑人民币现汇早盘已升至 6.8845，银行出现惜售美元局面。而离岸市场的人民币一年期无本金交割远期汇率（NDF）报价，已在 7.2400 元至 7.2800 元区间波动，市场贬值预期显著。12 月 3 日，国务院常务会议提出"要综合运用存款准备金率、利率、汇率等多种手段，保持银行体系流动性充分供应，促进货币信贷稳定增长"，其中"汇率手段"所指为何，也令一些人揣测。

然而，从根本上说，市场对于人民币汇率走向的推测，仍然需基于两个基本判断：其一，人民币变化的市场走势究竟如何？其二，中国在新局势下究竟打算采取什么样的汇率政策？

应当承认，近期以来的人民币汇率变化，在一定程度上的确体现了市场供求变化的基础作用。中国央行在过去三个月内四次降息，至 11 月 26 日更做出下调存贷款利率 108 个基点的决定，足以使市场形成中国明年继续降息的预期。与其他市场一样，外汇市场的参与者通常也会通过比较各种资产的预期收益率，决定选择哪种货币的资产。中国央行大幅降息后，中美息差进一步缩小，人民币资产的预期收益率会下降；而维持降息预期不变，则人民币远期汇率也会保持较大贴水。这一现实因素，加上美元在过去三个月中持续走强的背景，人民币汇率在 10 月起停止升值后，于 12 月以来出现小幅贬值，确实有市场逻辑可循。这本身也是人民币汇率弹性有所加大的体现。

不过，观察人民币汇率走势，不仅要就眼前局势进行投资收益比较，更要看长期供求趋势。应当承认，纵然近期中国经济走入下行期，双位数增长不再，但中国经济就整体而言仍然具有强劲的增势，中国国际双顺差的局面在相当长时间内不会改变。而美国经济欲走出衰退阴影，调高赤字、增发货币已成必然，美元资产未来极有可能出现较大贬值。

所以，以中长期市场供求作用看人民币汇率变化，就应当承认，目前的贬值只能是暂时的，不具有方向性含义。

再看汇率政策。中国从2005年7月启动汇改，其目的是形成适应市场供求变化的、更为灵活的汇率机制。目前，人民币汇率以供求为基础，但仍需"参考一篮子货币进行调节"，是"有管理的浮动汇率制度"。在这里，"调节"或"管理"的要义，是保持人民币的汇率稳定。这些基本道理本来已经成为共识，而且与中国经济转向"又好又快"增长模式的共识相辅相成。过去三年来，人民币稳步升值，推动了出口部门优胜劣汰的结构调整过程，正是这种汇率政策的积极结果，为今天国际环境恶化后的进一步结构转型起到了铺垫作用。

当然，结构调整在现实中要困难得多、也痛苦得多，特别是当前中国经济困难加重，保增长与结构调整间需要寻求平衡；中国在发展内需市场、减低对外依存度的同时，也不会丢掉外部市场。不过，政府帮助出口企业减轻转型痛苦，应主要体现为转换职能与加强服务，建立良好的市场秩序。试图逆市场化进程而实现汇率政策大转向，以人民币贬值提振出口，则不仅是缘木求鱼，而且具有极大的副作用。

当前出口滑坡最主要的原因，还是国际市场需求急剧下降。人民币贬值不可能改变这种外部局面，自然也难对出口增长起决定性作用。更何况，中国出口成本提升有多重原因，不仅与人民币升值相关，也包括劳动力成本增加和出口退税率降低等因素，故贬值无法从根本上解决成本问题，反有悖于汇率改革和经济增长方式转型的初衷。进一步以国际视角观察，通过人民币主动贬值补贴出口，其实质就是直接补贴外国消费者，其结果又极易引发贸易伙伴强烈不满，诱使贸易保护主义政策抬头。人为贬值实在是导向"多输"的不智之举。

人民币走向真正的浮动汇率制，并最终成为可自由兑换的国际货币，正是汇率改革的长远目标。依托中国经济的增长动能继续推进改革，人民币在国际经济体系中本来有机会成为主流货币之一。而以人为贬值中断改革,将破坏这一进程所必需的市场化汇率机制,断送人民币国际化的历史性机会。因此,在当前关注汇率短期波动的同时,不忘改革使命,选择符合市场要求的人民币汇率政策,信守汇改的"可控性、渐进性及主动性"原则,方可惠及当下,泽被深远。

-2008 年第 25 期-

第七章
纵目全球
Hu Shuli: Critical Horizon

PP.287~330

  这组文章探讨的主题实际上只有一个：在全球化时代，中国想要什么样的世界以及世界想要什么样的中国。

  这组文章中，有数篇直接与WTO有关。相信后世的中国人会庆幸先辈在21世纪初叶坚定地做出了这一抉择。正是有赖此举，中国的开放变得更加不可逆转。"入世"后，事前担心的许多事情并未发生，相反，全球都以复杂的眼光目睹了中国外贸额和贸易盈余的急剧膨胀，虽然对此后果观察者见仁见智，但是，WTO毕竟将中国与世界更紧密地系在一起。正是看到中国成为全球化过程中的极大受益者，我们才主张，理解"入世"承诺不可刻舟求剑，并一再主张金融开放可更进一步。

  融入的过程必然是一个矛盾冲突产生和消弭的过程。近年来，我们的耳中充斥着对于维护"民族利益"的高亢呼声，几乎每一项中外商业交易背后，都有关于"阴谋论"的质疑，或"贱卖"的诘难，似乎我们飞蛾扑火般地纵身于一张"阴谋网"。可惜，这些质疑既提不出任何扎实的论据，也提不出任何可行的替代解决方案。实际上，连最极端的全球化反对者也不得不承认，让中国再关起门来是不可能了。

  我们不否认，任何一项交易都需要计算利害，问题的关键不在于别人是否真有阴谋，而在于我们是否扎扎实实把自己的事情办好。如果自身实力足够强，自然有能力抵御各种外在风险；反之，纵然是别人的善意，后果也会一如"阴谋"，因为我们消受不起。

  应该客观估量自己的实力与地位，否则，在斗争哲学和零和博弈思维左右下，会产生各种匪夷所思的冲动，如所谓争夺国际大宗商品的定价权即是一例。我们能做的，是反思中国在国际产业链中的地位及其深层次的经济逻辑。

"WTO 冲刺"的含义

> 无论最终结果是否满意，中国扩大开放的决心不应动摇。因为无论加入 WTO 本身，还是我们为之作出的"让步"，归根到底都不是权宜之计，实际上与中国未来发展的战略方向相一致。

长达 13 年的马拉松谈判，曾经满怀期望也一度意兴阑珊，不过到了 1999 年 3 月下旬，种种动向都在确切地传达一个信息：中国加入 WTO（世界贸易组织）已现曙光。当前人们议论最多的不外乎两个题目，一是这回到底能否在 4 月朱镕基访美时达成中国加入 WTO 的相关协议，二是中国现在到底该不该加入 WTO？

对于第一个问题，我们并不敢过分乐观。朱总理最近提出在电信、银行业等关键领域扩大开放，并表示将为加入 WTO 作最大让步，当然是很有力的举措。而且目前美国方面的确很希望能够通过让中国加入 WTO，以解决对华巨额贸易逆差。应当说，如果此次总理访美能达成有关协议，再在未来数月内进行具体细节谈判，中国就有望在 1999 年 11 月 WTO "千年回合多边谈判"前夕进入 WTO。这是比较令人满意、也有相当现实性的一种前景。

但是，无论如何，此次能否达成有关协议、最终能否在 11 月前加入 WTO，都不是中国一厢情愿的事情。13 年争取"入关"的经验，几次起起伏伏都证明这一点。美国以往对中国一直是偏高叫价，不肯让步，此番虽然表现出较大的认同，但其国内政治形势又发生了很大的变化。在大选年前夕，国会中克林顿的政治反对派事实上将白宫的中国政策变成了一张"政治牌"，仇华情绪异常强烈。连月来，国会山先后掀起的"人权风波"、"间谍风波"、"WTO 风波"，将中美关系罩上了重重阴霾。在这种背景下，克林顿政府在就中国加入 WTO 进行谈判时，必然迫于种种压力抬高"门票价格"，甚至可能达到中国难以接受的程度。

在我们看来，中国这次的"WTO 冲刺"是适时而必要的部署。为达成协议，中国虽出价不菲，却也大有必要。但在努力争取最好结果的同时，也应当有再度受挫的思想准备。不管最终结果是否满意，中国扩大开放的决心不应动摇。因为无论加入 WTO 本身，还是中国为之做出的"让步"，归根到底都不是权宜之计，实际上与中国未来发展的战略方向相一致。从这个角度看，心中自可有一份从容。

至于第二个问题，亦即现在中国该不该加入 WTO，当前可以听到不少反对的声音。有的慷慨激昂，直指开放电信"引狼入室"；有的危言耸听，断定"入关"冲垮民族工业。我们不能同意如此看法。

业内比较清醒的人都明白，对于走向市场化的中国来说，服务业放开或是其他经济领域进一步扩大开放，都是适应国际趋势的必由之路，迟早总要走到这一步。闭关自守只会威胁相关领域所及的"国家安全"与"民族工业"成长。中国这些年来实际上已经为加入 WTO 进行了很多准备，市场开放度大大提高，许多经济领域迎接国际竞争的能力都有很大加强，绝不至于外国商品进来一冲即垮。况且 WTO 也意味着巨大的机会。面对两年来经济增长放缓的现状，中国除了增加内需，也需要通过进一步扩大出口、吸引外资流入，来推动新一轮的经济繁荣。因此，中国如能按计划在年底前加入 WTO 这个世界自由贸易的大家庭，于长远、于眼前都不失为有利的事情。

中国当然也有自己的"软肋"，电信、银行等关键领域改革迟缓，竞争能力过低，正是一些人不同意开放这些领域的重要原因。在这里，一要看到近年来改革的进展，已经使实际情形向良性方向有了一定改变；二要看到开放本身正可以促进改革，现实的情形是改革在各方既得利益的纠缠下走得过慢，但又不能总等下去；三也要看到开放承诺并不是"一个早上敞开大门"，即使在中国加入 WTO 之后，仍然会有个逐步开放的过程。现在主要还是提出开放的时间表，谈判所及的时间都在 5 至 8 年之后，并不会马上带来直接威胁。

在当前讨论"该不该入关"这个早有答案的老问题，反映了亚洲金融风暴以来人们对经济全球化的怀疑和迷茫。如何认识全球化是一篇更复杂的文章，我们在这里只想强调，全球化趋势确实是经济改革的重要力量。从这个意义上说，加入 WTO、提出市场开放时间表，正可以成为日益艰辛的改革进程中的新动力。世纪之交的中国正加快迈向 WTO 的坚定步伐，是很令人振奋、很给人希望的事情。

开放须双向

> 我们现在既然正确地选择了对外开放，对内的加速市场化就是不可或缺的配套部署了。外国资本家可以堂而皇之地进来，中国的私人资本家或"非完全国有资本家"至少也应有同等的权利和机会。

到底是20多年来改革开放深入人心，一旦中国临近加入WTO成为现实，纵听知中国作了重大让步，仍是赞同者多，理解者多。近来与学界、业界、媒介接触，就有这种感受。不过，想得听得多了，又有了一重思考，这就是我们这次在打开国门的同时还缺些什么，得做些什么？

结论非常明白地跳出来——对外开放的同时，也要对内开放。

这是很具有根本性的事情。比如电信。中国电信业多年来实行的是国有垄断制度，不独财大气粗、可能构成对"民族经济"威胁的外商进不来，即使财小气细、完全属于"民族经济"之一的其他"国商"也绝无可能进入。唯联通公司一家，确实在1994年成立了，发了全国性牌照，但一不许与外国人合资，二不得与其他"国商"合资，所以还是公然的封闭体制，更不说其他了。

再比如银行。我们虽然这些年来陆陆续续有了近20家银行，但国有独资是绝大多数，而且股份制银行中的非国有部分也极为有限。唯民营背景的民生银行一家，是试点，小心翼翼限制持股比例之外，其运作是否如同香港的恒生银行或是东亚银行，真正有了尊重私人股东权益的架构，也是大有疑问。

至于说到这次开放度较大且较有震撼力的保险、农业（进出口）等领域，情况亦然——没有对外开放，亦无对内开放。

中国改革20年，对外开放一直是基本国策，没有动摇过，没有后退过。但我们过去对外较为开放的领域，都是在国内市场化程度比较高的领域，换言之，是对内已经比较开放的地盘。这次最大的不同，不是如经济保守主义者们忧虑的什么"民族经济"问题，而在于我们开放的主要领域是所谓"敏感领域"，亦即过去保护程度比较高、国家处于垄断地位的领域。一旦决定放开，哪怕是分阶段放开，便显得突然，没有习惯中渐变的那种慢节奏，没有先一步或半步的对内开放来缓冲垫底。如此，势力强大的既得利益集团也就叫得比较凶。

但是，我们现在既然正确地选择了对外开放，对内的加速市场化就是不可或缺的配套部署了。外国资本家可以堂而皇之地进来，中国的私人资本家或"非完全国有资本家"至少也应有同等的权利和机会。这里的情理之"理"不用说了——经济学家们说得重的，用过"宁与友邦，勿与家奴"这类用词不很确切的比喻；还有学理之"理"——对外开放在本质上不是去"出让"什么、"交换"什么，而是以国际通行的游戏规则，在我们自己的国家发展、完善起市场经济体制。这体制的主体当然就有外商也有诸多国商，像我们在美国、在欧洲、在许多其他市场经济国家所看到的。从这个意义上说，开放也就是利益再调整、资源再配置的过程，最终配置到符合市场原则的、最具经济效益的构架之中。

中国改革是个在既定方向下日渐觉醒的过程。我们到1992年中共十四大才确定了建立社会主义市场经济体制的改革目标，到1997年十五大才确定了私有经济是社会主义市场经济的重要组成部分。许多该早些做的事情，不可能一下子那么及早而果决地做了，所以说是渐进。但整体渐进也有阶段性的突进相交替，今天又到了需要果决地行动、果决地突进的时候了。

所以，对内开放的坚决性，应当像对外开放的坚决性一样明确起来。而且开放不仅包含了打破国有一家垄断或国有多家垄断，允许别家进入市场，还应当包括建立起公开、公正、公平的市场规则。这里之所以把私有经济的地位和进入的权力强调得很突出，首先是因为我们过去忽视得太多。真正的市场经济，各种经济主体，国有的、混合的、共同私有的、单一私有的等，必须具有共同的、平等的权利。这就是邓小平当年说过的不管"姓什么"、什么"颜色"了。

找来"入关"谈判的有关文件细细阅读，发现对内与对外的双向开放，原本是加入WTO的前提与条件。比如，中国在开放农业市场的同时，本来就须开放大宗农产品进口的贸易权，允许国内的私人企业进入；再比如，在执行条款谈判时，应承诺让国有公司遵循商业社会的准则与规律，不可在采购或其他商业活动中得到政府的照顾，等等。WTO身为自由贸易的大家庭，本来就是个认同市场经济法则的大家庭，对外开放的同时也有对内开放，本在不言而喻之中。只因为中国的现状和承继性不同，我们要更主动些罢了。唯主动地进行双向开放，我们才能将近在眼前的"入关"挑战真正转化为机遇。

—1999年第5期—

"雪拥蓝关"之时

> 今年"入关"可能难以遂愿，使许多关心改革命运的有识之士深为抱憾。但我们也应当明白，外因毕竟是外因，中国的事情还是要靠自己来做。

世事难如人意。华盛顿时间1999年9月28日晚，外经贸部部长石广生率领的中国代表团提前结束原计划两天的新一轮中美WTO谈判飞返北京，中国"入关"的"窗口机会"再次关合。尽管中美双方的官方代表仍表示不会放弃在11月西雅图会议前使中国加入WTO的努力，但多数冷静的分析家已经得出结论：中国按计划在年内、其实也就是在本世纪内"入关"的希望已十分渺茫。

我们当然还在期待奇迹发生，但我们也得正视现实：

——中美双方在此次谈判之后，根本没有确定下一次谈判的时间和地点，而美国国会将在11月间休会。由于中美双边协议牵涉到中国的永久性最惠国待遇，必须获得国会通过，因此，如果谈判不在10月初达成协议，甚至无法被列入国会议程。

——中国WTO谈判首席代表龙永图没有参加在华府的新一轮谈判，但他在华接受CNN采访时指出，美国于4月间公布的中方加入WTO有关承诺的17页文件中，至少有10至15处错误（mistakes），唯有美国为此进行澄清，才有希望达成协议。没有任何消息表明美方已经或准备就17页文件进行"澄清"，可知双方的立场还有相当距离。

——无论巴尔舍夫斯基在此次谈判后在国会听证会上的表态，还是美国此时的愈加逼近第二年总统大选的政治气氛，都使人感到白宫目前对中国"入关"虽然态度积极，但迫于政治压力，在未来谈判中进一步妥协的可能性极小。而美国的必要的、具有实质意义的让步，特别是在纺织品配额、反倾销等关键问题上的让步，无疑是中美最终签署双边协议的前提。

……

当然，中国能否"入关"目前主要是国际政治问题，但因为政治本身就具有太多的牵连，讨价还价的谈判一定需要时间。而争取年内"入关"的时间已经过于紧迫，几乎没有回旋余地。

第七章 纵目全球

从 1986 年算起，中国为"入关"已经奋斗了 13 年，在 1999 年更是一波三折，崎岖多变。回过头来看，以往十多年内中国至少有三次曾经看到了"入关"的曙光。第一次是在 80 年代后期，第二次是在 1994 年年底关贸总协定组织更名为 WTO 前夕，第三次则是 1999 年 4 月朱镕基总理访美期间。前两次机会失之交臂，主要原因当然很不相同，但总与当时国内外复杂的政治经济形势相关，具有比较显著的必然性。但 1999 年 4 月朱镕基总理访美，提出包括部分重大让步的一整套谈判方案，本来完全有可能借与克林顿总统会晤之机达成双边一揽子协议。只是由于克林顿总统缺乏足够的政治勇气，才未能在当时达成中美"入关"协议。虽然克林顿几天后便悔意昭然，采取了新的补救措施，但此后又有意料之中或之外的大事发生，最终看来很可能使中国"入关"再度受挫。这次机会丧失，显出更多的历史偶然性，使人备感遗憾和惋惜。

我们相信中国争取加入世界自由贸易体系的努力还会继续下去。但过去十多年的反反复复足以表明，中国能否"入关"、如何"入关"、何时"入关"，实在不是一厢情愿的事情，许多始料未及的因素都可能变成新的障碍。所以，在这个问题上需要有很坚强的决心和韧性，无论遇到何等挫折都不应轻易否定已有的努力。1994 年间中国"冲关"热情很高，但年底未能"入关"之后，国内曾出现一种"酸葡萄"论调，怪罪并主张放弃应有的"入关"努力。这种非理性的情绪是很有害的。此次"WTO 冲刺"一旦受挫，我们应当谨防舆论再度摇摆，更须警惕"酸葡萄"心理引发盲目排外的错误主张。

中国早期改革有一条重要经验，就是以开放促进改革。此次最高层在 1999 年初作出"入关冲刺"的重大决策，种种考虑之一，也是在经济转型的关键时刻，借入关时的相应开放举措来推动难度很大的改革。正因此，这回"入关"可能难以遂愿，才使许多关心改革命运的有识之士深为抱憾。但我们也应当明白，外因毕竟是外因，中国的事情其实还是要靠自己来做。当前在经济全球化基础上的新一波高科技革命浪潮，已经无情地击碎了靠旧体制维护某些领域的"民族工业"的最后一点幻想。纵使近期内"入关"压力不再，人们期待已久的电信业、银行业扩大开放等利弊已清、决心已下的事情，也应当悉心筹划、稳步操作起来。以扩大开放、迎接竞争来推动改革，归根到底是为了中华民族自己的利益，中国需要把改革开放的时间表握在自己手里。

-1999 年第 10 期-

诉诸"激进改革"

> 中国改革20年来摸着石头过河,如今有石可摸的浅滩已经蹚完,再往前水深河宽,无石可探。既然是决心要"过",就只能毅然诉诸"激进改革"。

中国的事情常常充满了戏剧性。1999年9、10月间,中美关于"入世"的谈判还是"雪拥蓝关马不前",让关心者扼腕不已;到11月15日,人们又大喜过望地获知,江泽民主席亲自会见了美国贸易谈判代表巴尔舍夫斯基,双边协议竟然"轻舟已过万重山"。往事虽堪回首,但现在更需要往前想。无论如何,中国在国际社会理应一诺千金。所以,要想想我们答应了什么,能不能做到,应该如何做到。因为,少则四个月,多则半年,门就真得开了。

现在还没有条件也还来不及想得很细很全,但仅从中美双边WTO协议已经披露的要点中,已经让人觉得既兴奋也担忧,因为不少事情做起来必然很难。

——比如电信。中国已经同意在"入世"的同时,即允许外资电信供应商在电信企业持股49%,次年可增至50%。

然而,反观中国目前的电信业,"中国电信"婆媳不分的角色刚刚结束,年初虽已确定了"一切为四"的方案,但至今仍切得极难。其公司制度的建立刚刚有个样子,公司运行效率的提高、竞争能力的增强还根本谈不上。联通虽然以人为的方式准备着被扶成"中国电信"的对手,但现在我们除了看到其资产做得漂亮,一意上市筹资之外,并没有在电信市场上感觉到其作为另一家垄断寡头的分量和姿态。中国电信业的有限竞争格局根本不具雏形,而且现有的国有垄断电信企业显然只算是纸糊的巨人。

如果AT&T们这些真的巨人半年后就有资格直接来华投资,哪怕是持股49%,会往哪里投?倘是另择伙伴,切开或仍未切开的"中国电信"和联通日子能过下去吗?如让其选择前者,需要动多大手术,动机制动管理,有可能吗?

——再比如银行。最让人关注的是中美双边协议已经明确,中国在"入世"两年后将允许外国银行经营企业人民币业务,五年后则让其享受国民待遇,在经营范围、地域上与国内商业银行平等对待，不受任何限制。

众所周知，中国目前最强大、占有市场80%的四大国有商业银行，尚未在建立公司机制上迈出最基本的步伐。中国的大型商业银行一直被视为国家机关，根本没有建立起一整套有效的公司运行机制。仅说一点就让人难受：四大银行的领导目前仍是组织部门任命制，没有董事会或董事会形同虚设，而且行长根本没有为自己配班子的权力。

花旗集团、美洲银行如果来了，不说技术优势、不说规模优势，仅人家的经理层来自市场一条，我们比得过吗？金融企业尤其需要人力资本，唯市场的价格和市场的约束力才能实现人力资本的最佳配置。而我们的国有银行要走出这一步，现在可能还想都没敢多想。

——可以比如的事情还很多。比如汽车，五年后关税要降到25%，而我们的汽车质低价高，几大汽车公司在关着门的市场上日子都过不好；比如保险，虽然放开的投资比例只有50%，但现有的、多数运营效率不很高而业务水平相当低的保险公司，就会面临生死考验……

仔细想想就明白了，"入世"近在眼前当然是大好事，但仅凭激情满怀肯定解决不了问题，必须从现在开始在关键领域的关键改革上迈出大步子，防止既得利益者现在不肯动、不愿改，将来又以"民族经济"做幌子不肯真正履行协议。

所以，对那些国有的、垄断性质的大企业，应当以明确的时间表尽快进行坚决改革，使其成为真正市场上的企业并完全按市场原则加以约束激励，任其或生或死；与此同时，国家要将所持企业的权益进行实质性出让（而非仅在资本市场上套钱），同步实现行业准入放开，让国内的私营者有机会来争一争。

门快开了，一定会有既得利益者跳出来举新的旗，自称为了与外商竞争的"伟大"目的，要政府人为给资源、输血。现在最要不得的，就是用有限的资源去变本加厉地扶植一贯低效的国有大企业，以为它们"大就是美"，可以与跨国公司对抗。中国的现实希望其实很大程度在于生机勃勃的民间中小企业，其机制、其位置，正可为未来提供就业、繁荣经济，形成本土经济的强大竞争力。我们这么长时间"舍卒保车"，"车"保得痛苦不堪而"卒"尚存，正说明民间经济的生命力。现在要立即停止对"车"的"扶植"而让市场调配，使民间经济的小"卒"获得成长空间，过河成将，支撑未来。

"入世"涉及方方面面，涉法制、涉规章、涉多方利益，把握起来复杂无比，但只要把握住一条，至少可做到心中有底：过去垄断程度越高、积习越深的行业和领域，现在就越需要进行激进的改革措施。说到底，中国在痛下开放市场决心之后，需要的是调整改革策略。20年来中国改革多谈"渐进"，多谈"摸石头过河"。如今转型期有石可摸的浅滩已经蹚完，再往前水深河宽，无石可探。既然还是决心要"过"，那就只能针对"过"拿办法，毅然决然地诉诸激进改革。历史给我们这个民族的机会已经不多了。

-1999年第12期-

恐怖袭击、WTO 与经济全球化

> 在因"9·11事件"而改变的世界里，全球化的大潮仍会呼啸向前。

2001 年 9 月 11 日发生的恐怖分子袭击纽约世界贸易中心和五角大楼的事件，是足以撼动世界格局的重大历史事变。当前人们都在紧张地观察这一事件会如何改变世界，而对于刚刚拿到 WTO 入门证的中国来说，"9·11 事件"会否以及将如何影响经济全球化，格外值得关注。

"全球化趋势不可阻挡"是当前最普遍的说法，但却失之于简单。应当承认，"9·11事件"在相当时期内会对全球化本来即定的进程产生影响，已经是可见的事实。

"9·11事件"对人们心理的震撼性效果是巨大的。因为短时间内对于恐怖事件的预期上升，人们会本能地减少长途旅行，减少跨境交往，也就减少了"全球性"商务活动。恐怖袭击还打击了海外投资的信心和意愿。目前已有研究表明，美国和其他西方发达国家向发展中国家的投资在年底前会缩减 1/3；而在恐怖袭击事件后十多天中，美国股票市场上的非美国股票已缩水了 15000 亿美元。

反恐怖行动本身，也会影响人们在实际经济活动中的国际交流效率，从而减缓全球化进程。比如，人们视为理所当然的信息高速度自由交流，会因过滤信息的侦察需要而受遏制；再比如，人员的跨国境交流，乘坐飞机，货物过境，都会面对更严格的检查从而大大增加往来成本。许多企业可能会重新考虑全球及国内的供应链战略，减少跨境交易，增加存货储备。

这个世界上一直有着非常广泛的反对全球化的组织在活动。"9·11事件"后，美国最大的劳工组织、1999 年 12 月在西雅图 WTO 部长会议期间充当示威主力的 AFL－CIO 取消了对于国际货币基金组织和 WTO 的抗议活动，其首脑人物 John Sweeney 公开表示要站在美国总统布什一边。但其他反对全球化的组织并没有停止活动和抗议，而且颇有些积极分子从恐怖行动中为自己的主张找到了论据。反对现代化的人和自认为未曾充分受益因而仇恨全球化的人比过去更坚定地站到一起，组织反全球化的抗议行动。国际货币基金组织和世界

· 297 ·

银行相继取消了原定9月下旬在美国首都华盛顿组织的年会，本身就是全球化的直接损失。

2001年11月9日至13日，WTO的部长级会议将在卡塔尔首都多哈召开。包括中国在内的全球142个成员国打算在此会议上发动全球新一轮多边贸易谈判。此次会议酝酿已有年余，WTO总干事穆尔曾公开呼吁"WTO不能承受第二次失败"。"9·11事件"之后，成功召开这一会议更为美国和欧盟所强调和看重。然而，既有恐怖事件在前，此次会议将命运如何，人们普遍感到变数大增。

当然，上述种种，主要还是"9·11事件"对全球化的短期重大影响。从长期而言，全球化的趋势确实是不可阻挡的。因为全球化主要是指贸易和资本的自由流动。这种最本质的东西乃市场经济发展使然，走到今天已经成为不可逆转的现实，不会因为恐怖袭击事件而发生根本性改变。推动贸易和金融自由化素来是美国和西方发达国家的国策。如今，反恐怖主义的长期任务需要全球协同作战，美国往昔多有表现的单边主义必将让位于多边主义，更为经济全球化增加了新的政治推动力。

"9·11事件"发生的地点，其造成的巨大伤亡，都使这一事变具有改变历史进程的力度。但恐怖主义毕竟是这个世界上的极少数，实力有限，恐怖事件不可能频繁发生。过去因为恐怖事件的震撼力有限，绝大多数人的恐怖袭击预期概率只是零。而如今巨大的悲剧就发生在眼前，又使许多人的恐怖袭击预期概率戏剧化提升。随着时间的推移，理性的恢复，这种预期最终会回到比较合理的水平，人们为商务活动进行的跨境旅游也就会恢复到正常水平。与此同时，由于反恐怖需要形成的信息、物资和人员交流阻滞也不会长期持续下去。贸易与金融自由流动的强大力量足以推动再一次制度创新和技术创新，最终使各类跨境交流的效率恢复乃至提高，而所支付成本则大大降低。

长期而言，在因"9·11事件"而改变的世界里，全球化的大潮必然会呼啸向前。而即使在当前，美国政府出于振兴国内及世界经济困局的需要，也正在为推动全球贸易自由化更多着力。我们需要的是认真辨析复杂的局面，顺应潮流，抓住机遇。

-2001年第12期-

理解"入世"承诺不可刻舟求剑

> "入世"已有的开放时间承诺,应当成为部署改革进程的底线,但绝不可变成加快改革进程的束缚。否则,就是地地道道的刻舟求剑了。

2001年12月11日,中国成了WTO的正式成员。过往争取、憧憬也争议了15年的事情,终于成了现实。眼前的当务之急不光是研究和适应、履行"入世"条款,还应当按照世贸组织所体现的市场经济方向积极推进改革。迫切的任务,就是在过去相当封闭、而已经承诺在"入世"后逐步开放的一些管制性领域,例如银行、保险、证券、电信、零售业等领域,实行对内对外的同步和大步开放。

有一种看法认为,中国"入世"是经过长期谈判而终于成功的,每个领域门怎么开,什么时候开,都有过异常艰苦的讨价还价。现在终于进去了,未来的开放必须严格按开放的时间表走,如果在某一领域,甚至某一局部步子大了快了,"我们就亏了",过去的谈判就白费工夫了。

这种看法看似有些"外交上"的道理,其实很不恰当。说到底还是对"入世"的意义未完全理解。其实,中国之所以"入世",是因为世贸组织所提出的市场经济方向,与我们改革开放的未来方向是完全一致的;中国"入世"谈判之所以需要"讨价还价",是因为我们有自己的国情和改革时间表,不可能完全按照国外的要求一步放开;而最终承诺的开放时间,是从当时情况看中国完全可能遵循的时间表。

因此,"入世"已有的开放时间承诺,应当成为部署改革进程的底线,但绝不可变成加快改革进程的束缚。否则,就是地地道道的刻舟求剑了。

实际经济生活波澜起伏,曲折多变,推进改革是需要抓住一些特殊机遇的。例如在金融证券领域,"入世"承诺表示可在"入世"三年内,允许成立外资持股不超过1/3的合资公司。而事实上,因为市场变化可能使一些"问题公司"过去积累下来的矛盾在某一时期加剧,而由外资持股改制正是治标又治本的好办法。在特殊局势下化危为机,正可使外资以控股方式进入,进而推进业内开放。而死守1/3原则不予变通,则于眼前、于长远均无益处,其实是贻误了改革时机。

此次"入世"承诺开放幅度比较大的领域,正是长期以来改革相对滞后的领域。在"入世"谈判艰苦挺进的同时,这些领域内外打破垄断、酝酿变革也已多时。"入世"本来应当成为推动这些领域变革的直接动力和压力。但如果单纯从"让外国狼早进晚进"的思维出发,很容易出现一种倾向,让这些领域的国有垄断力量以"民族经济化身"自居,要求依靠政府资源加固垄断实力。其直接后果,就是影响相关领域的全方位开放,民间经济力量无法进入,竞争格局不能形成,寻租愈演愈烈。及至在"入世"时间表的最后一分钟打开市场闸门,或是"民族经济化身"不堪一击走向反面,或是"裙带资本主义"多了一支外国盟军。

当然,相对于中国向市场经济转型的现有水平,已有的"入世"承诺在总体上并不是一份很宽松的时间表,在银行等领域可谓相当紧张。把时间表带来的压力变成动力,正是许多人企盼借"入世"之机推动改革的依据。问题的要害在于,如何理解这种有条件承诺的实质,从而更有效地把"入世"变为加速改革的机遇。如此,就应当跳出"某年某日对外开放多少"的简单思维,更多地考虑相关领域的大格局:其一,对内、对私营等经济成分如何放开准入?其二,国有经济如何实施战略退出?其三,政府如何尽快退出市场仅尽裁判之责?

相当一个时期以来,中国"入世"与否、是利是弊,多有争议。及至"入世"已经成为现实,我们又看到来自另一方面的误解。应当承认,"入世"本身虽然是非常有历史意义的一大步,但只是为中国走向市场经济创造了比较好的外部条件,关键还要靠我们自己。毕竟在这个世界上有140多个国家都是世贸组织成员,而只有20多个国家建立了比较成熟完善的市场经济体制。如果我们对未来的中国抱有较高期望,不愿过多地歧路徘徊,就应当对"入世"的机遇理解得更深刻,更长远。

以这样的宽阔视野来解读"入世"条款和承诺,岂容刻舟求剑?

-2001 年第 17 期-

证券业开放与 WTO 承诺底线

> 金融对外开放是必由之路,而在金融诸业中,证券业属于全局性风险较低的行业,其开放不应远在银行业之后,甚至遥遥无期。

2002年6月3日,中国证监会在自己的网站上公布了两项重要规则,亦即证监会8号令《外资参股证券公司设立规则》和9号令《外资参股基金管理公司设立规则》(以下简称"两个合资规则"或"两个规则")。作为中国加入 WTO 之后履行承诺的步骤,这两个合资规则既在意料之中,又颇有可寻味之处。中国证券业的对外开放再度成为海内外业界的关注热点。

应当承认,证监会颁布的规则属于较为积极的步骤。中国的承诺原为"'入世'三年内外资证券公司可以建立合资公司",新规则将合资证券公司申报时间定为2002年7月1日,可谓相当提前。此外,"入世"承诺规定外资在证券和资产管理领域均只能占少数(1/3),许多外资因之对可能没有管理权而忧心忡忡。而此次两个合资规则并未对管理权做出明确限制,正显示少数股东的可能机会。

据我们了解,不少有意进入中国基金或证券业的外商都对新规则中的任职资格条款心存疑虑。这其实大可不必。应当看到,虽然两个合资规则均强调"外资参股证券(基金)公司的董事长、总经理、副总经理应当具备中国证监会规定的证券公司高级管理人员任职资格条件",但究竟是什么条件并无具体规定。可以想象,让有意进入中国市场的境外专业人士通过与中国同行完全相同的考试是不可能也不必要的,仅语言一项即无异于无形的市场壁垒。在实践中,这种"任职资格条件"定会按比较务实的方针推出,而两个规则既然强调了"所在国家证券监管机构已与中国证监会签订证券监管合作谅解备忘录",相关境外专业人士的资格确认其实已经有了共同基础。

在两个合资规则颁布后,合资券商或基金公司们如何登上前台,可能会成为今后相当时间的媒体题材,衬托出中国证券业大门开启的场面。然而识者完全明白,如此1/3合资水准的开放是极不充分的。表面的不利表现为外国一流投资银行断难接受以致裹足不前,在根本上则使中国证券和基金公司完全失去与强手较量和学习的机会，最终影响的是我们自己证券业和证券市场的发展。

在中国加入 WTO 的"世纪承诺"中，金融领域的开放在各个行业有很大不同。最开放的当属商业银行业，外商独资从一开始就是允许的，外汇业务"入世"后一步取消地域与客户限制，人民币业务也将逐步取消限制，五年后则取消所有地域客户限制全面放开。相当开放的还有保险业，非寿险业务外资可以占到 51%，寿险业务亦可占到 50%，三年完全取消地域限制，而且外国保险公司从一开始就可以寻求非保险业的合作对象，减少了国内的业内"近亲繁殖"。相形之下，证券和基金管理业的开放幅度过小，而限制过大，更谈不上与对内对外开放同步，不能不使人遗憾之至！

探究中国证券业门槛过高的原因，最初或与认识有关，混淆了证券服务业开放与资本市场完全开放的本质区别；认识亟待更新的同时，可能又多了"入世"谈判中摆放砝码的技术性考虑。然而事到如今，在这一问题上实在应该多一些求实精神。应当承认，金融对外开放是必由之路，而在金融诸业中，证券业属于全局性风险较低的行业，其开放不应远在银行业之后，甚至遥遥无期。考虑到中国证券和资产管理领域制度、人才、业务素质、道德水准各方面的现实，通过开放促改革更是有百利而无大害。我们实在没有理由在这一领域死死守住 WTO 承诺的底线不肯逾越，刻舟求剑只能是贻误自己的发展机会。这才是国家利益的大义。

不知是有意还是巧合，两个合资规则颁布未几，中国证监会周小川主席就在其讲话中特别提出，要"高度关注和重视外国机构投资者在发展中国家的作用，它有可能在引进资金，引进技术与管理，加强竞争合作方面起积极作用"。可以肯定，周主席这里绝不仅仅指外国机构投资者在充当小股东的"合资公司"中发挥作用，其含义要广泛得多。他后来谈到了 QFII（合格的外国机构投资者）以及外资进入中国证券市场，显出更大的开放度。我们当然理解，外资无论进入中国证券业还是证券市场都是牵动面很广的大决策，绝不仅限于主管部门主管领导的想法。但对于期盼中国证券业加速开放的人来说，6月6日周主席在中国证券市场国际研讨会上的这个讲话无疑是令人振奋的。

-2002 年第 12 期-

WTO 五年

> 应从市场经济构建发展的全局需要出发，继续开放之路，绝不以当年的 WTO 承诺为局限。

2006年12月11日是中国"入世"五周年。随着2007年12月极少数条款结束过渡期，到时所有中国"入世"承诺均将落实。这是很令人兴奋的事情。但我们也觉察到，部分业界人士对此流露出"大限将至"的紧张感，认为目前已至 WTO"后过渡期时代"，中国的经济政策应该转向如何保护国家经济安全，少数人中甚至出现了"还需要不需要外资、还需要不需要开放"的怀疑之声。

我们以为，出现这种紧张和疑虑很令人遗憾，应当加以纠正。而时至"入世"五周年，更深刻地、更全面地理解 WTO，借此平台进一步扩大对外开放，对于中国未来发展愈加显出重要性。

应当指出，WTO 的过渡期，实际上指中国"入世"议定书部分条款中完全实现承诺的时间。对于一些敏感行业或者敏感领域的开放，限于当时国情，无法在2002年中国"入世"之时立即兑现，于是需要给予一定的缓冲时期。但中国"入世"承诺是个逐步兑现的过程，2004年之前是大部分货物贸易壁垒解除的过渡期；2005年至2007年主要为服务贸易及其他更为敏感的领域的过渡期。在特定的时间点，部分领域或者行业应有承受"冲击"、迎接激烈竞争挑战的准备；但就中国经济整体而言，过渡则更为平滑。

此外，尽管中国对于部分"入世"条款需要逐步兑现，但中国享受世贸组织成员的权利方面并没有过渡期。中国自2002年12月11日加入世贸组织以来，就作为正式成员享受完整的权利，包括进入世贸组织其他国家的市场。因此，中国从加入 WTO 中获得的机会，远早于挑战也大于挑战。

故此，当此中国加入 WTO 五周年之际，金融等部分行业准备应对"入世"承诺条款的全面兑现完全有必要，业界的整体关注面应当更宽阔也更积极。在过去五年中，加入 WTO 对推动中国经济的作用异常显著。正因为加入 WTO，中国被正式纳入世界产业分工体系和贸易体系，从而能够充分利用劳动力比较优势，成为全球制造业中心，大力推动了外向型经济发展。中国进出口贸易总额在过去五年中增长了一倍半，其中出口额增长了两倍，这在世界贸易发展史上前所未有。2006年前，我国对外贸易总额排名已经跃居世界第三位，成为举足轻重的世界贸易大国。

中国兑现"入世"承诺的一系列举措，更成为国内市场化改革走向深入的助力。随着从制造业到服务业，对外开放的大门依次敞开，计划让位于市场、垄断让位于竞争，已成不可阻挡之势。

当然，经过五年的迅猛发展，中国经济走向新的拐点，面临大量新课题：如何改变低附加值产品为主的粗放型外贸增长方式？如何抵制住全球贸易保护主义的压力？如何保护国家经济安全？如何扩大内需？以及如何走出去进行海外投资？

解决这些新课题，答案依然是开放。唯有进一步开放，中国才能更好地融入世界体系，一方面学习利用以及直接参与改造国际游戏规则，一方面更加合理地利用和参与资源配置，提升外贸增长方式和经济发展模式。亦唯有进一步开放，才能促进改革的深化。当前中国经济中最受关注、最富争议的领域，正是加入WTO后过渡期最长的领域——例如金融业和电信业便在其中，而这正是市场化程度较低、急需打破垄断加强竞争的领域。开放之于改革的相互作用，由此正可以得到充分印证。

如何进一步对外开放是一篇大文章。在中国国内，我们以为，最重要的是必须从市场经济构建发展的全局需要出发，继续开放之路，绝不以当年的WTO承诺为局限。中国"入世"谈判之时，有些领域"让步"较多，有些领域"让步"较少甚至并无"让步"。例如，证券市场的开放即相当有限，中外合资证券公司外资比例设立33%上限等，均属彼时情境下有诸多考虑的策略性举措。但如果无视改革进程和现实需求，僵守此线不再开放，就成了地道的"刻舟求剑"，会对相关领域形成充分竞争的市场格局造成负面影响。故此，我们认为，当年在WTO谈判中"让步"较少的领域，例如证券业、文化出版业等，主动扩大开放，迎接竞争，正是当务之急。

在国际上，将于2007年7月截止的多哈回合谈判，正是中国寻求进一步开放的最佳机遇。多哈回合系发展回合，旨在增加发展中国家和欠发达国家的福祉。中国作为世贸组织成员，正可在此谈判中发挥主动性，直接参与和影响未来游戏规则的制定；而且因为中国在农业等领域的开放已相当深入，目前正处于十分有利的谈判地位。多哈回合谈判有全球 150 多个国家的参与，也有助于谈判突破以往发达国家垄断的力量平衡格局，取得对包括中国在内的发展中国家更为有利的成果。在纪念中国"入世"五周年之时，业界人士对多哈谈判应当有更多的关注和更积极的认知。

－2006 年第 25 期－

金融开放可再进一步

> 中国证券业走到今天，其实已经有能力承受更大的开放度、更强的竞争度；坚持封闭保守的方针或可使本土券商短期获益，但扩大开放、增加竞争对中国证券业成长有利，对中国广大投资者有利。

或许只有真正了解中国金融市场现状之后，才能对第二次中美战略经济对话（SED）取得的"可见成果"作出恰当评估。这正是此轮谈话结束、双方发表声明后，海外舆论见仁见智的原因——华尔街以各种方式表达了对于已有进展的期盼，而集中在首都华盛顿的西方主流媒体多作政治化解读，将谈判成果描述得微乎其微。

在北京，中国官方舆论在报道对话"圆满结束"的同时，对此次对话的具体成果并无阐释；但在美国首都华盛顿，中美双方的声明及有关官方文件都对此次对话的长远意义和具体进展作了基本表述。根据这些文件，我们认为，此次中美战略经济对话取得的成果不仅在航空等领域有积极意义，而且在中国金融业开放问题上亦有某些实质性进展，舆论对此可予以更多关注。

诚然，谈判没有出现某些美国国会议员或政治观察家一厢情愿的结局：中方没有承诺人民币近期内大幅升值。但这本在情理之中。其实不独中国一方，美国舆论也指出政府与国会过分关注汇率其实是在"玩火"，对美国经济并无好处。因此，只要对此次对话的"可见成果"取现实态度，应当承认金融市场开放正可成为聚焦点。然而在中国，让金融之门继续开启亦殊为不易。

据美国财政部官方网站公布的对话成果清单，第二次战略经济对话后，中国金融市场开放将有如下举措：

其一，在证券业，重启对证券公司、包括合资企业的证券牌照发放，并在第三次战略经济对话前，宣布中国将允许外资（合资）证券公司扩展在华业务，包括经纪业务、证券自营业务和基金管理等。此外，合格的境外机构投资者（QFII）在中国金融市场的投资上限将从100亿美元升至300亿美元。

其二，在银行领域，允许外国银行经营自己品牌的人民币信用卡业务。

其三，在保险市场，加快对外国财产保险公司附属公司之审批，并减少外国保险公司进入企业年金管理市场的障碍。

这些举措当然算不得重大飞跃，但仍具有相当积极意义。特别是在银行业和保险业，中国"入世"（WTO）五年来本已全面放开，而此次中美谈判所涉，正是一些需要加强竞争、深化改革的"开放死角"。银行业的信用卡业允许外资品牌进入，有助于强化竞争，结束目前"银联卡"一统天下、涉嫌垄断之困局，使中国消费者极大受益。而在财险和企业年金管理领域减少市场准入的无形壁垒，对于在相应领域提升水准、降低风险也很有意义。

此次对话之于证券业开放的正面影响也可肯定。QFII增额有助市场良性发展，效果显然易见；证券业重新发牌虽议论有时，却一直未有实施，此番重启亦终究是好事；更重要的是扩大合资证券公司在华业务，其实意味着合资证券公司之经营范围从证券承销单一业务跨入全牌照时代，具有一定突破性。

然而，证券业未能进一步放开外资准入限制，打破合资券商外资占比不得超过33%的上限，不能不说是一个巨大的遗憾。

应当承认，中国证券业走到今天，其实已经有能力承受更大的开放度、更强的竞争度；坚持封闭保守的方针或可使本土券商短期获益，但扩大开放、增加竞争对中国证券业成长有利，对中国广大投资者有利。中国"入世"已经五年余，银行业和保险业均从全面开放中受益巨大，正在充满信心地走向世界。而证券业则以WTO未有相应承诺为由，刻舟求剑，迟迟未走出更大的开放步伐。这种保守之态继续下去，最终受损的还是中国人自己。

中国的改革和开放当然有自己主动的进度表，不应在外部压力下被动行事，这是一个基本原则。但外部压力存在，亦不应成为不改革、不开放的理由。特别是现在所谓的"外部压力"，来自的是全球化进程中中国的国际经济贸易伙伴，这种"压力"完全可能与我们自身的改革战略时机相契合，成为改革助动力之一部分。在浴缸里是学不会游泳的，在行业保护主义的温柔关照下，证券公司的竞争力也无从培养。要建立有竞争力的中国证券公司，要建立有效率的中国金融市场，中国应当在朝向市场开放的道路上迈出更自信的脚步。

-2007年第11期-

对中美关系不必太过悲观

> 作为中美两国关系基础的经贸关系会否受到重大影响？布什的对华政策是否已完全成形，不再调整？在这两个问题上，我们都倾向于否定的回答。

2001年整个4月间，国内的业界人士时时感受着中美关系的阴霾。月初发生的"海南撞机事件"一波三折，至今尚未完全平息。至4月23日，美国政府又正式发布对台军售清单，决定向台湾出售四艘"基德"级驱逐舰、八艘柴油动力潜艇和12架P－3C"猎户座"反潜巡逻机——这是美国政府自1992年决定向台湾出售150架F－16战斗机以来规模最大的一次对台军售，引起中国极大愤慨和强烈抗议。眼见布什上台以来，中美关系急剧降温，许多业界人士为两国经贸关系可能受到波及而忧心忡忡，沪深股市也随之震荡。

美国大选前夕，国内外许多分析认为，此次大选无论谁获胜，美对华政策都不会有太大改变。其理由是民主党候选人戈尔会继续时任总统克林顿的衣钵，而共和党候选人小布什毕竟是前总统老布什之子，后者又曾对中美关系相当看重。所以，美国不会改变"冷战"结束以来逐步形成的对华"接触战略"，中美经贸关系也有机会继续发展。设想偏好，现实就愈显出冷酷。首先是美国人并不讲究"有其父必有其子"，小布什上任以来在中国问题上一是生疏，二是强硬，毫无乃父之风，倒更符合共和党右翼的心愿。紧接着，也是最关键的，在美方公布一年一度的对台军售清单时，新总统选择了出售台湾长期向往的潜艇等具有攻击性的武器。这就在最容易激怒中国的问题上犯了重大的错误。

在这样的现实冲突面前，我们认为，怀疑布什政府已经改变对华战略、选择更强硬路线是有理由的，恰如对其相关行径表示愤慨和抗议是大有必要的。看起来，中美关系在今年及较长的时期内还会麻烦不断。

然而，对中美关系应有关切与担忧，却也不必太过悲观。在这里，除了维护和发展中美关系更符合两国根本利益之类的基本道理，还可从两个具体的层面来分析：其一，作为两国关系基础的经贸关系会否受到重大影响？其二，布什的对华政策是否已完全成形，不再调整？在这两个问题上，我们都倾向于否定的回答。就中美经贸关系而言，在务实基础上的发展还会是主基调。中国从自身改革开放和经济发展的现实出发，会选择一如既往地发展这一关系。布什的共和党政府更多地受美国商业利益集团左右，也不可能无视与中国交好的经济实利。特别是中国融入世界经济的程度越来越高，而美国经济目前又笼罩着衰退的阴影，美国继续发展对华经贸关系就有了更大的迫切性。事实上，布什上台以来在经济上也采取了对华以"拉"为主的做法，在给予最惠国待遇、加入WTO等重大事项上均比较积极。这种做法，相对于他在其他问题上的强硬，被西方某些分析家评价为"双重政策"（two layers），甚至质疑其贯彻到底的可能性，但也从另一角度表明，中美经贸关系在近中期内因其他因素受到重大冲击的可能性比较小；而中美在经贸上修好，最终又会对两国关系产生正面影响。

此外，布什在台湾军售等问题上的强硬姿态虽然令人难以接受，但据此判断美国新政府的对华政策已作出根本性重大改变且已成形，显然也为时过早。此次售武决定，并没有包括中国一直强力反对的"神盾"舰，表明布什对中国仍保持谨慎，在外交上也不是没有弹性。布什在公布售武决定后接受美国传媒一系列采访，在态度上前后曾有变化。最初他有过"保卫台湾"的说法，引起震动后又改为"帮助台湾自卫"，并且一再强调"支持一个中国"与"和平解决两岸纠纷"，其访问中国的计划也没有改变。白宫在布什接受媒体一系列采访之后正式表态，坚持美国对华政策的一致性。这些情况都表明，美国新政府在对华关系上有了某种强硬色彩，但尚无出台具有重大转变的成熟政策。据美国一些媒体披露，布什组阁之后，其亚洲事务班子至4月方始组建，且多为熟悉日本事务的专家。看起来，布什政府纵使决定改变对华政策，也会有个过程，而过程就意味着变化。

中美关系无论是好是坏，对于两国都至为重大。因为意识形态、社会制度和文化传统迥异，幻想两国之间和睦相处、没有冲突是不现实的，而努力将这种冲突局限在可控制在范围内，特别是避免其因最敏感的台湾问题而激化，在长时期内都会是维护两国关系的关键。我们还会面对许多挑战。但是，就国与国之间而言，中美虽非朋友也非敌人，双方可寻求合作之处远大于对立之处——只要这个老道理能继续奉行，稳定中美关系就有希望。

-2001年第5期-

日本货、全球化和中国对外开放

> 如何在对日或其他同类问题上，能够真正做到冷静理智、合法有序地表达自身诉求，正在考验我们的国民风范和公民素养。

2005年4月9日以来，在全国一些大城市陆续发生了群众性集会和游行，反对日本在对待侵略历史问题上的错误态度和做法。这属于民族情绪的自然表达。而由于游行活动群情激昂，加之互联网呼应推助，这种情绪已经波及不少并未参加游行的民众，在业界也产生了相当共鸣。我们对这一情绪完全能够理解，对中日关系的发展充满关切。然而，群众性抗议中也出现了"抵制日货"的主张，甚至伴有侵害日本在华合法商业活动的个别过激行为。我们以为，这不仅不能充分、合理、有效地表达抗议，反而贻害甚多，国人不可不察。

"抵制日货"的主张当然算不得违法，亦可视为强烈民族感情的体现，但显然违背了自由贸易理念与经济问题自主于政治纠纷的原则。就中日间贸易与经贸合作利益而言，尽管贸易国在自由贸易中获得的收益并不均等，但对于中国这样一个高度依赖出口和外国直接投资的大型开放经济体而言，自由贸易无疑是经济发展的支柱之一，也是中国的利益所在。片面地主张在任何一个方向实行经贸活动的"关门主义"，最终损害的都只能是双边的实际经济利益。

应当看到，中国25年的改革开放带来了今天的经济繁荣，也使外贸依存度不断提高：中国进出口总额占GDP的比例2000年提高至44.5%，2002年再提高至50.2%，2003年更高达60.3%。其中进口总额的比重至2003年已达29.3%。而在此过程中，中国和日本又互为最主要的经贸伙伴：日本在华投资多年来一直保持首位，仅在前不久方始让位美国居于第二；日本与中国内地和香港两地的贸易总额2004年年底已经高达22万亿日元（2150亿美元），占到日本去年外贸总和的20.1%，超过了日本长期以来最主要的贸易伙伴美国，足见中日经济互为依存的局面。

在这样的格局下，倘真的直接或变相"抵制日货"，不仅缺乏可操作性，而且势必从一起始就直接伤害中国自己的经济。特别是中国目前已经成了外国公司最主要的制造业基地，日本对华出口的60%最终将销往世界各地，这之中包括相当部分高技术含量、高附加值的高端产品，正有助于带动中国经济成长、就业稳定、国民收入提高。盲目地"抵制日货"，以情绪化态度对待与日本相关的经济行为，就在非理性的同时有了明显的荒谬性。

我们分析"抵制日货"的利弊得失，除了看重中日经贸关系惠及公众利益的大局，还出于维护市场环境中基本权利与道德规范的理念。须知，消费者需求是一种客观存在，个人是否购买和使用日货，完全是个人追求消费者福利的理性决策结果，与对日本政府错误行为的批评与反感并无联系，也毫不相悖。这一消费者权利天然属于个人，不应以"公众诉求"的方式加以统领和压制。此外，目前的"抵制日货"主张者除了少数情绪过激的民众，还有个别中国企业参与其中以自我张扬。后者的行为，难以逃避利益冲突之嫌。商业人士与团体尽可以公民与法人身份表达民族感情，但若在民族感情表达中又夹带赤裸裸的商业利益诉求，则完全违背了现代商业社会的基本伦理和行为规范，是不应鼓励和宽宥的。

当前中日关系正处于关键时期。中国政府"以史为鉴、面向未来"发展中日长期稳定的睦邻友好的政策没有改变，今后也不会改变；与此同时，两国关系出现今天这种严峻复杂的局面，理应深刻反省的正是日本政府。未来政治关系上仍会有困难和变数。此时，业界人士更应清醒地认识到，经济贸易不应政治化，政治问题也不能经济化。将经贸问题与国际政治相缠绕是极不明智的。

特别是现在极少数人提出的"抵制日货"，与当前反对日本成为安理会常任理事国、要求日本正视其侵略历史的政治及外交主张，完全是不同层次、不同领域的问题。若真的混为一谈，则极有可能使当下"政冷经热"的中日关系演变为"政冷经凉"，阻碍中国在全球化进程中利益和地位的进一步提升。极而言之，如果非理性的"抵制日货"招致同样的非理性的回应，中国产品在国外遭到敌意群体的抵制，更是我们不愿看到和难以接受的结果。

充分理解经济问题与政治问题，私人决策与公共情绪，个人、群体诉求表达与本国法律规范的分野，不仅是现代文明的基本要求，更是成熟社会的基本公民素质。如何在对日或其他同类问题上，能够真正做到冷静理智、合法有序地表达自身诉求，正在考验我们的国民风范和公民素养。

-2005 年第 8 期-

胡布峰会的意义

> 中美最高层决心以对话来应对挑战。这是正确的选择。

美国南方遭受飓风灾害,中国国家主席胡锦涛原定于 2005 年 9 月 5 日至 8 日访美未能进行,但两国最高领导人仍在一周后出席联合国成立 60 周年首脑会议之际再次会面。计划虽有改变,效果仍属可圈可点。在当前,中美两国之间的最大问题,就在于美国需要评估中国的兴起。而借助联合国这一致力于和平与发展的平台,中美领导人谈论建设性合作关系,无疑淡化了不和谐声音的强度。

在会面中,胡锦涛强调了中国要走和平发展道路,中国要争取和平的国际环境来发展自己,又通过自身的发展来促进世界和平。其言下之意是说,没有中美关系的健康发展,就不会有和平的国际环境;同时,中国将通过自身的发展来带动中美关系的健康发展,并进而促进世界和平。中方的逻辑再清楚不过。

将中美双边关系放在整个国际环境下考量,将中美合作的意义扩展到对世界和平的意义来谈论,意味着双边关系超出了两国间直接的交往和互动。显然,双方最高领导层都意识到这一点,布什在谈及双边经贸关系时表示,美中两国加强经贸合作不仅对两国有利,也对世界有利。在中美双方对彼此关系重要性的理解达成一致之后,更重要的是双方能为此做些什么;换言之,就是中美双方如何才能为世界的和平和发展作出各自的贡献?应该说,以对话代替对抗、以大同化解小异,加强理解和沟通,才是行事之道。人们注意到,中方最近以来已经较少使用"和平崛起"的说法,更多地使用"和平发展"的提法。这一微妙的变化是中方寻求对话协商解决问题的最好诠释。随着中国经济增长,整体国力与日俱增,有关中国崛起这一新变量给美国——这一全球最发达国家带来诸多不确定因素;而最大的变数就是,美国难以判断中国在未来 20 年内会扮演何种角色。透过"和平发展"而非"和平崛起",中方希望在最大程度上能够在概念层面上将"崛起"之变减至最小。相对于"崛起","发展"无疑带有更多确定性与可预见性,指向的是一个变数较小的前景。

中方所采取的另一个善意举动,就是胡锦涛在联大发展筹资高级别会议上发表的关于《促进普遍发展,实现共同繁荣》的讲话。胡锦涛特别宣布,中国将采取新措施为世界消除贫困事业作出贡献,其中对发展中国家特别是非洲国家的援助引人注目。2005 年 7 月"G8 峰会"的两主题之一就是援助非洲,只是因为后来发生伦敦连环爆炸案而被迫将议题转移。所以,胡锦涛代表中国在联大率先作出重要承诺,重拾被恐怖事件打断的议题,表达对以美国为首的西方世界这一新日程的认同,有利于共同促进普遍发展。

美国也在积极建设双边对话与沟通的机制。美方 8 月派出副国务卿级别官员来华,首次尝试中美间高级别战略对话机制。外电就此认为,这是美方认为中国的崛起已势不可当,美国需要开辟新的外交渠道,以降低两国间可能因错误判断评估而引发的危险。此前,由双方多名内阁级高官主持、行之有年的中美商贸联委会,已经被证明是在经济与贸易领域里富于效率的沟通机制。

在其他涉及双边关系问题上,胡锦涛指出,双方在朝鲜半岛核问题、伊拉克和阿富汗重建、中东和平进程以及联合国改革方面开展了富有成效的磋商和协调,在打击跨国犯罪、防治艾滋病和突发传染病、环境保护等一系列全球性问题上的合作不断取得新进展。尽管如此,中美两个大国之间的接触所带来的摩擦也是相当大的。在美方巨额贸易赤字、中国知识产权保护、彼此市场准入问题、人民币汇率机制改革、能源、美国对华高技术出口限制问题、人权问题、中国军力问题,以及双边关系重中之重的台湾问题等方面,不和谐之音不绝于耳。中美关系何处去,时时因此而生忧思。

坦率地说,上面每个问题解决起来都相当艰难;加之中美在历史文化、社会制度、发展模式方面的差异,使得这些问题更加难以处理。因此,两国之间在处理这类问题时,应坚持以对话代替对抗、以大同化解小异的原则,亦可借鉴多边框架来解决双边问题。比如,市场准入问题,双方寻求在世贸组织的多边框架下磋商协议;在能源安全问题上,双方亦应探索在多边国际能源安全机制下共同寻求可靠的能源供给,并在管理能源需求方面互相协作;在朝核问题上,目前的六方会谈机制更是多边协作应对地区性紧张局势的典范。

布什将在 2005 年 11 月亚太经合组织领导人非正式会议后造访中国,实现两国元首 2005 年第三度会晤。应该说,在元首外交层面上,这样的互动频率是令人欣慰的,充分证明中美最高层决心以对话来应对挑战。这是正确的选择。

-2005 年第 19 期-

中国想要什么样的世界

> 中国在全球化日益加速的国际环境中追求经济高速增长,对"核心重大利益"的定义有待不断拓展。

"中国想要什么样的世界"——这一显然比"世界想要什么样的中国"谦卑得多的发问,命名了2007年1月下旬达沃斯世界经济论坛年会的一场专题讨论。这个全球最具规模的"大人物清谈俱乐部"年度盛会,今年选择"权力方程式的变迁"为总主题。在与会者列出的林林总总的权力方程式及其演化的轨迹中,"中国"两个字不绝于耳:全球经济不平衡的成因与去向,各国央行能否及怎样化解也许会到来的全球金融危机,朝鲜及伊朗核问题的由来与对策,援助非洲的正道与歧途,应对气候变化的全球协调及其对发达国家与发展中国家如何划定未来的义务,重启WTO多哈回合谈判的必要与艰难……每一个话题,每一场讨论,"中国"二字在全球权力方程式中的分量越来越重。所有这些议题,没有中国的参与,已经不可想象。

美国前财政部长罗伯特·萨默斯甚至宣称,过去以美国为火车头、欧洲为中心的时代正在转变;未来25年,世界的权力中心会转移到中国,还有印度。这种声音并非闻所未闻,但的确激起了强烈的共鸣。

来自中国的一些发言者在这一氛围中显出固有的谨慎。在表达了对于世界的善意以及对和平与发展的最大期待之后,他们以谦卑回应谦卑:不,权力方程式并未真正发生从西方到东方,特别是到中国的倾斜;是的,中国当前更关注处理内部发展平衡问题,寻求可持续发展之路,既无意也没有能力成为在军事、政治和外交上发挥巨大影响的全球力量;同样地,对于中国在各个国际议题中的参与及责任,也要放在它仍是发展中国家这一现实背景中来衡量。

在达沃斯发生的,其实是各国精英心情放松时的友好辩难而已,却折射了一种越来越无法回避的观念冲突。在西方世界的语境中,这一观念曾表现为改革开放之初,战略家们曾就中国开放国门加入国际体系是否包含"阴暗目的"的争论,也重现于20世纪90年代以后十余年间,就中国是否为国际体系"搭便车者"的学术讨论;在2004年中国"崛起"成为关键词以来,它获得了更多的内涵：中国已经成为崛起中大国，应当成为国际秩序"负责任的利害相关者"（responsible stakeholder）。

"负责任的利害相关者"一词，当然并非出自前美国副国务卿佐立克个人的判断；它可以肯定地是代表了美国政府的立场，并迅速在美欧为代表的西方世界获得广泛认同。一方面，它承认中国的大国地位，承认中国可以在重大议题上发挥积极作用。另一方面，它开出了两个隐含的条件或是希望：中国不挑战现有国际秩序；中国作为大国应在更多议题上发挥作用，承担更多的责任与义务，而不是"选择性地承担责任"。

中国的自我认知，与此既有交集又有较大差别。中国积极倡导建设共同繁荣的和谐世界，致力于创造经济高速平稳增长所需要的和平环境，目标坚定不移，努力耕耘多年。中国因素已经成为牵动国际关系格局演变的要素之一，在国际事务中的地位和影响持续提升。随着中国经济日益融入世界经济，中国的国际利益在全球范围内不断延伸。主要大国进一步调整对中国的政策，与中国积极接触的意愿增强。更引人注目的是，中国在周边的区域合作中更加活跃，在处理热点问题上发挥了重要的作用，负责任的大国形象昭然。

但是，以中国指导涉外事务有年的"韬光养晦，有所作为"八字真言，透视"负责任的利害相关者"之说，则又不免于疑虑。在承认这说明西方国家承认中国发展成就的同时，也有看法担心，鼓吹"中国责任论"也有转嫁矛盾，将中国纳入符合西方利益轨道的企图。

事实上，描述中国兴起的关键词，从"崛起"到"和平崛起"，最终引人注目地过渡到今日官方所通用的温和的"和平发展"一词，传达出中国在涉外事务上的低调和现实主义风格近期不会有大调整的信号。未来的原则，仍然是以八字方针为基础，在不涉及核心重大利益的问题上有所不为，在涉及核心重大利益的问题上有所作为。但八字方针也会受到与前不同的全新挑战。如果说以前的挑战主要来自地缘政治、安全与外交领域，那么，从达沃斯世界经济论坛年会的讨论上看，中国在全球化日益加速的国际环境中追求经济高速增长，对"核心重大利益"的定义有待不断拓展。比如说，五年前，谁会想得到气候变化有可能成为美国下一届总统大选的重要议题，又有可能引发发达国家与发展中排放大国的全球性博弈？

风物长宜放眼量。其实，与"国际秩序的利害相关者"一词相对，还有一个正当的问题：哪一个国际秩序？国际社会正在面临的新挑战及应对这些挑战的努力，有可能塑造新的国际秩序。受益于全球化至深的中国，或有可能成为新秩序的制定者之一。以和平发展的诉求参与塑造新世界，这可能亦为中国的良机。

-2007 年第 3 期-

走出国际关系的"资源陷阱"

> 澳大利亚应正视中国对铁矿石供应进一步集中的合理担忧；中国不能陷入"阴谋论"猜测，要承认市场供需的力量。

近期，中澳关系出现了前所未有的倒退，被形容为"跌至十年来最低点"。究其原因，当可溯及中铝对澳英矿企力拓收购的失利，以及由此触发的一连串连锁反应。

这是相当出人意料的。中澳两国之间几乎有着一切修好的理由，几乎没有任何理由交恶。

就从最早引发龃龉的铁矿石纷争来说，首先应看到，双方具有极大的互补性。澳大利亚是全球最大铁矿石供应国，中国是铁矿石最大需求国。在这类投资巨大、周期漫长的资源产品产业链中，上下游在保持供需关系稳定上有强大的共同利益。这比任何口头上的政策宣示都更有力地要求双方建立良好、稳定和长期的合作关系。

经济之外，中澳关系有着同样强健的支撑。两国间无重大战略利益冲突，也不存在相互威胁，在诸如遏制全球变暖、反对贸易保护主义、改革国际金融机构等当今国际重大议题上，观点类似，立场接近。澳大利亚总理陆克文精通汉语，熟稔中国文化，曾作为外交官在北京驻节多年。他上任后提出"中等强国"外交政策，三大支柱之一便是全面融入亚洲，借助多边合作的力量，提升其国际影响力。顺应中国的兴起，既是这一外交政策的背景，也是这一政策的内容。没有良好的对华关系，"中等强国"外交就无从谈起。

然而，此次中澳关系的恶化，恰恰揭示国家间关系，哪怕是交好国家之间的关系，仍时时面临掉进"资源陷阱"的危险。能源与资源往往是一国命脉所系，自工业化以来，便在世界地缘政治中扮演关键角色。各国之间的相互竞争史，往往围绕对能源与资源的竞争展开。进入21世纪后，各国之间在能源与资源议题上的零和游戏观依然根深蒂固。一涉及这类所谓战略性资产，各国之间戒心便故态复萌，相互间容易丧失信任，更难建立信任。

中国人对此不再需要更多的教育：2004年，中海油收购美国石油公司优尼科失败；本世纪以来，中国在能源与资源富国的开发努力，也一直被欧美大国置于放大镜下端详。

此次围绕矿业资源的纠结，正暴露了中澳这对本应和衷共济、互惠互利的国家之间关系的"软肋"。中澳要建立长期互信，必须正视"资源陷阱"，恰当解决当前纠纷，并为未来的中澳资源战略性合作铺设轨道。这需要两国决策者拿出勇气，打破观念窠臼，实现真正的双赢。

"症结"何解？我们的看法如下：

澳大利亚政府应正视铁矿石问题的国际政治经济内涵，放弃假装这是一个纯粹商业问题因而政府只好保持距离的"鸵鸟政策"。

澳大利亚政府应理解，作为最大铁矿石需求国，中国对已经高度集中的铁矿石供应格局将进一步集中非常担忧。全世界可供贸易的铁矿石有70%来自力拓、必和必拓和巴西的淡水河谷公司。2007年，必和必拓要求收购力拓，2009年，必和必拓与力拓宣布将合并铁矿石业务，进一步强化了这种担忧。这种担忧是强烈的，也是有合理性的。

可惜的是，在现有的两国商业交往和外交框架内，中国的担忧无法找到恰当的缓释渠道。必和必拓对力拓的全面收购，变成了这两家公司合并铁矿石业务，但铁矿石业务的集中趋势未变。中国也无法指望通过国内的反垄断调查来对这一趋势施加影响，因为对其做出的所有惩罚最终都会被转为对中国钢厂的惩罚。

在承认中国担忧合理性的前提下，澳大利亚政府应考虑积极作为，在其法律法规的框架内，主动和创造性地寻找新机制，将澳大利亚矿业整合的商业冲动与中国对上游资源进一步集中的担忧，集合在新的讨论平台上，保证彼此有切实的对话，并促成妥协。如果澳方继续对这些担忧视而不见、充耳不闻，将会付出代价。

中国一方要避免陷入"阴谋论"的猜测，不能过度夸大上游资源集中的威胁，以此来否认铁矿石价格主要决定于供求关系，价格上涨主要系国内钢厂需求强劲所致的事实。同时，中国也应在法治框架下，运用符合国际惯例的方法，来处理可能存在的不正当商业行为。在此次力拓"间谍门"事件中，中方在逮捕有关力拓员工时所援引的罪名为"涉嫌侵犯商业秘密罪，非国家工作人员受贿罪"，而非先前披露的"窃取中国国家机密"——这是一个进步。

我们欣喜地看到，双方领导人都意识到两国关系"和则两利，斗则两伤"的性质。2009年8月21日，澳贸易部部长克林高调宣布，中澳下一轮自贸谈判将于9月中旬在北京举行。这是一个迄今举行了13轮、耗时四年半，但依然纠缠于农产品贸易的自贸谈判。此时重启，被外界解读为澳大利亚急于拉回偏离正轨的中澳关系。另外，近期中石油与美孚澳大利亚资源有限公司达成的液化天然气购销协议，也被认为是中澳关系重近正轨的表现。

　　前有殷鉴，中澳关系转暖虽不能毕全功于一时一事，但只要双方关注彼此关切，平等恰当呼应，当可雨过天晴，云开雾散。毕竟，中澳终需向前看。

-2009年第18期-

中国如何应对国际油价飙升

> 高油价对中国经济的负效应主要表现为对经济增长的影响和通货膨胀的推动。

2004年10月11日，纽约商品交易所11月交割的原油期货价格早盘一度达54.45美元/桶；同日，伦敦石油交易所的布伦特原油以50.66美元/桶收盘，标志着价格相对偏低的伦敦油也已冲破50美元/桶关口。国际上普遍预测，油价高企的状况仍将继续；其对未来经济的影响，实在值得高度关注。

油价攀升的经济后果是相当负面的。国际货币基金组织（IMF）、经济合作与发展组织（OECD）与国际能源署的一项联合研究显示：油价每桶持续上升10美元，一年后全球GDP将减少0.5%左右。而据美国摩根士丹利公司新近预测，由于油价的影响，2005年全球GDP增长将由3.9%降至3.6%，日本以外的亚洲部分则将从5.8%降至5.5%。

亚洲开发银行的一份最新研究报告认为，此次油价上涨，将进一步加重世界经济的不平衡性，对亚洲经济的影响将超过西方工业化国家；在亚洲，又以中国、中国香港、印度、韩国、马来西亚、新加坡和泰国等可能受到的冲击最大。该行利用牛津宏观经济预测模型（OEF）对中国进行的模拟分析表明：如自2004年三季度起国际油价每桶上涨10美元并持续至2005年一季度，则GDP减少0.6%，贸易差额占GDP的比重上升0.2%，消费物价上升0.3%；如自2004年三季度起国际油价每桶上涨10美元并持续至2005年年底，则GDP减少0.8%，贸易差额占GDP的比重下降0.1%，消费物价上升0.5%。

高油价对中国宏观经济的负效应相当显著，并主要表现为对经济增长的影响和通货膨胀的推动。在目前宏观经济"硬着陆"风险尚存情况下，如此冲击实不可低估。

与其他国家相比，中国应对石油油价风险，尚有其独特的困难。当前中国石油需求强劲。统计已表明，在2004年推动世界油价的总需求中，新兴经济国家占新增需求的2/3，东亚新兴经济占1/2，中国则占1/3。然而，创造这种需求的中国经济增长，从2003年年底以来已经有明显的过热倾向；2004年上半年采取紧缩措施后，也因主要采用行政手段，可能只具备短期效应。三季度以来，固定资产投资已急剧回升，负利率政策仍在继续，金融脱媒不断加剧，房地产集聚的泡沫越来越多。加之中国的石油行业尚属管制领域，国内市场价格具"计划性"，价格杠杆很难真正发挥作用。

中国如此增长所支持的石油需求，成为推高油价的合力之一，反过来又可能给国内经济带来更大伤害。应当看到，当前中国的宏观经济同时面对着资产泡沫与高油价双重风险，且两者互为因果。特别是国内成品油价格低于国际水平而涨幅远远落后于国际原油价格，加之负利率和对能源价格的控制，极易纵容投资过度扩张。显然，中国抑制国际油价风险，对于平衡国际油价和促进国内经济健康发展，具双重战略意义。

因此，抑制过热需求应进一步提上议程，如采取分步调高利率、及时调整国内油价等市场化调控措施。为避免"高需求—高油价"后的泡沫破裂引发过大震荡，果断决策已是当务之急。

石油资源不仅对经济发展具有相当的牵制作用，而且事关国家安全和长期发展。为此，中国在应对国际油价风险时，也须科学制定长短期战略。亚洲开发银行研究报告提出了一系列建议，我们认为均值得认真考虑。

——应密切跟踪分析国际石油价格走势，灵活运用现行石油定价机制，防止国际油价暴涨冲击国内经济。我们认为，进一步放开准入，促进竞争格局和即时反映供求变化的市场价格的形成，更是其中关键。

——加快国家石油战略储备的建设步伐，稳步推行石油期货交易，规避石油价格风险。在这里，国家石油战略储备建设，还包括要抓紧有关法律、法规和政策制定工作，尽快建立起比较完善的国家石油战略储备体系。

——加快实施"走出去"战略，鼓励和扶持国内企业到国外参与石油合作勘探和开发。

——中国单位 GDP 的能耗水平比发达国家高出一到两倍，节能降耗的潜力巨大。同时，要不断改善能源结构，并从税收、价格、融资等方面建立完善激励机制，充分利用水电、风电、地热、太阳能等可再生能源，大力促进可再生能源发展。由于能源利用率的大幅提高难以一蹴而就，通过各种经济和政策手段加快和推进这一进程，其重要性无论如何强调都不过分。

-2004 年第 20 期-

测温"中国热"

> 业界人士必须辨析从市况到舆情的这种差别，准确把握国际社会的心态变化。

始于2003年第四季度的国际市场"中国热"已持续了20多个月。直至2005年春天以来，国际主流媒体关于中国的"封面文章"、"特别报道"接连不断，更显示炽热之情有增无减。这种情形足以影响业界人士对市场的判断，故而，6月间几家中国"重磅国企股"相继路演招股也显得信心满满。

现实并不乐观。率先登场的神华集团在国际销售中仅拿到4倍超额认购，较之去年同期的热捧局面差之甚远。神华最初的报价区间在每股7.25港元到9.25港元，最后由于机构投资者的意向仅在7.25港元到7.75港元之间，只能选择低端定价7.5港元。这家世界第五大煤炭企业、中国最好的煤炭集团，虽仍以集资29.5亿美元摘得了2005年至今全球最大IPO之冠，但距公司最初提出的集资36亿美元的目标差之甚远。

紧随神华进入路演的是交通银行。事先感觉到了市场的冷意，交行提出的招股价区间仅在每股1.95~2.55港元之间，市净率（P/B值）将为1.42~1.75倍，而市盈率（按加权平均值）将在11.1~14.51倍之间，定价较目前香港上市银行低出许多。尽管如此，交行的国际认购也仅为7~8倍，远逊此前的众多预期。

在交行之后，中远控股将于2005年6月14日开始路演。虽然其招股规模不很大，但已经确定以市盈率6~9倍定价，显示了某种冷静。而民生银行原打算在通过联交所聆训后两周内上路，现目睹市况，已决定延后出行。

有一种解释，将中国股6月间遭遇的市场寒意归因为"上市过于集中"。这种解释并不通顺。须知，市场原本信息透明，各发行主体早可直接或间接获得相互间的信息；上市集中会否影响股价属于可预知的常识常情，诸公司所聘国际投资大行完全可以提前判断；更重要的是，中资股上市前须经过中国证监会批准，有些投资大行例如高盛，还同时承担着交行和民生两家公司的上市之责，有充分条件提前掌控协调上市节奏。因而，关键在于对市场形势的判断：只要市场热，几家重磅公司相聚无碍大局；而市场真的变冷，则相聚成为相撞，很可能雪上加霜。

很显然，香港资本市场的"中国月"难如人意，主要缘于"中国热"已经悄然降温。资本市场总是"春江水暖鸭先知"，敏锐地感受到通过若干投资人各自行动交互作用发出的第一信号。2003 年 12 月，中国人寿在美国上市，超额认购 168 倍，股价市净率及内在价值比率均超过了欧美同行的平均水平，招股之成功超过预想，无声地显示了彼时"中国热"的勃然兴起；而此番神华上市市盈率仅略高于兖州煤矿，较之即将在纽约交易所上市的澳大利亚煤矿 BHP Billiton 还要低出两成，正是"中国热"渐淡渐凉之先声。

投资者通过市场发出的信号，远较舆论为早。因此，如今神华、交行们被迫付出"中国概念"风险贴水，而西方媒体的中国专题正此起彼伏，方兴未艾。业界人士必须辨析这种从市况到舆情的差别，准确把握国际社会的心态变化。因为中国是个国情特殊的大国，而外部世界对中国的了解又总是有限的，故中国业界人士在国际市场上的作为，很容易被赋予"中国概念"，且内涵多变，形成海外业界之心态起伏。在"中国热"上升之时，中国概念可能获得溢价，在"中国冷"出现之际，中国概念又有风险贴水，遂成为一种常见的情形。

在资本市场上，溢价或贴水表现得最迅速最可计算，然而，在其他经济活动，包括投资与贸易等经济活动中，溢价和贴水也广泛地存在着，只是不那么容易估算而已。随着中国经济越来越融入世界，国际社会对中国有越来越深入的了解，商业行为的"中国概念"作用会有所淡化，但在相当长时期内，此概念对业界人士无形或有形的影响会继续存在。

诚然，"中国热"带来溢价，不应头脑发热；"中国冷"转化为风险贴水，也不必悲观丧气，但了解和理解这种国际社会和市场对于中国的心理变化，方可趋其利、避其害，使我们在商战乃至其他"战"中多一些"知己知彼"的胜算，少一些盲目自大或自卑。而及时地掌握这种变化，可从观察资本市场的动向做起。以此论，则测温香港资本市场的"中国月"，意义非同寻常。

-2005 年第 12 期-

反思优尼科收购案

> 中国"走出去"的能源安全战略走到尽头。中美应展开合作更好地管理能源需求。

始于 2005 年 6 月 23 日正式报价,中海油意欲收购美国第九大石油公司 UNOCAL(下称"优尼科")的新闻,成了连日来最富有争议的国际事件之一。

可以肯定地说,这一事件的冲击,远远超过了 185 亿美元的国际收购商战本身。虽然是项收购成败尚在未定之天,但无论中国还是美国,以此为契机,反思各自能源战略并探求两国能源合作空间的努力,现在就应当开始了。

就在中海油提出收购后,世界原油价格冲破了每桶 60 美元的关口。油价高企加剧了美国对于潜在石油危机的焦虑,而且颇有一种情绪把油价上涨归咎于中国。在此时刻,如果只看到两国对于能源的竞争,零和心态就有可能主导双方未来的能源政策。此次中海油收购优尼科引发如此波澜,其实质即在于,这是中美两国不尽兼容的能源政策的一次碰撞。

中国仅是近年来石油需求增长的主要原因之一,但很少有人提及美国是另一个主要原因。一方面,无论从绝对数量还是从近年增量的意义上讲,美国都是最大的石油买家。特别是布什执政以来,在能源政策上选择了"开源"而非"节能"的战略。比方说,仅耗油量大的运动型汽车(SUV)大行其道一项,就使美国汽油需求打破多年来的平稳状态而较快攀升。这不仅极大影响了全球石油供需的平衡,也付出了沉重的环境代价。即使在美国国内,布什政府能源政策也是非常有争议的。

另一方面,为满足迅猛增长的石油天然气需求,以"走出去"为代表的能源安全战略在中国也已行之有年。国有石油公司们海外收购油气资源自世纪之交以来一直处于加速状态。能源观察家们把这一策略的要点概括为"从源头上控制能源"。可是,在主要油气资源已经被瓜分殆尽的今天,想从源头上控制能源谈何容易!这正是中石油、中石化活跃于苏丹、伊朗的最主要原因。这些国家多年遭受国际社会特别是美国的制裁,由此限制了西方石油公司的进入,从而为中国公司提供了机会。可以想象,从"走出去"到与此相关的所谓中国

"能源外交"，国际社会不仅争议颇多，而且不乏警惕。

在这个意义上说，中海油致力于此宗收购，开启了"走出去"战略的新篇，它提供了一个此时此刻一家中国石油公司最大限度地以国际化与市场化的手段来获得油气资源控制权的样本。成败与否，它都将促使中美决策者们作出抉择。

优尼科股东有权按"价高者得"的准则行事，美国政府应当尊重这种权利。应当承认，是项收购对美国的国家安全并无损害；纵使一定要对是项商业行为"讲政治"，美国也应当清醒地看到，封锁是项交易在政治上也没有好处。中国越来越依赖于油气资源进口是一个不争的事实，如果中海油不能以当前情形下最具市场化的方式拿到油气田，只能使中国的能源政策决策者们重新回头注视伊朗与苏丹，这将是更令美国难以接受的选择。中美之间由能源而起的相互猜忌将在此轨道上加速。

从长期看，真正的解决之道在于中美更有效地管理国内的能源需求。在放开此项交易的同时，美国的能源政策应向节能方向转变，并通过中美能源安全战略对话来加强合作。中国的节能空间之大更是不言而喻。中美之间由中国国家发改委和美国能源部主持的能源对话管道已有数年，对话主题近年来已经由节能技术升级到能源安全战略。继续和加强这种合作，方是双赢之道。

从目前情势看，中海油仍有希望获得此次收购的成功。但是，中国能源安全面临的挑战不会因收购成功而结束，而反思现有能源战略愈显重要。中国从1993年开始成为石油净进口国，至2000年石油对外依存度已达33.8%；预计到2020年，石油年消费量最少要达到4.5亿吨，对外依存度达到60%。面对如此需求，"走出去"战略当然是一种应对之道。然而，这一战略本身过度专注于占有油气源，凸显了游戏这一面的零和色彩，政治牵动极大。这在中海油此番收购中看得再清楚不过。一家如此国际化的中国公司，完全用市场化的手段收购一家资源主要在美国以外的美国石油公司，而且中介机构全部来自华尔街，仍不免在美国国内引起巨大震荡，尽显商业因素之外的百倍艰难。这充分说明，"走出去"战略本身已到尽头。如不调整，更大规模的冲突可能将接踵而来。从国家能源安全计，战略调整已迫在眉睫。

事实上，近年来由国务院发展研究中心联合国家发改委进行的专项研究，已经对中国2020年的能源战略提出清晰的思路。据此，中国为实现能源安全，对内应着眼经济增长方式的转型，有效地管理能源需求；对外则应加入国际石油合作架构，将市场作为获得石油产品的主要手段。直面现实，我们对专家学者的真知灼见应当有更深刻的领会。

-2005 年第 14 期-

国际定价权不可争而得

> 面对基础商品国际市场价格形成的现实格局，中国决策者与其临渊羡鱼，不如退而结网，从市场建设的基础做起。

2006年6月下旬，中国钢铁业接受铁矿石价格上涨19%，旷日持久的全球铁矿石价格谈判终于落下帷幕，有关基础商品"中国价格"的讨论则再度升温。一类有影响的看法认为：中国正在成为或者已经成为包括钢铁在内的大多数基础商品的主要买家，应该主导基础商品的价格制定；往前推进一步则是——中国应该如何"争夺"基础商品的国际定价权？持此论者相信，目前的基础商品价格是"不正确的"：基础商品价格飞涨，已经远远偏离了供应与需求的基本面因素，乃是受国际基金炒作所致。这些基金预见到来自中国的需求增长，于是提前进场，哄抬价格，中国因之付出过高的进口成本。

持此论者还相信，基础商品价格是可以由有力者"主导"的，并有多种集合政企之力"争夺主导权"的建议。比如，大力发展国内期货市场以与境外期货市场一较雄长，竞争基础商品定价中心的地位；由政府牵头重整相关行业，集合买方力量；斥巨资筹建基础商品储备，以利于价格干预行动——中国所拥全球最庞大的9000亿美元外汇储备，岂不正好派上用场？更甚者主张，政府应设立专门基金以平抑价格。有此心态，便不难理解，为何2005年10月国储局交易员刘其兵在伦敦金融交易所之期铜投机因缺乏严格风险控制而致惨败，国家承担巨额亏损后，竟有说法称之为"争夺期铜定价权"之壮举！我们认为，以为基础商品的价格可被"主导"而中国应当争夺"主导权"，是一种错误认识；如果进而影响到决策，将带来巨大风险。

当今世界绝大多数基本商品的国际市场价格，都通过世界主要期货交易所交易形成。铝、铜、铅、锡等金属的价格主要在伦敦金属交易所（LME）确定，小麦价格形成于芝加哥商品交易所（CBOT），能源价格的主要中心是纽约商业交易所（NYMEX）。决定哪个交易所在哪种商品定价上具有最重要影响力的因素，归根结底，是买卖各方能否最有效率、最低成本地达成交易。过去，接近特定商品的主要产地和消费市场，是发展相应期货品种的理想条件。但在全球信息基础设施高度发达、全球金融市场 24 小时不间断交易的今天，市场之间的竞争，早已使得传统的地域优势不足为恃，而更主要的是——如前香港证监会主席沈联涛所说——取决于"监管套利"；也就是说，哪个市场能够提供透明、有效的监管服务，保障交易合规有序完成，并恰当控制金融市场风险，交易就流向哪个市场。在这场"监管套利"竞争游戏中的胜出者，多为欧美期货交易所，绝非偶然。这些交易中心处于成熟市场经济国家，市场法治体系强健有效。

正因如此，基础商品的国际定价权操于有效率的市场无形之手，不可能以主观愿望力争而得。所谓基金炒作，如果是在交易规则范围之内，其实正是市场活力的来源，是一个交易所竞争力的重要部分。正是因为在套期保值之外还有巨量投资基金往来于基础商品期货交易市场，合力创造出有如天文数字一般的交易金额，以一国之力与市场力量相抗衡，结果只能是以卵击石。那些主张以政府之手干预基础商品国际市场价格者，既对中国国力无清醒认识，又对国际市场深浅一无所知。至于所谓"国储局与国际基金争夺铜定价权"之说，更像是事后的文过饰非。迄今为止，从未有过发达市场国家政府直接干预基础商品市场的案例。美国消耗了全世界 1/3 的石油，进口量是全世界第一。即便如此，美国的石油安全政策多年来始终如一——美国希望国际石油市场有充足供应，不管在哪个价格水平上。国际油价现已涨至每桶 70 美元一线，美国舆情可谓沸腾至极；但干预市场价格之举，并不在美国政府政策选择范围之内。副总统切尼在回应释放石油战略储备以平抑油价的呼吁时强调，战略储备仅可在出现供给危机之时动用，其用途"不包括干预价格"。

面对基础商品国际市场价格形成的现实格局，中国决策者与其临渊羡鱼，不如退而结网，从期货市场建设的基础做起。在这里，强调期货市场的监管中立、提高监管效率，加强市场透明度，是必修课。同时，亦要清醒认识到，中国期货市场要想在国际基础商品交易中占一席之地，在诸多艰苦努力之外，还有待于人民币资本项目开放的进程。而后者无疑是一个更宏大的主题。

还有一点要强调，就是纵使中国期货市场有朝一日成长为国际上的一个交易中心，其"定价权"仍是市场的产物，不可能以任何主观意志而左右。因此，我们更可以确定，政府在其为中国经济创造良好环境的重大职责中，过去没有、今后也不应包含所谓"争夺国际市场的定价权。"

-2006 年第 13 期-

警惕"隐性贸易保护主义"

> 明知保护主义最终令一国经济深受其害，但各国政府很难拒绝各种利益团体的保护主义诉求。其原因既有获取选民支持的动机，也有急功近利，获得短期经济稳定的需要。在某种程度上，自救的潜意识抑制了理性的思考。

世人对即将于2009年4月2日举行的20国集团伦敦峰会充满期待。在全球经济持续下滑的情况下，反对贸易保护主义的声音变得空前强烈，料将成为峰会的主基调，但并不能因此而盲目乐观。我们认为，当前，应重点关注和反对种种花样翻新的"隐性保护主义"行为。

自由贸易是推动世界经济发展的重要力量，贸易保护主义只能使危机中的世界经济雪上加霜。这些已是常识。实际上，全球所有主要经济体都是自由贸易的受益者，无论是在经济刺激法案中加入软化版"购买美国货"条款的美国，还是过去30年来经历沧桑巨变的最大发展中国家中国，抑或同被归入"金砖四国"的印度和巴西，乃至在农业补贴上力度最甚的法国。这也解释了为什么没有一个国家会公开支持保护主义。它甚至成了人人喊打的"过街老鼠"。

应该说，道理是浅显的，也是可以广为接受的。但是，一边高喊反对，一边行保护主义之事，却成为许多国家的"协调一致行动"。就在此次峰会前夕，世行一份报告显示，在2008年11月20国集团宣布不采取保护主义措施以来，已有17个国家实行了47项措施，以牺牲其他国家为代价对贸易实施限制。

值得注意的是，在所有贸易保护措施中，提高关税仅占1/3，且全部由发展中国家采用。换言之，有大约2/3采取的是"隐性保护主义"方式。比如，对进口产品实行非自动许可证，限定进口商品入关的口岸，提高进口商品标准等，从而使贸易保护主义的认定变得愈加困难。不过，最主要非关税壁垒还是出口补贴。世行报告显示，在47项限制贸易措施中，发达国家占12项，全部采取出口补贴，而发展中国家的35项中，有31%是出口补贴形式。

危机下的各种保护主义行为屡见不鲜，使各方包括始作俑者在内均付出了惨痛代价。声名最著者，莫过于20世纪30年代的《斯穆特—霍利关税法》。

美国"大萧条"时期通过的这一法案，对2万多种进口产品征收高额关税，从而引发了全球贸易大战，国际贸易因此几近停顿。以致有经济史学家认为，世界经济之所以陷入"大萧条"长达十年之久，与美国在危机之初挑起的贸易战有直接关系。

斗转星移，在此次被视作自"大萧条"以来最严重的全球金融危机中，人们看到的保护主义，已经不像过去那般明目张胆，而采取了各种更为隐蔽、同时也更难定性的方式。比如，WTO允许不少原则出现"例外"，这本来意在维护公平合理的正常贸易秩序，但它们却为保护主义提供了借口，因而遭到滥用。最常见的例子是反倾销诉讼和以技术安全标准为借口的保护主义。以增加银行资本金为借口，导致资金回流的金融保护主义也悄然流行。英国前首相布莱尔近日接受《财经》记者采访时，对当下的保护主义提出如此警示：那种"走前门"的保护主义不再可能，我们需要注意的是那些"走后门"的保护主义，比如，打着环保旗号阻止外国商品进口。

明知保护主义最终令一国经济深受其害，但各国政府很难拒绝各种利益团体的保护主义诉求。其原因既有获取选民支持的动机，也有急功近利、获得短期经济稳定的需要。在某种程度上，自救的潜意识抑制了理性的思考。

事实上，国家间的分工、产业的转移，更多是一种竞争性演进的结果。在市场机制下，国家和其他社会公器应该而且能够提供必要的缓冲来完成社会经济的转型。但缓冲不应该通过贸易保护的途径来实现。

反对贸易保护主义知易行难，是因为保护主义仿佛可以带来当下的收益，而放弃保护主义实现共赢则有待于贸易伙伴们报以同等的互信和善意。此时此刻，世界比任何时候都需要主要贸易国之间为共度时艰建立互信。如果没有这种互信，我们不仅无法阻止各国进一步滑向贸易保护主义，也无从凝聚化解全球金融和经济危机的合力。

建立互信，需要美国、欧盟、中国和其他主要贸易国发挥领导作用，做出清晰的、可操作的、可验证的反对保护主义承诺。对保护主义最好的回应，就是使已历时七年、至今停滞不前的多哈回合获得成功。

我们也需要反躬自省。中国在经济全球化及贸易自由化浪潮中受益良多，但毋庸讳言，过去和现在，国内都存在形形色色的带有保护主义色彩的政策与行动。世行报告列举中国贸易保护行为有八项之多。2009年3月26日，中国宣布再度提高部分产品的出口退税率。虽然"保护"并不简单等同于"保护主义",但中国还是应对此持"有则改之"的态度。

　　对于中国来说,能否履行一个大国的责任,成功压制国内的保护主义诉求,还关系到对外开放的基本国策能否坚持、深化的大问题。越是危机当头,越要坚持开放。正像中国商务部部长陈德铭所言:"如果我们一遇到风险和挑战就关闭改革开放的大门,那么,我们就会在全球化的浪潮中可能再度被边缘化,未来经济发展和科技创新的历史机会也会与我们失之交臂。"

-2009 年第 7 期-